项目资助

本书系国家自然科学基金青年科学基金项目"学习画面情感对学习者情感的影响机制及其自适应调整方法研究"（项目编号：62007020）、教育部人文社会科学研究青年基金项目"智慧学习环境下学习画面情感对学习者情感的影响及其作用机制研究"（项目编号：20YJCZH194）的阶段性成果。

智慧学习环境中学习画面的情感研究

徐振国 著

中国社会科学出版社

图书在版编目（CIP）数据

智慧学习环境中学习画面的情感研究／徐振国著 . —北京：中国社会科学出版社，2021.10
ISBN 978 – 7 – 5203 – 8827 – 6

Ⅰ.①智… Ⅱ.①徐… Ⅲ.①学习心理学—研究 Ⅳ.①G442

中国版本图书馆 CIP 数据核字（2021）第 161125 号

出 版 人	赵剑英
责任编辑	赵 丽
责任校对	王佳玉
责任印制	王 超

出　版	中国社会科学出版社
社　址	北京鼓楼西大街甲 158 号
邮　编	100720
网　址	http://www.csspw.cn
发行部	010 – 84083685
门市部	010 – 84029450
经　销	新华书店及其他书店

印　刷	北京明恒达印务有限公司
装　订	廊坊市广阳区广增装订厂
版　次	2021 年 10 月第 1 版
印　次	2021 年 10 月第 1 次印刷

开　本	710×1000 1/16
印　张	16.75
插　页	2
字　数	258 千字
定　价	89.00 元

凡购买中国社会科学出版社图书，如有质量问题请与本社营销中心联系调换
电话：010 – 84083683
版权所有　侵权必究

序

普通数字学习环境已无法满足"数字土著"的需求，人工智能、大数据、区块链等技术迅猛发展，将深刻改变人才需求和教育形态，作为数字学习环境高端形态的智慧学习环境便应运而生。智慧学习环境注重培养学习者的创新能力、问题求解能力、决策力和批判性思维能力等高阶思维能力，认知活动在培养过程中起着至关重要的协调与控制作用。情感是由外界刺激引起的心理反应，能够影响和调节注意、知觉、表象、记忆、思维和语言等认知活动。学习过程中的积极情感有助于激发学习动机，培养学习兴趣，促进认知活动；而消极情感则会影响耐心度、注意力，阻碍认知过程。目前既有智慧学习环境研究"重知轻情"，注重学习者认知层面的适应性和个性化，即根据学习者的认知能力和知识状态提供合适的学习内容、学习路径和问题解答等，而较少考虑情感、兴趣、动机、意志等非智力因素在学习活动中的作用，忽视智慧学习环境和谐情感交互的理论研究与实践探索，以致其缺少情感层面的适应性和个性化，学习者在智慧学习过程中缺少情感支持。

智慧学习环境中学习者主要通过智慧学习终端观看学习内容的信息呈现画面即学习画面进行学习，学习画面是学习者学习的主要环境，并且是学习者与学习内容间信息交互的主通道。学习画面的色彩搭配、版式布局、背景纹理等对学习者智慧学习过程中的情感、兴趣、动机和效果都有不可忽视的影响。另外，学习者情感的准确识别是构建智慧学习环境和谐情感交互的基础，更是判断学习者学习状态的重要手段，对促进学习者的智慧学习具有重要意义。学习画面以直观的视觉特征和隐含的艺术特征影响学习者的情感状态和认知活动，智慧学习环境除为学习者提供个性化的学习内容和学习路径外，所呈现的学习画面还应与学习者的情感状态和视觉情感偏好相适应，并能对学习者的情感起调节和激发作用。该著作以学习画面隐含的情感属性为切入点，关注智慧学习环境中的"情感缺失"问题，为智慧学习环境情感层面自适应交互的实现提供了新的思路与方法，具有重要的学术价值和现实意义。

第一，该著作对学习画面情感和学习者情感进行系统论述，创造性地提出学习画面情感的相关理论，丰富和完善了智慧学习环境、学习画面的理论体系，展现了作者深厚的理论功底。学习画面研究已有历史，但多关注认知层面的设计与开发，以期更好地呈现学习内容。学习画面既有"显式"的认知功能，也有"隐式"的情感功能，应注重两者的协调与平衡，充分发挥学习画面对学习者智慧学习的正面作用。训练样本数量充足且具有代表性是进行深度学习的必要条件，而其建设过程费时费力，很多学者望而却步，退而求其次，使用开源的免费数据库。但开源数据库总存在这样或那样的问题，较难取得理想效果。作者克服困难，在有限条件下高标准建设学习画面图像数据库和学习者表情图像数据库，为相关领域的研究提供了数据支撑，也为后续研究奠定了扎实基础。

第二，该著作利用卷积神经网络实现学习画面情感和学习者情感的准确识别。图像情感识别和面部表情识别是计算机视觉领域的重要研究内容，但既有研究多采用传统机器学习方法，其识别过程通常包括图像预处理、特征提取、特征选择、分类器构建等，存在准确率低，算法复杂，鲁棒性差等问题。卷积神经网络是近年来兴起的重要深度学习方法，支持将图像直接作为输入，而不必进行预处理和特征提取过程，避免了繁重的前期基础工作，并且它对图像的平移、缩放、旋转等变换以及光照、遮挡物、背景等敏感问题具有较高鲁棒性。目前已在医学图像处理和自然语言处理等方面获得应用，但在教育领域却鲜有提及。作者尝试性地将卷积神经网络应用于教育领域，用于识别学习画面情感和学习者情感，并取得了较为满意的结果，显示出作者对研究前沿的准确把握，扎实的技术功底和孜孜以求的创新精神。该著作并未将技术与教育割裂，而是将两者深度融合，充分发挥信息技术在教育信息化2.0中的支撑与引领作用，推动新兴技术更好地适应教育改革发展的要求。

第三，该著作通过实证研究揭示了学习画面情感对学习者情感的影响机制。学习画面属于计算机生成或合成图像，但又具有其特殊性，具有明确的知识指向的同时，往往还蕴含着某种或某几种情感。学习者与学习画面间既存在着显而易见的"思想交流"，还存在着容易被忽视，但客观存在的"情感交流"，学习画面情感与学习者情感存在重要联系。学界对学习画面情感功能的研究多采用思辨的方法从宏观视角论述学习画面情感对学习者情感的影响，而较少通过实证研究阐释两者间的具体联系和作用机制。学习画面情感是复杂的，学习者情感更是受多种因素影响，各异的学习画面情感会给学习者带来不同的内心体验。作者在实验学校开展长期跟踪实验，采集学习画面图像及其对应的学习者表情图像，通过数据挖掘领域的重要方法相关分析对数据进行处理，通过大数据降低干扰因素的影响，从而揭示学习画面情感对学习者情感的影响机制，并提出具有科学性、实用性和启发性的建议，展现了作者敏锐的学术洞察力和对研究方法的熟练掌握。此部分的研究将为智慧学习环境、在线学习环境下学习画面情感层面的设计开发和学习画面情感的自适应调整提供理论基础。

第四，该著作提出学习画面情感自适应调整的理论与方法。情感交互是教育技术和远程教育领域的重要研究内容，目前主要是基于学习者的学习情感，通过调整学习策略、学习路径和学习资源等导学行为，或者利用虚拟教师、虚拟学伴等仿生代理的表情、动作或语言等对学习者的学习过程进行干预。智慧学习环境要为学习者提供比数字化更加智慧化的学习服务，除为学习者提供个性化的学习资源、学习路径和问题解答外，还应为学习者提供符合其情感状态和视觉情感偏好的学习画面。作者没有囿于传统方法的束缚，以崭新的视角，将理论研究和实践探索有机融合，提出智慧学习环境下的学习画面情感自适应调整理论与方法，并通过实验组对照组后测的准实验研究对所提出理论和方法进行验证和优化，为解决智慧学习环境下的情感交互问题创造了更多可能。

该著作涉及教育学、心理学、计算机科学等多个学科，是多学科交叉的研究领域，容易开展但很难做深、做好，具有较高的挑战性，没有深厚的相关学科的知识积累很难驾驭。当作者确定该选题时，作为他的导师，心里难免有些迟疑，但作者知难而进的探索精神令我赞赏，他对该选题的热情使我相信他能在该领域有所建树。功夫不负有心人，他的学位论文获得盲审专家和答辩委员会的一致好评，并被评为山东省优秀博士学位论文。在学位论文的基础上，他精益求精，经过两年的修改完善，终于成稿面世，相信该著作定给学界同仁以启发和思考。

是为序！

山东师范大学教授、博士生导师

张冠文

目 录

第一章 绪论 ……………………………………………………………… (1)
  第一节 研究背景与意义 ………………………………………… (1)
  第二节 国内外研究综述 ………………………………………… (8)
  第三节 相关概念界定 …………………………………………… (38)
  第四节 研究目的与内容 ………………………………………… (43)
  第五节 研究思路与方法 ………………………………………… (46)
  第六节 研究创新与不足 ………………………………………… (48)

第二章 相关理论与技术 ……………………………………………… (50)
  第一节 相关学习理论 …………………………………………… (50)
  第二节 情感与情感计算 ………………………………………… (60)
  第三节 卷积神经网络 …………………………………………… (71)
  本章小结 …………………………………………………………… (79)

第三章 学习画面与学习者表情图像数据库的构建 ………………… (81)
  第一节 学习画面的情感概述 …………………………………… (81)
  第二节 学习画面图像数据库 …………………………………… (85)
  第三节 学习者的学习情感概述 ………………………………… (94)
  第四节 学习者表情图像数据库 ………………………………… (96)
  本章小结 ………………………………………………………… (103)

第四章　智慧学习环境中学习画面的情感识别 （104）
- 第一节　图像情感识别方法概述 （105）
- 第二节　卷积神经网络的结构设计 （107）
- 第三节　模型训练与结果分析 （112）
- 第四节　学习画面情感自动评估系统的开发 （117）
- 第五节　学习画面情感的大数据分析 （122）
- 本章小结 （133）

第五章　智慧学习环境中学习者的情感识别 （135）
- 第一节　面部表情识别方法概述 （135）
- 第二节　基于 Adaboost 算法的人脸检测 （138）
- 第三节　卷积神经网络的结构设计 （143）
- 第四节　模型训练与结果分析 （147）
- 第五节　学习者情感自动识别系统的开发 （152）
- 本章小结 （157）

第六章　学习画面情感对学习者情感的影响 （159）
- 第一节　实验设计 （160）
- 第二节　同步采集系统的开发 （164）
- 第三节　实验的实施 （173）
- 第四节　数据分析与结果讨论 （177）
- 本章小结 （189）

第七章　学习画面情感自适应调整对学习者情感的影响 （191）
- 第一节　实验设计 （192）
- 第二节　学习画面情感自适应调整模型的构建 （196）
- 第三节　学习画面情感自适应调整系统的开发 （200）
- 第四节　实验的实施 （215）
- 第五节　数据分析与结果讨论 （220）
- 本章小结 （228）

第八章　总结与展望 ·· （229）
　第一节　研究总结 ·· （229）
　第二节　研究展望 ·· （231）

参考文献 ·· （233）

附录　学习画面情感自适应调整效果调查问卷 ················ （251）

后　　记 ·· （254）

第 一 章

绪　　论

第一节　研究背景与意义

一　研究背景

"21世纪技能"是智慧时代对"数字土著"提出的新能力要求，而构建培养"21世纪技能"需要标准和评价系统、课程和教学系统、个人专业发展以及学习环境等支持。伴随计算机和网络成长起来的"数字土著"对学习环境的理解和诉求与"数字移民"截然不同，他们渴望学习资源的个性推送、学习社群的协作会话、学习工具的移动互联以及人机情感的深层交互。显然，"数字土著"与"数字移民"在学习风格、思维方式、能力倾向、社会责任等诸多方面存在差异，既有学习环境已不能满足"数字土著"的需求，而物联网、云计算、区块链、人工智能等新一代信息技术的发展与完善，为新学习环境的产生创造了可能，作为数字学习环境高端形态的智慧学习环境便应运而生。教育部印发的《教育信息化2.0行动计划》指出应大力推进智能教育，开展以学习者为中心的智能化教学支持环境建设，推动人工智能在教学、管理等方面的全流程应用[①]。

学习环境的变革常由技术革新率先引起，或者学习环境的变革最终还需要通过技术革新得以实现。智慧学习环境的关键技术特征主要体现在记录过程、情境感知、自适应交互等方面，强调通过动作捕捉、情感

[①] 吴砥、邢单霞、蒋龙艳：《走中国特色教育信息化发展之路》，《电化教育研究》2018年第6期。

计算、眼动追踪等感知并记录学习者在知识获取等方面的情况，以便为学习者提供个性化的学习资源和工具，以促进智慧学习的发生。与普通数字学习环境相比，智慧学习环境注重培养学习者的创新能力、问题求解能力、决策力和批判性思维能力等高阶思维能力，而认知活动在培养学习者高阶思维能力的过程中起着至关重要的协调与控制作用①。情感是由外界刺激引起的心理反应，能够影响和调节注意、知觉、表象、记忆、思维和语言等认知活动。关联主义学习理论提出者乔治·西蒙斯（George Siemens）曾指出情感是我们神经网络的"看门人"，在学习者的理解过程中，将认知与情感加以结合非常重要，思维和情感会相互影响②。心理学研究表明，学习过程中的专注、高兴、满意等积极情感有助于激发学习动机、培养学习兴趣，促进认知活动；而厌倦、悲伤、焦虑等消极情感则会影响注意力、耐心度，阻碍认知活动。可见，智慧学习过程中学习者的情感状态对学习效果具有重要影响。另外，智慧学习环境打破了传统的教学模式，强调以学习者为中心，以 MOOC、微课、移动课件和电子教材等为学习资源的泛在学习、云学习和无缝学习。学习者多借助平板电脑、智能手机、电子书包等智能学习终端进行自主学习或协作学习，师生在时空上多处于准分离状态。在传统教学中，师生面对面直观地交流，教师满意的表情、称赞的话语、鼓励的手势可给学习者传递积极的情感，以影响学习者的学习兴趣和态度③。智慧学习环境中师生由于时空上的准分离，将难以感受对方的情感和状态，普遍存在"情感缺失"的问题。知识的传递与情感的交流是相得益彰的，如果智慧学习环境无法将两者有机结合，就难以促进智慧学习的有效进行。

然而，现有的智慧学习环境研究重"知"轻"情"，注重对学习者认知层面的适应性和个性化，即根据学习者的认知能力和知识状态提供合适的学习资源、学习路径和问题解答等；而较少考虑学习者的兴趣、情

---

① 孙波、刘永娜、陈玖冰等：《智慧学习环境中基于面部表情的情感分析》，《现代远程教育研究》2015 年第 2 期。

② ［加拿大］乔治·西蒙斯：《网络时代的知识和学习》，詹青龙等译，华东师范大学出版社 2009 年版，第 84 页。

③ 李勇帆、李里程：《情感计算在网络远程教育系统中的应用：功能、研究现状及关键问题》，《现代远程教育研究》2013 年第 2 期。

感、动机等非智力因素在智慧学习过程中的作用,忽视智慧学习环境情感层面自适应交互的理论研究和实践探索,以致智慧学习环境缺乏情感层面的适应性和个性化,学习者在智慧学习过程中缺少情感支持。智慧学习环境要为学习者提供比数字化更加智慧化的学习服务,学习环境与学习者间的和谐情感交互必不可少。因此,智慧学习环境情感层面自适应交互的研究与实现成为急需解决的现实问题。

智慧学习环境中学习者主要通过智能学习终端观看学习内容的信息呈现画面即学习画面进行学习,学习画面是学习者学习的主要环境,并且是学习者与学习内容间信息交互的主通道。美国学者丹尼尔·希尔曼等曾指出学习画面是学习者与学习内容间交互的纽带,并提出远程教育中的第四种交互类型,即学习者与学习画面间的交互[1]。学习画面的色彩搭配、配图质量、文本样式、排版布局、背景纹理等对学习者智慧学习过程中的情感、兴趣、动机、效果都有不可忽视的影响。研究表明,色彩、图形、结构等具有表象特征的符号信息与文本符号信息相比,刺激信息传递时间较短,能够快速引起第一性情感反应[2]。美国学者罗克莎娜·莫雷诺等也曾指出多媒体学习画面的视觉设计具有认知和情感两个重要功能,认知功能主要体现在多媒体学习画面的视觉设计可以为学习者的认知过程提供支持,情感功能则体现在多媒体学习画面的视觉设计可以影响学习者的学习态度和学习动机[3]。学习画面以视觉上的赏心悦目给学习者以美的享受,当学习者长时间面对"冷漠"的学习画面而感受不到情感交互时,就会引起反感,从而严重影响其深层次学习的发生及高层次技能的培养。因此,学习画面的情感是智慧学习环境情感特征的重要表现,智慧学习环境除为学习者提供个性化的学习资源、学习路径和问题解答外,其呈现的学习画面还应与学习者的情感状态、视觉情感

---

[1] Daniel C. A. Hillman, Deborah J. Willis and Charlotte N. Gunawardena, "Learner-Interface Interaction in Distance Education: An Extension of Contemporary Models and Strategies for Practitioners", *American Journal of Distance Education*, Vol. 8, No. 2, February 1994, pp. 30–42.

[2] Shuang Huang, Xuan Zhou and Xue Ke, "Neural Cognition and Affective Computing on Cyber Language", *Computational Intelligence and Neuroscience*, Vol. 2015, April 2015.

[3] Roxana Moreno and Richard Mayer, "Interactive Multimodal Learning Environments", *Educational Psychology Review*, Vol. 19, No. 3, June 2007, pp. 309–326.

偏好相适应，并能对学习者的学习情感起调节和激发作用。

学习者情感的准确识别是构建智慧学习环境和谐情感交互的基础，更是判断学习者学习状态的重要手段，对促进学习者的智慧学习具有重要意义。学习者情感识别作为情感计算的重要内容，研究者主要围绕生理信号、心理测量和外显行为对其开展研究。美国学者艾伯特·梅拉比安指出，感情表达＝7%的言辞＋38%的声音＋55%的面部表情[1]。心理学家保罗·埃克曼等的研究表明，从面部表情到单一具体情感状态映射的准确率为88%[2]。可见，学习者的情感表达方式中，面部表情起到非常关键的作用。面部表情是指通过眼部肌肉、颜面肌肉和嘴部肌肉的变化来表现各种情感状态。徐晓青等学者指出，教育领域基于面部表情的学习情感识别方法要比其他情感识别方法，可用性更高[3]。在实际应用中，通过智能学习终端自带摄像头采集学习者的面部表情，进而判断学习者的情感状态，要比其他方法更加自然可行。

学习画面图像多属于计算机生成或合成图像，传统图像情感识别方法的步骤为：首先提取图像的色彩及其分布、纹理及线条、形状及其空间布局等低层视觉特征，然后使用训练样本集训练图像情感分类器，最后利用训练好的分类器识别图像的情感和强度[4]。常用的分类器有支持向量机、线性分类器和反向传播神经网络等。由于人对图像的情感感知来自多方面的因素，一些是隐含的，难以表达和提取，因此传统图像情感识别方法的效率和准确率较低。基于面部表情的传统学习者情感识别算法主要包括图像预处理、人脸检测、特征提取、特征选择、分类器构建等过程，面部表情的视觉特征需要显式的表达和提取，并依赖经验或运气对其进行挑选。这无疑增加了识别难度，并且可能会丢失原图像的关键特征信息。随着技术的快速发展，深度学习（Deep Learning, DL）成

---

[1] Albert Mehrabian, "Communication Without Words", *Psychology Today*, Vol. 2, No. 4, April 1968, pp. 53 – 56.

[2] Paul Ekman and Wallace V. Friesen, *Facial Action Coding System: A Technique for the Measurement of Facial Movement*, Palo Alto: Consulting Psychologists Press, 1978, p. 78.

[3] 徐晓青、赵蔚、刘红霞：《混合式学习环境下情绪分析应用与模型研究——基于元分析的视角》，《电化教育研究》2018年第8期。

[4] 刘瑞梅、孟祥增：《基于深度学习的多媒体画面情感分析》，《电化教育研究》2018年第1期。

为人工智能领域的重要机器学习算法。需要特别指出，教育领域和计算机领域均有深度学习的概念，虽文字表述相同，但含义却具有本质区别。教育领域深度学习既指对知识的深层次理解，也指主动的、批判性的学习方式，以提高学习者的学习能力、实践能力和创新能力为宗旨。计算机领域深度学习是机器学习中一种基于对数据进行表征学习（Representation Learning，RL）的方法，是人工智能领域新兴的多层神经网络学习算法。若无特别说明，本书中深度学习均指计算机领域含义。深度学习将图像特征提取与神经网络的模糊分类相结合，省略前期复杂的图像预处理和特征提取过程，使之不再依赖人工精心设计的显式特征提取方法，在提高效率和准确率的同时，也提高了识别算法的鲁棒性。深度学习已在自动驾驶、计算机视觉、医学图像分析、自然语言处理等领域得到广泛应用，但在教育领域却鲜有提及。

本书的研究问题主要有以下三点：

1. 随着大数据、物联网、人工智能等新兴技术的出现和快速发展，教育信息化从 1.0 时代迈入 2.0 时代，智慧学习支持环境建设成为教育信息化发展的新趋势。传统课堂教学中教师可通过观察学习者以判断其情感状态，但当学习者借助平板电脑、智能手机、电子书包等智能学习终端进行自主学习或协作学习时，教师则较难掌握学习者的情感状态。智慧学习环境要为学习者提供比数字化更加智慧化的学习服务，学习环境与学习者间的和谐情感交互必不可少。但目前的智慧学习环境研究侧重认知层面的自适应交互，忽视情感层面自适应交互的理论研究和实践探索。

2. 学习画面的色彩搭配、排版布局、背景纹理等能够影响学习画面的情感，进而影响学习者的情感状态和认知活动，学习画面的情感应能根据学习者的学习情感和视觉情感偏好以及学习画面的情感和视觉特征进行自适应调整，以实现智慧学习环境情感层面的自适应交互。对学习画面情感和学习者情感进行实时并且准确的识别是实现智慧学习环境和谐情感交互的前提和基础，但目前缺乏学习画面情感及其识别、学习画面情感对学习者情感影响、学习画面情感自适应调整对学习者情感影响的相关研究。

3. 既有图像情感识别和学习者情感识别研究多采用传统机器学习方法，存在准确率低、算法复杂、鲁棒性差等问题，而且人工选择的特征不能很好地表达图像的全部信息。此外，学习画面情感识别和基于面部表情的学习者情感识别离不开学习画面图像数据库和学习者表情图像数据库的支撑。学习画面图像数据库目前并未见有文献提及，而现有面部表情图像数据库样本数量普遍较少，并且多为外国人脸表情。由于外国人的人脸及表情特征与中国人的人脸及表情特征具有显著差异，因此训练结果较难应用于中国，而且样本数量普遍较少，也难以满足深度学习和实际应用的需求。

二 研究意义

物联网、云计算、区块链、人工智能等技术迅猛发展，将深刻改变人才需求和教育形态，并为教育信息化2.0行动提供强有力的技术支撑。在此背景下，智慧学习环境的出现与发展成为必然的趋势。作为数字学习环境高端形态的智慧学习环境，除为学习者提供个性化的学习内容和学习路径外，还应为学习者提供符合其情感状态和视觉情感偏好的学习画面。本书着眼于智慧学习环境和谐情感交互理论研究和实践探索的缺失，建设了学习画面图像数据库和学习者表情图像数据库，采用深度学习领域的代表算法卷积神经网络实现学习画面情感和学习者情感的有效识别，并探索了学习画面情感对学习者情感的影响。基于上述研究，本书最后探讨了学习画面情感自适应调整对学习者情感的影响，借此实现智慧学习环境情感层面的自适应交互，以便促进学习者轻松、投入和有效地学习，充分发挥信息技术在教育信息化2.0行动中的积极作用，推进人工智能等新兴技术与教育教学的深度融合。

（一）理论意义

现有智慧学习环境研究多关注根据学习者的认知水平来提供适应性的学习内容，而较少考虑学习者情感的适应性。仅有的少数研究也只是关注学习者的学习情感，并未对智慧学习环境中学习画面的情感进行研究。本书在既有研究的基础上，分析了智慧学习环境中学习画面的类型与特点，阐释了学习画面的视觉情感和学习者的学习情感，并实现在学习者学习过程中对学习画面情感和学习者情感的实时识别,然后探讨了智慧学习环境中学习画面情感对学习者情感的影响以及学习画面情感自适应调整对学习者情感的影响。

理论意义主要有以下三点:第一,本书对智慧学习环境以及智慧学习环境中学习画面情感、学习者情感的研究,实现了其他学科经典理论与教育学研究的结合,可以丰富和完善智慧学习环境、学习画面的理论体系,拓宽智慧学习和人机交互的内涵。第二,本书对智慧学习环境中学习画面情感对学习者情感的影响以及学习画面情感自适应调整对学习者情感的影响进行实验研究,并提出学习画面情感自适应调整模型,为智慧学习环境中和谐情感交互的实现提供了理论支撑,为教育信息化、情感计算、人机情感交互等理论的发展提供了新的生长点。第三,和谐情感交互不仅是智慧学习环境的需求,也是其他领域智慧环境的需要,本书将有助于扩展情感自适应交互的研究领域,并对其他领域智慧环境和谐情感交互的构建与实现具有重要的借鉴价值。

(二) 实践意义

物联网、云计算、人工智能、区块链等技术方兴未艾,无疑为智慧学习环境的构建和实现创造了更多可能。但目前研究多集中于理论探索和模型构建,实际将前沿技术应用于智慧学习环境设计与开发的研究较少。本书建立学习画面图像数据库,并将其作为训练样本集对 9 层卷积神经网络模型进行训练,实现学习画面情感的准确识别;建立学习者表情图像数据库,并将其作为训练样本集对 7 层卷积神经网络模型进行训练,实现学习者情感的准确识别;利用 C++、C#、Matlab 等编程语言实现基于学习者情感的学习画面情感自适应调整系统的开发,充分发挥信息技术在智慧学习环境建设和发展中的支撑与引领作用,推动新兴技术更好地适应教育改革发展的要求。

实践意义主要有以下四点:第一,深度学习依赖于大量甚至海量训练样本,本书自主建设的学习画面图像数据库和学习者表情图像数据库将为教育领域或其他领域的相关研究提供数据支撑。第二,对学习画面情感和学习者情感进行实时并且准确的识别是实现智慧学习环境情感层面自适应交互的前提和基础,本书对其中的关键技术进行研究,将有助于智慧学习环境和谐情感交互的实现和完善。第三，本书通过实验证实根据学习者的学习情感和视觉情感偏好以及学习画面的情感和视觉特征自适应调整学习画面情感，能够激发学习者的学习兴趣，调节学习者的学习情感，为解决智慧学习环境中的情感自适应交互问题提供了新的思路与方法。第四，本书对学习画面情感及其对学习者情感的影响进行系统研究，可为智慧学习环境中学习画面情感层面的设计提供借鉴和参考。同时，对学习者的学习情感及其识别方法进行系统研究，数据可借助"仪表盘"呈现给教师或管理者，有助于教师、学习管理系统、智慧学习环境掌握学习者的学习状态以及对学习内容的理解程度。

总之，以物联网、云计算、人工智能等为代表的新兴技术正引发学习环境的全面变革，学习对象由"数字移民"变为"数字原住民"，学习模式由课堂中以教师为中心的单向知识传递变为以学习者为中心的混合式教学或翻转课堂等。学习画面以直观的视觉特征和隐含的艺术特征影响学习者的学习情感，学习者的面部表情是学习者情感的重要表现，根据学习者的学习情感，可以判断学习者的学习状态和认知水平。通过自适应调整学习画面的视觉情感，实现对学习者情感的调节，以降低认知负荷，促进智慧学习，提高学习效果，而准确并且实时识别学习画面情感和学习者的学习情感是进行学习画面情感自适应调整的基础和关键。本书所提出的方法能够实时识别学习画面的视觉情感和学习者的学习情感，并能根据学习者的学习情感和视觉情感偏好以及学习画面的情感和视觉特征自适应调整学习画面情感，然后将调整后的学习画面实时呈现给学习者，以便实现智慧学习环境情感层面的自适应交互，并促进学习者轻松、投入和有效地学习。因此，本书具有重要的理论意义和突出的实践指导意义。

第二节　国内外研究综述

一　智慧学习环境研究综述

（一）国内研究现状

美国学者大卫·乔纳森曾指出，技术的发展总是促使研究者和教育实践者去拓展学习的内涵和开展学习环境的设计①。自 2006 年以来，国内学者对智慧学习环境持续关注，研究成果不断涌现。本书试图通过对中国知网自创建以来有关智慧学习环境研究的相关文献进行回顾和分析，了解其在各学科领域的研究问题和研究现状。在学术期刊数据库中以"TI ＝ 智慧学习环境 OR KY ＝ 智慧学习环境 OR TI ＝ 智能学习环境 OR KY ＝ 智能学习环境 OR TI ＝ 智慧教室 OR KY ＝ 智慧教室 OR TI ＝ 未来教室 OR KY ＝ 未来教室"为检索条件检索中文核心期刊和 CSSCI 收录期刊，截至 2018 年 10 月 22 日，共检索到 185 条结果。通过人工分析，去除杂志社刊发的会议通知、征稿和不相关文献，其中有效文献 125 篇，发表年度趋势如图 1—1 所示。

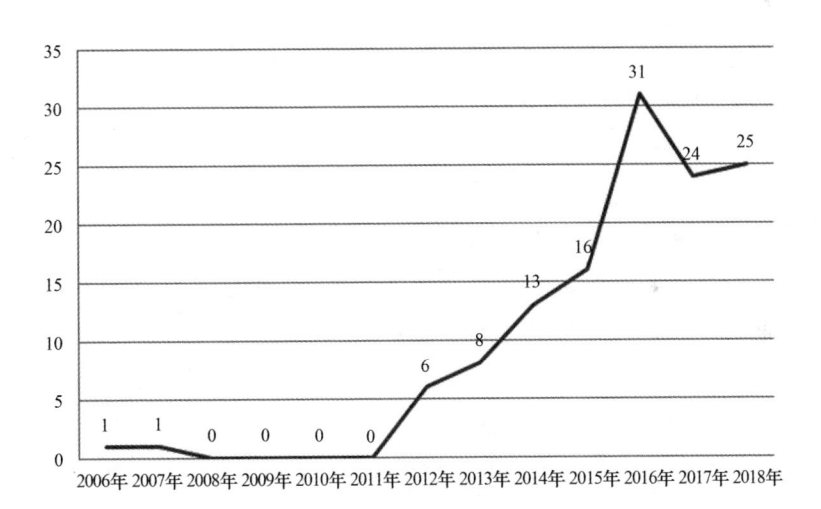

图 1—1 期刊文献发表年度趋势

这些文献主要集中在中国电化教育（25 篇）、电化教育研究（21 篇）、现代教育技术（15 篇）、开放教育研究（13 篇）、远程教育杂志（7 篇）等 CSSCI 来源期刊。可见，智慧学习环境是我国教育技术领域的重要研究主题。发文较多的作者有黄荣怀（13 篇）、胡永斌（8 篇）、张屹（6 篇）、何文涛（5 篇）、陈琳（5 篇）、白清玉（5 篇）、杨俊锋（5

---

① 李妍：《乔纳森建构主义学习环境设计研究》，博士学位论文，华东师范大学，2007 年。

篇）等，他们是国内教育技术领域的知名学者，分布在不同地区和年龄段，可以反映我国智慧学习环境研究既有传承又有创新。

在中国知网的博硕士学位论文数据库中以相同的检索条件进行检索，截至2018年10月22日，共检索到63条结果，其中3篇博士学位论文，60篇硕士学位论文。这些博硕士学位论文主要集中在华中师范大学（20篇）、东北师范大学（5篇）、华南师范大学（3篇）等高校。某领域文献的发表数量在一定程度上表明该领域研究的理论水平和发展速度。由图1—1可以看出，智慧学习环境的相关研究截至目前大致经历了两个时间节点。第一个时间节点是2006年，智慧（智能）学习环境的相关研究开始出现，第二个时间节点是2012年，此后智慧学习环境的相关研究明显增多。2006年和2007年钟国祥先后发表两篇有关智能学习环境的研究成果，虽然当时并未引起各领域专家学者的广泛关注，但仍为后续研究提供了重要借鉴。2012年黄荣怀及其团队发表智慧学习环境的系列文章，使其成为教育技术乃至远程教育领域的研究热点，此后相关研究逐渐增多。

关键词是学术论文思想和观点的高度凝练，通过分析某一研究领域的高频关键词，可对该领域的发展脉络、研究主题以及未来的发展趋势进行分析。笔者将通过中国知网检索到的188篇（期刊文献125篇，博硕士学位论文63篇）文献作为研究对象，借助书目共现分析系统（Bibliographic Items Co-occurrence Matrix Builder，BICOMB）提取关键词，共提取495个关键词，这些关键词共出现786次。高频关键词如表1—1所示。

表1—1　　　　　　　　高频关键词

序号	关键词	出现次数	序号	关键词	出现次数
1	智慧教室	65	16	个性化学习	4
2	智慧学习环境	55	17	智能学习环境	4
3	未来教室	20	18	云计算	4
4	智慧教育	18	19	课堂互动	4
5	智慧学习	11	20	云平台	4
6	教学模式	7	21	大数据	3

续表

序号	关键词	出现次数	序号	关键词	出现次数
7	学习环境	7	22	教育信息化	3
8	智慧校园	7	23	数字校园	3
9	智慧课堂	5	24	电子书包	3
10	移动学习	5	25	学习空间	3
11	物联网	5	26	媒体技术	3
12	信息技术	5	27	教学应用	3
13	学习分析	5	28	学习模式	3
14	协作学习	4	29	教学	3
15	教学设计	4	30	课堂教学	3

如表1—1所示，除检索关键词智慧教室（智慧课堂）、智慧学习环境、未来教室外，智慧教育（18次）、智慧学习（11次）、教学模式（7次）、学习环境（7次）、移动学习（5次）、物联网（5次）、信息技术（5次）、学习分析（5次）等关键词相对较多。通过对188篇高质量文献的进一步整理和归纳，发现国内学者主要围绕以下几个方面对智慧学习环境进行研究。

1. 智慧学习环境的概念、特征、要素等基础理论研究

智慧学习环境，也有学者称为智能学习环境，严格意义上相关研究兴起于2012年，各领域学者从不同视角对其进行阐述。钟国祥等学者从建构主义学习理论、混合学习理论、现代教学理论的视角对智能学习环境做出界定，认为智能学习环境是一个智能化、开放式、集成化的数字虚拟现实学习空间，主要由同学、教师、设备、工具、技术、媒体、教材等构成[①]。而后他们基于智能学习环境综合理论，分析了智能学习环境的设计理论和主要功能，并由此构建了一种通用智能学习环境模型。黄荣怀等学者从社会信息化对学习环境变革的诉求出发，提出智慧学习环境的概念，他们认为智慧学习环境是一种学习场所或活动空间，其目的

---

① 钟国祥、张小真：《一种通用智能学习环境模型的构建》，《计算机科学》2007年第1期。

是通过感知学习情景、识别学习者特征、提供合适的学习资源与便利的互动工具、自动记录学习过程和评测学习结果以促进学习者有效学习[①]。他们还提出了智慧学习环境的系统模型和 TRACE³ 功能模型，并从人工智能、传感器技术、通信技术三个方面综述了当今技术发展对智慧学习环境建设的支持。徐显龙等学者则从职业教育的视角对职业教育智慧学习环境进行了阐述，他们认为职业教育智慧学习环境是以促进职教学生知识技能提高为目的的新型学习环境，除能够感知客观性物理信息和识别学习情境信息外，还能提供符合职教学生学习特征的学习资源和工具[②]。祝智庭等学者认为智慧教育是教育信息化的新境界、新诉求，并需要以智慧学习环境为技术支撑、以智慧学习为根本基石、以智慧教学法为催化促导[③]。他们从促进学习者智慧能力发展和智慧行动出现的视角出发，将智慧学习环境定义为以先进的学习、教学、管理、利用的思想和理论为指导，以适当的信息技术、学习工具、学习资源为支撑，可以对学习过程产生的新数据或历史数据进行科学分析和数据挖掘，能够识别学习者特征和学习情境，灵活生成最佳适配学习任务和活动的新型学习环境。黄国祯从情境感知无所不在的视角出发，认为智慧学习环境是技术支持的学习环境，能够根据学习者需求，在适当的时间和地点进行适当的调整，并提供适当的支持（例如指导、反馈和工具等）[④]。智慧学习环境旨在帮助学习者即使在进行休闲活动时也能获得知识。他还提出智慧学习环境模型，以明确智慧学习环境设计和开发需要考虑的因素，进而支持学习者的泛在学习和移动学习。

2. 典型智慧学习环境及其设计研究

智慧学习环境是较为宏观的概念，专家学者在对其研究时，多借鉴既有研究，将智慧学习环境具体化，提出智慧课堂、智慧教室、未来教

[①] 黄荣怀、杨俊锋、胡永斌：《从数字学习环境到智慧学习环境——学习环境的变革与趋势》，《开放教育研究》2012 年第 1 期。

[②] 徐显龙、钱冬明、吴永和等：《职业教育智慧学习环境的设计及应用情景研究》，《华东师范大学学报》（自然科学版）2014 年第 2 期。

[③] 祝智庭、贺斌：《智慧教育：教育信息化的新境界》，《电化教育研究》2012 年第 12 期。

[④] Gwo-Jen Hwang, "Definition, Framework and Research Issues of Smart Learning Environments-A Context-Aware Ubiquitous Learning Perspective", *Smart Learning Environments*, Vol. 1, No. 1, December 2014, pp. 1–14.

室、未来课堂、智慧校园、未来学习中心等典型智慧学习环境，并对典型智慧学习环境的模型构建、应用模式、建设思路等进行研究。陈卫东等学者认为未来课堂是充分发挥学习者的主动性、能动性，和谐、自由发展的教与学环境与活动的智慧学习环境，其终极目标在于促进学习者的发展[①]。他们提出未来课堂模型，并认为智慧性主要体现在技术层面、环境层面、资源和服务层面等。聂风华等学者从系统组成的角度出发，构建了智慧教室的 iSMART 模型，该模型由基础设施、网络感知、可视管理、增强现实、实时记录和泛在技术六大系统组成[②]。他们根据清华大学五道口金融学院智慧教室建设项目的工程案例，介绍了智慧教室的建设思路和集成方案，并对智慧教室建成后的运行模式进行了系统思考。刘永权等学者基于澳大利亚"下一代学习空间"的 PST 框架，并参考他们对欧美等国著名开放大学学习中心的实地考察结果，根据智慧学习环境的核心理念，对开放大学未来学习中心进行设计[③]。他们认为学习中心主要有教学、招生、学习支撑服务、管理等八项功能，初步构想由三层楼组成，一层主要为招生宣传服务，二层多是教学区域，三层以办公为主。史宝虹等学者基于物联网、云计算、VOIP、视频监控等技术，探索了信息技术与智慧教室建设的深度融合方式，并提出智慧教室系统总体架构图。智慧教室架构主要包括基础网络平台及综合布线系统、IP 广播系统、故障报修系统等基础功能，智能化考勤、常态录播系统、信息发布系统等扩展功能，运行监控保障系统三个方面[④]。

3. 智慧学习环境建设中的关键技术研究

物联网、云计算、人工智能等新兴技术的创新与应用是智慧学习环境发展和完善的重要因素。黄荣怀等学者曾指出智慧学习环境的技术特征主要体现在记录过程、情境感知、自适应推送等方面，这无疑需要信

---

① 陈卫东、叶新东、许亚锋：《未来课堂：智慧学习环境》，《远程教育杂志》2012 年第 5 期。

② 聂风华、钟晓流、宋述强：《智慧教室：概念特征、系统模型与建设案例》，《现代教育技术》2013 年第 7 期。

③ 刘永权、刘海德：《开放大学未来学习中心的架构——基于 PST 框架的智慧学习环境设计》，《中国远程教育》2014 年第 3 期。

④ 史宝虹：《互联网+时代高校智慧教室架构设计与实现》，《华中师范大学学报》（自然科学版）2017 年第 S1 期。

息技术的支撑。因此，专家学者对智慧学习环境建设和功能实现过程中所采用的关键技术进行了研究。潘荔霞等学者指出目前智慧教室建设中存在面对以互动和研讨为主的课堂教学，缺乏有效的数据采集手段等问题。因此，他们将语音处理技术引入智慧教室建设中，通过悬置麦克风以实现零干预的课堂数据采集，设计声波识别和语音识别算法实现对说话者身份的识别和课堂研讨过程的记录，并将结果实时反馈给课堂中的学生和教师[1]。梅英等学者提出面向智慧学习环境的学习者情感预测方法，该方法首先选择容易引起学习者情感变化的情感影响因子作为模糊认知图的输入信号；然后通过活动赫布学习法推理计算，得到能代表情感重要属性的两个参数——效价和激活度；最后将这两个参数映射到学习者情感空间中，便可以定性、定量地预测出学习者当前的情感状态，以便教学系统能够根据预测情感及时有效地调整学习策略[2]。李胜等学者针对校园管理存在的信息处理手段落后的问题，提出一种基于无线射频识别技术的智慧校园安全管理系统设计方案，并给出了无线传感器和中间件（Middleware）技术在系统软件中的应用方法[3]。实验结果表明，该管理系统能够对校园安全实行全方位的监控和管理，非工作人员接近重要或危险区域时能够自动报警，实现了智慧校园安全管理的实时自动化。姚庆邦提出一种新颖的基于情境感知的"推荐学习"机制，该机制能够根据学习者的位置和环境通过 3G、4G 或 Wi-Fi 为其提供恰当的学习内容。学习者可以随时随地使用配备 PCAR（Personalized Context-Aware Recommendation）系统的智能学习终端访问个人学习资料，其中位置定位和情境识别等关键功能由 GPS、QR Code 码等技术实现[4]。经过多次实验和调查，结果表明大约 80% 的学习者对该系统的易用性及实用性感到满意。

---

[1] 潘荔霞、徐文彬、李世宝等：《基于声纹识别的研讨型智慧教室构建》，《实验技术与管理》2018 年第 7 期。

[2] 梅英、谭冠政、刘振焘：《面向智慧学习环境的学习者情感预测方法》，《计算机辅助设计与图形学学报》2017 年第 2 期。

[3] 李胜、呼家龙、刘俞：《RFID 智慧校园安防管理系统研究与应用》，《现代教育技术》2013 年第 3 期。

[4] Ching-Bang Yao, "Constructing a User-Friendly and Smart Ubiquitous Personalized Learning Environment by Using a Context-Aware Mechanism", *IEEE Transactions on Learning Technologies*, Vol. 10, No. 1, January 2017, pp. 104–114.

4. 智慧学习环境的教学应用研究

多数专家学者将目光聚焦于智慧学习环境的模型构建和技术实现，但部分学者则着眼于智慧学习环境教学应用中的具体问题。智慧学习环境在某些学校或区域已完成初步建设，应用过程中较多现实问题急需解决或探索，因此部分学者围绕智慧学习环境的教学应用展开研究。张屹等学者采用单组前后测实验研究法以"教育技术学研究方法课"为例展开研究，并从学生自身因素、教师与同伴、智慧学习环境层面出发，利用多元回归方法探索大学生学习投入影响因素的作用机制[①]。研究发现，智慧教室环境下大学生的课堂学习投入情况较好，学生在行为、情感、认知层面的投入水平均有显著提升；智慧教室环境下免费师范生的学习投入水平高于非师范生，且在行为层面存在显著性差异。何文涛等学者以协作学习为突破口，通过对比常规教室和智慧教室下协作学习的教学过程机制图，发现：智慧教室的媒体功能设置对协作学习的发生过程影响较小；智慧教室下教师更倾向于安排习题巩固环节；知识学习集中在小组协作环境；通过协作学习任务的数量与序列可控制协作学习的发生过程[②]。张屹等学者通过实验研究法分析学生在科学探究课上的学习兴趣以及参与度情况，以小学四年级课程为例，基于 PBL（Project-Based Learning）教学策略设计了"食物在体内的旅行"的教学活动[③]。研究发现，基于智慧教室的科学探究课能够较好地激发学生学习科学的兴趣，学生表现出较高的学习兴趣；智慧教育资源的有效利用能够提高学生的探究效率，学生具有较高的探究参与度；探究参与的自我效能感适中的学生，表现出了更高的学习认知负荷；探究参与的自我效能感与探究参与度存在一定程度上的显著正相关关系。胡小勇等学者深入分析了智慧学习环境对于培养学生创造力的支持作用，并以提升学生创造力为出发点，借鉴创造性认知过程四阶段的观点，构建了基于智慧学习环境的创

[①] 张屹、郝琪、陈蓓蕾等：《智慧教室环境下大学生课堂学习投入度及影响因素研究——以"教育技术学研究方法课"为例》，《中国电化教育》2019 年第 1 期。

[②] 何文涛、杨开城、张慧慧：《智慧教室环境下协作学习的运行特征分析》，《中国电化教育》2018 年第 8 期。

[③] 张屹、董学敏、白清玉等：《智慧教室环境下学生的探究参与度研究——以"食物在体内的旅行"为例》，《电化教育研究》2018 年第 5 期。

造力培养模式①。然后，他们采用单组前后测时间序列准实验研究，通过三轮实验从创造力流畅性、灵活性、独特性三个方面对创造力培养模型的效果进行了测量，并结合访谈了解学生对应用该模式的态度。测量数据和访谈结果表明，该模式在提升学生创造力方面具有较为显著的效果。

（二）国外研究现状

智慧学习环境在引起国内学者广泛关注的同时，国外学者也进行了深入研究。智慧学习环境国外主要有 Smart Learning Environment 和 Intelligent Learning Environment 两种表述形式。本书首先选择最为权威的 Web of Science 核心合集数据库，在高级检索中，以 "TI = Smart Learning Environment OR TI = Intelligent Learning Environment OR TI = Smart Classroom OR TI = Future Classroom" 为检索表达式进行检索，时间跨度为 2010 年至 2018 年，共检索到 93 篇文献，其中类型为 Article 的文献有 85 篇，这些文献主要集中在 Journal of Ambient Intelligence and Smart Environments（6 篇）、Journal of Educational Computing Research（4 篇）、Computers & Education（4 篇）、Computers in Human Behavior（4 篇）、International Journal of Engineering Education（3 篇）等 SCI 或 SSCI 收录期刊。为避免遗漏重要文献，然后在 Elsevier、Springer、ProQuest、Scopus 等数据库中进行检索。通过对相关文献的整理和归纳，发现国外对智慧学习环境的研究，主要有以下几个方面。

1. 智慧学习环境的概念、特征、要素等基础理论研究

韩国学者斯韦特兰娜·金等引入灵活 4S（Elastic Four Smarts，E4S）的概念，以便搭建能够实现情境感知的智慧学习云环境，E4S 是指智慧采集、智慧预期、智慧内容以及智慧推送②。E4S 侧重于通过收集和分析学习者行为数据，预测学习者的潜在需求，然后匹配相关学习内容，并借助智慧学习云环境来推送，以便为学习者提供智慧学习服务。然后，他们提出基于 E4S 的智慧云计算模型，该模型可为学习者提供个性化的学

---

① 胡小勇、朱龙：《智慧学习环境中的创造力培养实证研究》，《中国电化教育》2017 年第 6 期。

② Svetlana Kim, Su-Mi Song and Yong-Ik Yoon, "Smart Learning Services Based on Smart Cloud Computing", Sensors, Vol. 11, No. 8, August 2011, pp. 7835–7850.

习内容和服务，而无须进行显式的搜索。马来西亚学者真（Chin）认为智慧学习环境应以学习者为中心，能够根据学习者的知识基础、学习风格和学习能力推送学习内容，并可为学习者的终身学习和发展提供支持，信息通信技术是构建智慧学习环境的基础①。德国学者阮晋乐等认为学习者通过解决现实问题，可以提高他们的问题解决能力，并指出建构主义学习理论强调学习者应解决现实问题而非人为设置的问题。因此，他提出基于建构主义学习理论的智慧学习环境模型。其智慧性主要体现在：第一，能为学习者提供现实中存在的真实问题；第二，能够提供信息检索或收集工具以帮助学习者的问题解决过程；第三，问题生成工具能促进学习者的反思和思考过程②。加拿大学者金沙克等指出当前教育面临愈加注重非正式学习、课堂学习者知识基础差距越来越大、个人职业选择与社会劳动力需求不匹配等现实挑战。他认为通过重新设计当前学习环境的基本结构和功能，更好地将新兴技术与所需的教学转变相结合，以便将当前学习环境彻底转变为智慧学习环境，从而解决这些现实挑战③。智慧学习环境将打破传统教室的界限，并能实时检测学习者所处的自然环境、地理位置、学习状态等，以便为学习者提供完全情景化的学习过程，使他们获得更好的学习体验。

2. 典型智慧学习环境及其设计研究

国外学者对典型智慧学习环境及其设计的研究更加多元和开阔，既对智慧教室、智慧校园等典型智慧学习环境进行研究，还对借助代理（Agent）、游戏等构建的个人智慧学习环境和泛在智慧学习环境进行了研究。泰国学者普纳鲁莫·坦迪指出泛在学习的关键是使学习者处于具有情境感知功能的学习环境中，他们甚至不会意识到自己的学习过程。她基于多代理（Multi-Agent）框架开发了一个能够以恰当方式自适应推送学

---

① 程玫、单美贤：《关于"智慧学习环境"的研究综述》，《现代教育技术》2013年第9期。

② Nguyen-Thinh Le and Niels Pinkwart, "A Smart Problem Solving Environment", in Andreas Holzinger and Gabriella Pasi, eds. *Human-Computer Interaction and Knowledge Discovery in Complex, Unstructured, Big Data*, Berlin: Springer, 2013, p. 285.

③ Kinshuk, Nian-Shing Chen, I-Ling Cheng, et al., "Evolution Is Not Enough: Revolutionizing Current Learning Environments to Smart Learning Environments", *International Journal of Artificial Intelligence in Education*, Vol. 26, No. 2, February 2016, pp. 561–581.

习内容的泛在智慧学习环境，以促进学习者的自主学习和协作学习。该泛在智慧学习环境由服务器、通信工具以及具有多代理结构的若干学习对象组成，其中服务器提供学习管理系统、课程内容和数据存储，每个学习对象由个人代理、内容代理和表示代理构成，配合工作以实现适应性和个性化[1]。美国学者詹姆斯·莱斯特等指出基于游戏的智慧学习环境巧妙地将商业游戏与来自智能教学系统和智能叙事技术的人工智能方法结合起来，为学习者创造既有效又有吸引力的个性化学习体验。他们用时七年开发了名为"Crystal Island"的智慧学习环境，并对开发过程中遇到的主要技术问题进行介绍，如以叙事为中心的教学计划、学习者情感识别、学习者知识建模和学习者需求识别等[2]。埃及学者希玛·奥夫等指出基于语义网和本体论（Ontology）的个性化学习环境对构建智慧化的移动学习生态系统起着关键作用，但是目前的研究大多集中于通过为学习者提供合适的学习内容来使移动学习个性化，而忽略了学习过程中的其他组成部分[3]。因此他们提出并实现了基于本体论和语义网规则语言（Semantic Web Rule Language，SWRL）的智慧化移动学习生态系统框架。荷兰学者伯特·布雷德韦格等设计并开发了名为"DynaLearn"的智慧学习环境，学习者主要通过构建和模拟系统行为的定性模型来获得概念知识，并可借助"图解表示"来表达自己的想法。DynaLearn配备了语义技术组件，能够生成基于知识的反馈和虚拟角色，以增强学习环境与学习者间的互动和交流[4]。

3. 智慧学习环境建设中的关键技术研究

国外智慧学习环境建设中的关键技术研究与国内相似，均是将新兴

---

[1] Temdee Punnarumol, "Ubiquitous Learning Environment: Smart Learning Platform with Multi-Agent Architecture", *Wireless Personal Communications*, Vol. 76, No. 3, April 2014, pp. 627–641.

[2] James C. Lester, Eun Y. Ha, Seung Y. Lee, et al., "Serious Games Get Smart: Intelligent Game-Based Learning Environments", *AI Magazine*, Vol. 34, No. 4, December 2013, pp. 31–45.

[3] Shimaa Ouf, Mahmoud Abd Ellatif, S. E. Salama, et al., "A Proposed Paradigm for Smart Learning Environment Based on Semantic Web", *Computers in Human Behavior*, Vol. 72, July 2017, pp. 796–818.

[4] Bert Bredeweg, Jochem Liem, Wouter Beek, et al., "Dynalearn—An Intelligent Learning Environment for Learning Conceptual Knowledge", *AI Magazine*, Vol. 34, No. 4, December 2013, pp. 46–65.

技术应用于教育领域，以促进智慧学习环境的实现。西班牙学者大卫·格利尔等指出人工智能、沉浸式虚拟环境和自然语言处理为智慧学习环境的研发创造了更多可能，他提出一种在 Second Life、OpenSimulator 等游戏中创建智慧学习环境的方法，该方法将 Moodle 学习管理系统、可编程 3D 对象、嵌入式机器人相结合，以帮助学习者更好地理解复杂概念[①]。英国学者马诺利·马夫里基斯等使用机器学习开发了两个相互关联的贝叶斯网络模型，以便在智慧学习环境中对学习者的交互进行建模[②]。该模型能够预测学习者的互动在学习方面是否有效；学习者是否能在智慧学习环境中正确回答问题而不需要寻求帮助。在讨论这些模型的需求后，他们介绍了进行预处理和从数据中获取有效信息的特定技术。

4. 智慧学习环境的教学应用研究

智慧学习环境强调以学习者为中心，其目的是支持学习者的智慧学习。因此，国外学者也多围绕学习者开展智慧学习环境的教学应用研究。土耳其学者通贾伊·塞温迪克等为了验证智慧教室对提高护理专业学生学业成绩的有效性，从护理专业和助产专业二年级学生中随机抽取 66 名学生，进行准实验研究[③]。首先对实验组即护理专业学生和对照组即助产专业学生进行前测，然后实验组在智慧教室进行学习，对照组在普通教室进行学习，最后对实验组和对照组学生进行后测。结果显示，通过智慧教室进行授课显著提高了实验组学生的学习成绩。因此，他们指出，智慧教室是较为有效的学习环境，可以作为医学教育机构面对面教学环境的替代和补充。新加坡学者吴隆凯等强调学习者在智慧学习环境中进行反思的重要性，他们通过在智慧学习环境中让学习者教授代理（A-

---

① David Griol, José Manuel Molina and Zoraida Callejas, "An Approach to Develop Intelligent Learning Environments by Means of Immersive Virtual Worlds", *Journal of Ambient Intelligence and Smart Environments*, Vol. 6, No. 2, March 2014, pp. 237 – 255.

② Manolis Mavrikis, "Modelling Student Interactions in Intelligent Learning Environments: Constructing Bayesian Networks from Data", *International Journal on Artificial Intelligence Tools*, Vol. 19, No. 6, December 2010, pp. 733 – 753.

③ Tuncay Sevindik, "Future's Learning Environments in Health Education: The Effects of Smart Classrooms on the Academic Achievements of the Students at Health College", *Telematics and Informatics*, Vol. 27, No. 3, August 2010, pp. 314 – 322.

gent），来研究代理作为脚手架，是否可以促进学生在担任教师时进行反思[1]。他们对比了两种类型的代理提示，通用提示旨在引发学生对元认知策略和信念的双循环反思；具体提示则是鼓励学生对相关领域和特定任务技能的单循环反思。希腊学者康斯坦蒂娜·科菲亚迪等提出了被称为PeRSIVA的方法，以便评价智慧学习环境中学习者模型的准确性和有效性[2]。PeRSIVA由经典的柯氏评估模型（Kirkpatrick Model）和分层评估框架组合而成，既可以用来对自适应辅导系统中的学习者模型进行评估，也可以用来对网络学习系统中的混合学习者模型进行评价。PeRSIVA能够评价学习者模型在学习者满意度、表现、进步、行为和状态等方面的建模结果，以及学习者模型得出的结论和适应性决策的有效性。

（三）智慧学习环境的研究现状评述

通过对国内外智慧学习环境研究现状的梳理，可以看出智慧学习环境逐渐引起国内外各领域专家学者的广泛关注，并具有以下特点和不足。

1. 智慧学习环境的研究特点

研究内容较为广泛，前期主要围绕智慧学习环境的内涵、概念、特征、要素等基础理论进行研究，目前主要围绕典型智慧学习环境及其设计、智慧学习环境建设中的关键技术、智慧学习环境的教学应用等进行研究，并且涉及教育学、计算机科学与技术、心理学等多个学科领域。不同领域专家学者从不同视角对智慧学习环境进行研究，使研究成果更加丰富和多元，也显示出智慧学习环境在教育教学变革中的重要地位。

研究方法逐渐多样化，前期研究成果多是理论阐述和模型构建，研究方法以哲学思辨为主。随着研究深入，研究主题和内容更加多元，研究方法既有以问卷调查法、准实验研究法为代表的定量研究，也有逻辑严谨的定性研究。其中，国外采用定量研究方法的文献数量明显高于国内，说明国外学者更加注重对智慧学习环境的实证研究。

---

[1] Longkai Wu and Chee-Kit Looi, "Agent Prompts: Scaffolding for Productive Reflection in an Intelligent Learning Environment", *Journal of Educational Technology & Society*, Vol. 15, No. 1, January 2012, pp. 339–353.

[2] Konstantina Chrysafiadi and MariaVirvou, "PeRSIVA: An Empirical Evaluation Method of a Student Model of an Intelligent E-Learning Environment for Computer Programming" *Computers & Education*, Vol. 68, No. 4, October 2013, pp. 322–333.

微观研究逐渐多于宏观研究。早期研究成果多从宏观视角对智慧学习环境进行阐释和构建，而目前学者多围绕智慧校园、智慧教室、智慧学习中心等典型智慧学习环境的设计和实现以及智慧学习环境教学应用过程中的现实问题进行研究。宏观研究高屋建瓴对后续研究具有指导意义，微观研究贴近实际对智慧学习环境的良性发展具有现实意义。

智慧学习环境强调以学习者为中心，以新一代信息技术为重要支撑。从行为主义学习理论中外部刺激的被动接受者，到建构主义学习理论中内部心理表征的主动建构者，学习者已然成为教育活动和学习环境的中心。因此，利用新兴技术促进学习者轻松、投入和有效地学习是智慧学习环境研究的出发点和落脚点。

2. 智慧学习环境的研究不足

国内外智慧学习环境的研究内容过于集中，围绕智慧学习环境的概念阐述、模型构建、设计构想的研究成果较多，而关于案例建设、效果评价、资源开发、情感交互、学习管理系统等内容的研究成果较少。这无疑在推动相关方面研究进展的同时，也造成智慧学习环境的研究视野过于狭窄。

国内外智慧学习环境的应用研究相对薄弱。目前研究成果多强调智慧学习环境是智慧教育的重要支撑，并能提高学习者的高阶思维能力，但缺乏应用效果的实证研究。仅有对智慧学习环境的实际应用效果及应用后学习者关键能力的提高进行验证，才能实现智慧学习环境研究的可持续发展。

国内外智慧学习环境的实践研究较为匮乏。典型智慧学习环境及其建设过程中关键技术的研究多为理论叙述和构想，要么并未进行实际的开发或建设，要么缺少对开发或建设过程中可能会遇到的关键问题的研究。不可否认，理论研究是实践的基础，并具有重要的指导意义，但其合理性还需通过实践进行检验。同时，部分学者提出的相关策略缺乏强有力的论证，其说服力和可行性有待商榷。

相关文献多是关注或尝试解决智慧学习环境中学习者认知层面的问题，对情感及其他层面的研究相对较少。智慧学习环境强调自适应和个性化，而自适应和个性化不应该只包括认知层面，还应该包括情感层面。此外，学习画面不仅是学习者与学习内容间信息交互的主通道，而且是学习者学习过程中面对的主要环境，但目前缺乏相关研究。

二 学习者情感识别研究综述

1997年美国学者罗莎琳德·皮卡德（Rosalind Picard）在其著作《情感计算》中提出情感计算的概念，情感计算就是赋予计算机识别和表达情感的能力，使计算机能够对人类的情感作出智能反应和使计算机能够调节和利用它的情感等[①]。2016年《地平线报告（高等教育版）》指出，情感计算将在未来四到五年内得到普遍应用[②]。随着情感计算理论与实践研究的快速发展，计算机领域研究者基于不同情感理论提出许多情感识别方法，这无疑为教育领域学习者情感的有效识别奠定了良好的技术基础。目前，情感识别主要围绕基于生理信息的方法、基于心理测量数据的方法、基于认知评价的方法、基于外显行为的方法四类方法展开研究。其中，基于外显行为的方法又包括基于面部表情的方法、基于语音声调的方法、基于文本符号的方法和基于身体姿态的方法等。由于受应用环境和客观条件的限制，学习者的学习情感识别多采用基于面部表情的方法。

（一）国内外研究现状

1. 基于面部表情的学习者情感识别

汪亭亭等学者提出了基于面部表情的学习疲劳识别和干预方法，并定义了专注、疲劳、中性三种与学习相关的表情[③]。他们首先利用一种基于肤色分割和模板匹配相结合的人脸检测算法检测出网络学习者的人脸区域，然后根据建立的人脸表情面部模型对学习者的面部特征进行提取，主要包括眼睛特征和嘴巴特征，最后采用基于规则的表情分类方法，识

---

① ［美］罗莎琳德·皮卡德：《情感计算》，罗森林译，北京理工大学出版社2005年版，第2页。
② 金慧、刘迪、高玲慧等：《新媒体联盟〈地平线报告〉（2016高等教育版）解读与启示》，《远程教育杂志》2016年第2期。
③ 汪亭亭、吴彦文、艾学轶：《基于面部表情识别的学习疲劳识别和干预方法》，《计算机工程与设计》2010年第8期。

别出学习者是否处于学习疲劳状态,并采取相应的情感干预措施。孙波等学者通过特征分解将个体特征及表情特征分解到不同的子空间,在表情子空间中进行识别,从而排除个体特征对表情识别的干扰[①]。他们提出智慧学习环境中的表情识别应用框架,包括感知层、传输层、数据层、分析层和应用层,并利用张量分解进行表情识别。詹泽慧指出现有的教学代理(Agent)存在认知推断功能薄弱,对学习效果的促进作用不稳定等问题[②]。她结合表情识别和眼动追踪技术构建基于智能代理的远程学习者情感与认知识别模型,将眼动追踪与表情监控迭代识别、情感与认知识别过程相耦合,以便提高远程学习者学习状态的识别准确率。魏刃佳等学者结合建构主义、后现代主义教育理论的思想,提出一种具有情感状态评价和教学流程再造功能的在线学习系统模型[③]。该原型系统利用表情识别和疲劳状态检测等技术设计并实现了情感识别模块,表情识别包括训练过程和识别过程两部分,其中训练过程即初始化模版的过程,作用是为人脸表情识别提供分类器;识别过程包括图像预处理、表情特征提取、表情特征分类等三个子过程。刘永娜依据心理学相关理论和研究成果,完成了表情—情感映射关系建模,并针对学习环境中学习者情感的面部表达特点,提出了一种基于流形学习和小波特性相结合的表情张量特征提取方法(LGC-HOSVD)。该方法包括基于流形学习和小波特性相结合的表情特征提取方法、基于张量分析的表情特征分解方法,以提高表情特征的判别力和环境鲁棒性[④]。

突尼斯学者穆罕默德·阿马尔等提出智能辅导系统(Intelligent Tutoring System,ITS)的新框架,他们尝试在学习者学习过程中通过识别学

[①] 孙波、刘永娜、陈玖冰等:《智慧学习环境中基于面部表情的情感分析》,《现代远程教育研究》2015年第2期。

[②] 詹泽慧:《基于智能Agent的远程学习者情感与认知识别模型——眼动追踪与表情识别技术支持下的耦合》,《现代远程教育研究》2013年第5期。

[③] 魏刃佳、丁亦喆、张莉等:《在线学习系统中情感识别模块的设计与实现》,《现代教育技术》2014年第3期。

[④] 刘永娜:《学习环境中基于面部表情的情感识别》,博士学位论文,北京师范大学,2015年,第100页。

习者的面部表情判断他们的情感状态①。他们首先检测学习者的人脸区域，提取出能够表达情感的人脸特征，如眼睛和嘴巴。然后，对提取的人脸特征进行分析，以便提取表情特征用于判断情感。荷兰学者基瓦什·巴里尼等提出通过网络摄像头和麦克风改善学习者学习的框架 FILT-WAM，FILTWAM 根据学习者的面部表情及语言表达识别学习者的学习情感并据此提供及时反馈②。随后他们为验证通过摄像头识别学习者情感的有效性，进行了多次相关实验。

2. 基于认知评价的学习者情感识别

乔向杰等学者根据 OCC（Ortony Clore Collins）模型，提出一种在 E-Learning 系统中基于认知评价的学习者情感识别模型，用于识别骄傲、羞愧、生气、感激、失望、满足、难过和愉快等学习情感③。该模型采用模糊推理方法实现对学习事件的期望度推理，并通过构建动态贝叶斯网络对所构建的模型进行了计算机仿真测试和评估。

加拿大学者克里斯蒂娜·科纳蒂基于 OCC 模型，提出一个概率模型来监控学习者在与教育游戏交互过程中的情感状态和参与度④。该方法采用动态决策网络（Dynamic Decision Network，DDN）对各种可能引起学习者情感变化的因素进行建模，从而推断出学习者处于某种情感的概率。希腊学者埃夫西米奥斯·阿尔普斯等设计了一个融合移动通信技术的情感教育系统，以协助医学专业教师和学生完成教学和学习的任务⑤。基于每个学生的互动、目标、成就、失误以及 OCC 模型完成对学习者情感状

---

① Mohamed Ben Ammar, Mahmoud Neji and Adel M. Alimi, "The Integration of an Emotional System in the Intelligent System", paper delivered to The 3rd ACS/IEEE International Conference on Computer Systems and Applications, sponsored by the IEEE, Cairo, Egypt, January 6 – 6, 2005.

② Kiavash Bahreini, Rob Nadolski and Wim Westera, "Towards Multimodal Emotion Recognition in E-Learning Environments", *Interactive Learning Environments*, Vol. 24, No. 3, May 2016, pp. 590 – 605.

③ 乔向杰、王志良、王万森：《基于 OCC 模型的 E-learning 系统情感建模》，《计算机科学》2010 年第 5 期。

④ Cristina Conati, "Probabilistic Assessment of User's Emotions in Educational Games", *Applied Artificial Intelligence*, Vol. 16, No. 6 – 7, October 2002, pp. 555 – 575.

⑤ Efthymios Alepis and Maria Virvou, "Automatic Generation of Emotions in Tutoring Agents for Affective E-Learning in Medical Education", *Expert Systems with Applications*, Vol. 38, No. 8, August 2011, pp. 9840 – 9847.

态的建模，该系统识别的学习者情感将决定教学代理支持教育过程所采取的策略。巴西学者帕特里夏·雅克等借助信念—愿望—意图（Belief Desire Intention，BDI）模型尝试对教育环境中的学习者情感进行判断[1]。他们采用基于情感认知理论并可通过计算实现的 OCC 模型，从而根据学习者的行为推断出学习者的情感。

3. 基于文本符号的学习者情感识别

黄焕认为通过及时跟踪分析学习者所发布的微博，能够在一定程度上推断出学习者当时的情感状态[2]。因此，提出一种基于微博分析的学习者情感建模方法，该方法包括基于"单类分类"的情感性微博识别方法、基于情感特征词聚类的微博情感语义描述方法、基于"元学习"的微博情感类别判定算法，从整体上提高学习者微博情感分类的准确性。杨宗凯等学者为了识别在线虚拟学习社区中学习者所发内容的情感，提出一种名为自适应多视图选择（Adaptive Multi-View Selection，AMVS）的新协同训练方法，以便提高未标注样本的情感识别准确性[3]。实验结果表明，AMVS 优于传统的多视图半监督情感识别方法。

4. 基于语音声调的学习者情感识别

张石清为解决目前 E-Learning 教学系统中存在的情感交流匮乏问题，提出一种新的基于语音情感识别技术的 E-Learning 系统模型，利用语音情感识别技术获取学习者在线学习过程中的语音信息，并据此识别学习者的学习情感，其识别过程包括语音输入、预处理、特征提取、分类器构建和输出识别结果等[4]。

美国学者黛安娜·利特曼等使用语言和词汇特征预测学习者的情感，

---

[1] Patricia Augustin Jaques and Rosa Maria Vicari, "A BDI Approach to Infer Student's Emotions in an Intelligent Learning Environment", *Computers & Education*, Vol. 49, No. 2, September 2007, pp. 360－384.

[2] 黄焕：《面向 e-Learning 的学习者情感建模及应用研究》，博士学位论文，华中师范大学，2014 年，第 95 页。

[3] Zongkai Yang, Zhi Liu, Sanya Liu, et al., "Adaptive Multi-View Selection for Semi-Supervised Emotion Recognition of Posts in Online Student Community", *Neurocomputing*, Vol. 144, November 2014, pp. 138－150.

[4] 张石清：《基于语音情感识别的 e-Learning 教学探索》，《现代教育技术》2009 年第 S1 期。

她们首先标注学习者转向消极、平静、积极等情感的关键点，然后从语音信号中提取音频特征，从被转录或识别的语音中提取词汇项①。随后，他们比较了单独或组合使用这些特征的机器学习效果。英国学者贝亚特·格文美尔等描述了一个位于智慧学习环境 iTalk2Learn 中的学习者模型。学习者模型的核心目标是根据学习者的情感状态来提供自适应形成性反馈和评价，其中情感状态主要通过学习者在学习过程中的语音以及与学习环境的交互来推断②。他们开发的系统包括两个贝叶斯网络，用于预测能够有效改善学习者当前情感状态的反馈类型和呈现方式。

5. 基于生理信息的学习者情感识别

陈志铭等为探索不同类型的多媒体学习资源对学习者情感和表现的影响，采用基于生理信息检测的情感估计系统 emWave 来估计学习者的情感状态③。初步的研究结果表明，学习者采用视频类型的多媒体学习资源进行学习，在三种多媒体学习资源中产生了最好的学习效果。同时，他们也发现学习者的情感状态在性别上存在显著性差异，女性学习者比男性学习者更容易受到不同类型的多媒体学习资源的影响。

6. 基于混合方法的学习者情感识别

除上述研究外，部分学者结合多种情感识别方法用于识别学习者情感。贺斌等学者论述了罗莎琳德·皮卡德情感计算学说体系、王志良人工心理学、脑科学等对 E-Learning 情感计算的理论支撑，对 E-Learning 情感计算模型进行设计，并对情感信号获取与测量、情感信号建模分析与识别、情感合成与表达等关键技术进行介绍④。学习者的学习情感主要通过学习者的语音、表情、手势、站姿、坐姿等体态语以及心率、脉搏、

---

① Diane J. Litman and Kate Forbes-Riley, "Predicting Student Emotions in Computer-Human Tutoring Dialogues", paper delivered to 42nd Annual Meeting on Association for Computational Linguistics, sponsored by the Association for Computational Linguistics, Barcelona, Spain, July 21 – 26, 2004.

② Beate Grawemeyer, Manolis Mavrikis, Wayne Holmes, et al., "Affective Learning: Improving Engagement and Enhancing Learning with Affect-Aware Feedback", User Modeling and User-Adapted Interaction, Vol. 27, No. 1, March 2017, pp. 119 – 158.

③ Chih-Ming Chen and Hui-Ping Wang, "Using Emotion Recognition Technology to Assess the Effects of Different Multimedia Materials on Learning Emotion and Performance", Library & Information Science Research, Vol. 33, No. 3, July 2011, pp. 244 – 255.

④ 贺斌：《e-Learning 情感计算模型设计研究》，《远程教育杂志》2011 年第 4 期。

血压、皮肤电等生理指标进行识别。侯凤芝等学者对适应性学习理论及网络学习适应性现状进行分析，构建了一个基于情感计算的适应性网络学习系统模型，并对系统的用户登录模块、情感交互模块、适应性学习过程模块以及数据库模块进行了论述[1]。其中情感交互模块主要通过表情、语音、姿态、生理指标等识别学习者的学习情感。刘越等学者对学习者的情感检测模型和检测的整体架构进行设计，通过对教育代理（Agent）与学习者间情感的提取与分析，实现对学习者的个性学习监管，界定学习者的情感态度、认知状态和学习偏好[2]。他们将学习者与教育代理间交互所采用的短语音和短文本作为情感信息进行收集，利用潜在语义分析（Latent Semantic Analysis，LSA）作为情感信息的特征提取方法。罗奇等学者提出应将情感计算融入 E-Learning 系统中，利用表情识别、语音识别以及姿态识别等技术构建基于情感计算的 E-Learning 系统模型，该模型包括接口模块、情感信息处理算法模块、评价模块、教学策略调整算法和扩展学习者模型等[3]。然后，他们对系统实现所需的关键技术进行了阐述。

印度学者阿林达·雷等采用面部表情及生理信息相结合的方法识别学习者情感，其中生理信息包括心率、皮肤电传导、血容量压力等[4]。基于此，他们探讨了学习者在学习过程中情感的变化，以及如何使用情感反馈来改善学习体验，并提出一个学习者情感检测和自动选课模型，以实现融合情感计算的 E-Learning 系统模型。西班牙学者米哈利斯·费达基斯等介绍了关于学习的重要情感理论和模型，以及情感识别和情感反馈策略。他们描述了一个跨平台的"情感调控"系统，该系统结合两种情感识别方式：一是为学生提供一个友好、易用和有趣的方式来使他们报

---

[1] 侯凤芝、夏洪文、潘瑞雪：《基于情感计算的适应性网络学习系统模型设计》，《现代教育技术》2008 年第 12 期。

[2] 刘越、郑燕林、万川：《人机交互过程中远程学习者情感检测的设计与应用研究》，《现代远距离教育》2014 年第 5 期。

[3] 罗奇、万力勇、吴彦文：《情感计算在 e-Learning 系统中的应用探索》，《开放教育研究》2006 年第 3 期。

[4] Arindam Ray and Amlan Chakrabarti, "Design and Implementation of Technology Enabled Affective Learning Using Fusion of Bio-Physical and Facial Expression", *Educational Technology & Society*, Vol. 19, No. 4, October 2016, pp. 112 – 125.

告自己的情感状态；二是对学习者输入的文本进行情感分析，识别学习者的隐含情感[1]。基于学生自报告的情感状态，该系统可以通过虚拟教师来提供情感反馈。美国学者贝弗利·伍尔夫等使用4个传感器获取智能导师系统中学习者的面部表情、皮肤电反应、姿态和压力数据，以便实现对学习者情感的自动识别[2]。他们的目标是将识别学习者情感的工具集成到智能导师系统中，以便智能导师能够激发、感知、交互、判断和回应学习者的情感。

7. 学习者情感识别的应用研究

西班牙学者德里克·莱奥尼等提出了10种可视化形式，以便教师了解学习者的情感状态[3]。通过对学习者与不同教育技术工具交互所产生的初级数据进行处理，从而获得学习者的情感状态。他们提出的可视化形式主要分为四类：基于时间的、基于情境的、基于情感变化的和基于累积信息的。随后，他们将学习者情感可视化应用到包括300多名学生的程序设计课程中，分析和解释学生在学习过程中的情感状态。土耳其学者布卢特·奥泽克指出远程教育无法像传统教育那样与学生建立积极的沟通，因此设计并开发具有学习情感识别功能的学习管理系统[4]。为验证该系统的有效性，进行了准实验研究，实验对象为103名工科学生，对照组通过面对面的传统教育进行学习，实验组1通过具有情感识别功能的学习管理系统进行学习，实验组2通过普通学习管理系统进行学习。实验结果表明，实验组1的学习成绩和学习动力明显优于另外两组。美国学者斯科蒂·克雷格等从建构主义学习理论的视角出发研究了情感状态在

---

[1] Michalis Feidakis, Thanasis Daradoumis, Santi Caballé, et al., "A Dual-Modal System That Evaluates User's Emotions in Virtual Learning Environments and Responds Affectively", *Journal of Universal Computer Science*, Vol. 19, No. 11, June 2013, pp. 1638 – 1660.

[2] Beverly Woolf, Winslow Burleson, Ivon Arroyo, et al., "Affect-Aware Tutors: Recognising and Responding to Student Affect", *International Journal of Learning Technology*, Vol. 4, No. 3/4, October 2009, pp. 129 – 164.

[3] Derick Leony, Pedro J. Muñoz-Merino, Abelardo Pardo, et al., "Provision of Awareness of Learners' Emotions through Visualizations in a Computer Interaction-Based Environment", *Expert Systems with Applications*, Vol. 40, No. 13, October 2013, pp. 5093 – 5100.

[4] Müzeyyen Bulut Özek, "The Effects of Merging Student Emotion Recognition with Learning Management Systems on Learners' Motivation and Academic Achievements", *Computer Applications in Engineering Education*, Vol. 26, No. 5, September 2018, pp. 1862 – 1872.

学习中的作用。他们对通过智能辅导系统 Auto Tutor 学习计算机基础知识的学生进行观察，以便揭示学习成绩与厌倦、困惑及心流（Mental Flow）三种情感状态间的重要关系。研究结果显示，学习成绩与困惑、心流呈正相关，与厌倦呈负相关[①]。

（二）学习者情感识别研究现状评述

综上所述，国内外学者对学习者情感识别进行了广泛研究，并具有以下特点和不足。

学习者情感识别作为情感计算的重要内容，研究者主要围绕生理信号、心理测量、外显行为等对其开展研究，其中基于外显行为的学习者情感识别研究最多。学习者相对于普通人群具有其特殊性，生理信号分析等通过附加设备判断学习者情感的方法在学习环境中较难实现，基于心理测量数据、认知评价的方法则较难保证客观性。相对而言，学习者面部表情是学习者在学习过程中的自然表达，能够较好地客观反映学习者真实的情感状态。

研究者多采用基于面部表情的学习者情感识别方法。由于通过面部表情识别学习者的学习情感具有众多优势，因此相关研究成果最多。但目前的研究成果多采用人脸检测、特征提取、特征选择、分类器构建的传统机器学习方法，效率低且难以保证人工选择的特征能够有效反映面部表情。

借助卷积神经网络、深度置信网络等深度学习方法实现情感识别，已在计算机领域得到广泛研究，并初步应用于普通人群，但在教育领域，却鲜有提及。学习者情感识别的意义阐述、方法构想、模型构建等理论研究居多，并且多建议采用多种识别方法相结合的策略，但由于客观条件和实现难度的限制，实践探索中多采用单一方法进行学习者情感识别。

---

① Scotty Craig, Arthur Graesser, Jeremiah Sullins, et al., "Affect and Learning: An Exploratory Look into the Role of Affect in Learning with Autotutor", *Journal of Educational Media*, Vol. 29, No. 3, October 2004, pp. 241-250.

三 学习画面情感研究综述

黄荣怀等学者指出智慧学习环境是普通数字学习环境的高端形态[①]，可见智慧学习环境仍属于数字学习环境的范畴。另外，通过文献梳理发现部分学者用学习界面、学习资源画面、多媒体画面、多媒体界面等词来对学习画面进行表述。因此，本书对智慧学习环境或数字学习环境中学习画面、学习界面、学习资源画面、多媒体画面、多媒体界面的情感研究进行了总结和归纳，以便为本书提供有价值的借鉴，也为弥补现有研究的不足提供切入点。通过对国内外相关文献的整理发现，仅有部分文献与本书的研究密切相关，而关于学习画面其他方面的研究成果较多。

（一）国内研究现状

笔者首先在中国知网的核心期刊和CSSCI数据库中以"（（TI＝学习 OR TI＝教学 OR TI＝多媒体）AND（TI＝画面 OR TI＝界面））OR KY＝学习画面 OR KY＝学习界面 OR KY＝教学界面 OR KY＝多媒体界面 OR KY＝多媒体画面"为检索表达式进行检索，截至2019年2月28日，共检索到相关期刊文献117篇。通过人工分析，去除杂志社刊发的会议通知、征稿信息和不相关文献，其中与本书相关的文献仅有51篇。这些文献主要集中在中国电化教育（12篇）、电化教育研究（11篇）、中国远程教育（4篇）等CSSCI来源期刊。发文较多的作者有游泽清（7篇）、王志军（3篇）、刘世清（3篇）等，从作者单位来看，天津师范大学（11篇）最多，其次为华中师范大学（5篇）和西南大学（5篇）。

在博硕士学位论文数据库中，以相同检索表达式进行检索，截止到2019年2月28日，共检索到博硕士学位论文84篇，其中与本书相关的文献有58篇，包括3篇博士学位论文和55篇硕士学位论文。这些博硕士学位论文主要集中在天津师范大学（10篇）、湖南师范大学（4篇）、上海交通大学（4篇）和上海外国语大学（3篇）。

通过对既有文献的整理和分析，发现与学习画面情感有关的文献较少，而较多是关于学习画面的设计实践和相关理论的研究。国内主要围

---

① 黄荣怀、杨俊锋、胡永斌：《从数字学习环境到智慧学习环境——学习环境的变革与趋势》，《开放教育研究》2012年第1期。

绕以下内容对学习画面情感进行研究。

1. 学习画面的情感功能等基础理论研究

学习画面的早期研究，学者多关注学习画面的认知功能，即强调学习画面是学习者与学习内容间交互的主通道，学习者多通过学习画面获取知识。随着研究深入，学者逐渐意识到学习画面不仅具有"显式"的认知功能，还具有"隐式"的情感功能。张伯邑指出多媒体画面艺术是融合了感性与理性、思想与创意、情感和美感等的综合艺术体，其功效是使多媒体教学能产生完美的认知活动，整体提升教学境界[①]。其具体体现在认知与教化、传播与沟通、情感的宣泄和净化等现象和过程中，以促进知、情、意的交融，真、善、美的统一。多媒体画面艺术的情感宣泄是通过一组设计组织好的画面形象或情境使人的情感得以引导、疏通和释放。刘哲雨等学者认为多媒体画面语言表征目标具有激励、转化、呈现策略、对比、拓展外延信息、支援、引导心向、预测、约束、评测、结构化等功能，其中引导心向是指多媒体画面语言表征情感目标可以引导心向，促进学习者积极主动地将新知识与原有认知结构中的旧知识进行重构，促进迁移心向的形成[②]。王志军等学者认为多媒体画面语言能够影响学习者的情感体验，情感体验数据包括三个层次：本能层，即学习者对多媒体画面的视觉感受；行为层，即学习者在使用多媒体学习材料时所触发的感受、体验；反思层，即学习者在使用资源学习后引发的沉浸与思考等体验数据[③]。李学杰认为多媒体教材的画面与学生的学习注意存在密切联系，并指出优美的画面可使学生处于良好的情绪、情感状态[④]。多媒体教材的画面在传达知识的同时，通过生动形象的画面、简洁清晰的表达、方便灵活的互动，营造出"友好"的学习环境，使学习者产生兴奋和愉悦。

---

① 张伯邑：《多媒体教学中画面艺术的功效》，《湖南师范大学教育科学学报》2011 年第 5 期。

② 刘哲雨、侯岸泽、王志军：《多媒体画面语言表征目标促进深度学习》，《电化教育研究》2017 年第 3 期。

③ 王志军、吴向文、冯小燕等：《基于大数据的多媒体画面语言研究》，《电化教育研究》2017 年第 4 期。

④ 李学杰：《多媒体教材的画面设计与学生的学习注意》，《教学与管理》2007 年第 27 期。

2. 使学习画面呈现良好情感的设计实践研究

学习画面是数字化学习资源的重要组成单位，也是数字化学习资源的直观表现形式，它随着数字化学习资源的发展受到学者的关注和重视。研究者多围绕学习画面的色彩、文字、配图、布局等进行设计，以便使学习画面呈现良好的情感，促进学习者的有效学习。冯小燕提出移动学习资源画面设计的层次观，将移动学习资源画面设计分为感官层、行为层、情感层三个设计层次，并将五个双高因素划归为画面设计的三个不同层次[①]。其中情感层的设计建议为：注意色彩的美学功能、情感功能和认知功能的协调与平衡，通过合适的色彩搭配设计引发学习者良好的情感体验，背景色与重点内容提示色对比搭配有利于信息获取效率的提高，暖色背景冷色提示最佳，同时注意避免不当色彩搭配引发的负面作用。康凯认为情感化表现是将交互层面的设计作为根基，是交互、视觉与反思三个层面设计有效融合所达到的和谐统一，只有建立在以用户为核心的体验设计基础上，才能使界面设计富于情感化的表现[②]。他以数字媒体教学社交应用平台为依托展开研究，依据美国认知科学家、心理学家唐纳德·诺曼（Donald Norman）的情感化表现理论，探索 APP 设计中的情感化表现方式，将情感化表现融入数字媒体教学 APP 的用户界面设计实践中。邹菊梅等学者认为多媒体教学软件画面应使学生处于良好的情感状态，有效地进行多媒体教学，其画面设计就必须考虑到学习者的情绪、情感问题[③]。因此，她们从情感层面提出画面设计的原则：画面协调美观，富有艺术性和感染力；画面应使学习者保持适当的紧张感；巧用设计，不断鼓励学习者，增强其自信心和成就感。吕思思等学者指出当前众多国家级实验教学示范中心网站在界面设计、栏目结构、标识风格以及人性化和交互功能等方面存在问题，并从界面标识系统、信息架构、

---

① 冯小燕：《促进学习投入的移动学习资源画面设计研究》，博士学位论文，天津师范大学，2018 年，第 212 页。

② 康凯：《数媒教学 APP 界面中的情感化表现研究》，硕士学位论文，西安美术学院，2016 年，第 51 页。

③ 邹菊梅、邱柯妮：《多媒体教学软件画面设计的几个原则》，《中国电化教育》2000 年第 12 期。

视觉元素、界面交互功能等角度提出建议①。其中视觉元素优化的建议包括：标识图案可以结合高校 LOGO 图形进行设计；主色、辅助色一般选自高校视觉识别系统中的标准色；同一界面字体不能超过三种等。李梁认为可通过视觉及媒介进行信息的传达、情感的沟通和文化的交流，并据此从色彩、文字、图形、版式等角度提出多媒体课件界面设计的原则，以便设计出具有良好情感的多媒体课件界面②。色彩角度的设计原则包括：主体色选用原则、色彩冷暖搭配原则和色彩的数量控制原则。版式角度的设计原则包括：节奏与韵律原则、对称与均衡原则、比例与适度原则、虚实与留白原则、变化与秩序原则。

3. 学习画面的情感分析研究

随着心理学和教育学中情感与认知关系研究的逐渐深入，学者愈发重视学习画面隐含的情感属性。但学者多关注通过视觉设计使学习画面拥有积极的情感，而学习画面情感的识别及分析则较少涉及。目前，学习画面的情感分析仅有笔者所在团队的一篇文献。刘瑞梅等学者指出多媒体教学软件的画面设计对教学效果无疑有潜在的影响，因此他们对多媒体画面图像的情感特点进行分析③。首先建立包括 12 个维度的多媒体画面情感描述模型，然后利用训练好的卷积神经网络对 19525 幅多媒体画面的情感进行估计，最后从学段、学科、媒体类型、教学方式四个方面对多媒体画面的情感进行分析，并给出对多媒体画面设计的情感启示。

（二）国外研究现状

学习画面在国外主要有 Learning Interface、Learning Screen、Learning Picture 等表述形式，本书首先选择 Web of Science 核心合集数据库，在高级检索中，以"（TI = learning OR TI = teaching OR TI = multi-media OR TI = multimedia）AND（TI = interface OR TI = screen OR TI = picture）"为检索表达式进行检索，时间跨度为 2010 年至 2019 年。虽然检索到的文献数量较

---

① 吕思思、焦金金、祁建松等：《国家级实验教学示范中心网站界面优化的思考》，《实验室研究与探索》2016 年第 11 期。

② 李梁：《基于视觉传达设计理论的多媒体课件界面设计研究》，硕士学位论文，西北师范大学，2015 年，第 59 页。

③ 刘瑞梅、孟祥增：《基于深度学习的多媒体画面情感分析》，《电化教育研究》2018 年第 1 期。

多，但与本书相关的文献却较少。为避免遗漏重要文献，然后在 Elsevier、Springer、ProQuest、EBSCOhost、Scopus 等数据库中检索与学习画面、学习界面、多媒体画面、多媒体界面等相关的文献。通过对文献的整理和归纳，发现国外研究与国内相似，与学习画面情感有关的文献较少，而较多是关于学习画面的设计实践和相关理论的研究。国外对学习画面情感的研究，主要集中在以下几个方面。

1. 学习画面的情感功能等基础理论研究

与国内研究相比，国外对学习画面的情感功能的研究更为系统和成熟，并逐渐形成理论体系。美国学者罗克珊·莫雷诺在理查德·梅耶（Richard Mayer）的多媒体学习认知理论（Cognitive Theory of Multimedia Learning，CTML）基础上提出多媒体学习认知—情感理论（Cognitive-Affective Theory of Learning with Media，CATLM），并指出多媒体学习画面的视觉设计具有认知和情感两个重要功能，认知功能主要体现在多媒体学习画面的视觉设计可以为学习者的认知过程提供支持，情感功能则体现在多媒体学习画面的视觉设计可以影响学习者的学习态度和学习动机[1]。美国学者简·普拉斯等指出多媒体学习画面的色彩和图形与学习者的情感状态和认知过程存在重要联系，并通过实验证实良好的情感设计可以引起学习者积极的情感体验，从而促进学习者对学习内容更好地理解和迁移[2]。英国学者伊丽莎白·乌鲁克鲁图等认为自适应学习环境中学习画面的视觉特征与学习者认知风格的匹配程度能够影响学习者的学习情感和学习效果，并对此进行实验研究[3]。实验结果表明，学习画面的风格会影响学习者的学习情感，进而影响学习者的学习效果；学习者的认知风格会影响学习者对学习画面的选择，并且学习画面的视觉特征与学习者

---

[1] Roxana Moreno, "Optimising Learning from Animations by Minimising Cognitive Load: Cognitive and Affective Consequences of Signalling and Segmentation Methods", *Applied Cognitive Psychology: The Official Journal of the Society for Applied Research in Memory and Cognition*, Vol. 21, No. 6, September 2007, pp. 765–781.

[2] Jan L. Plass, Roxana Moreno and Roland Brünken, eds., *Cognitive Load Theory*, New York: Cambridge University Press, 2010, pp. 65–90.

[3] Elizabeth Uruchrutu, Lachlan MacKinnon and Roger Rist, "User Cognitive Style and Interface Design for Personal, Adaptive Learning. What to Model?", paper delivered to 10th International Conference on User Modeling, sponsored by the ACM, Edinburgh, United Kingdom, July 24–29, 2005.

的认知风格越匹配，越能促进学习者的有效学习。英国学者丹尼尔·希尔曼等指出远程教育领域的交互研究多数是基于迈克尔·摩尔（Michael Moore）等提出的三种交互类型：学习者与内容、学习者与教师、学习者与学习者，而没有考虑学习者与用于呈现学习内容的"技术"之间的交互[①]。基于此，他们提出远程教育中的第四种交互类型，即学习者与学习画面间的交互，并对学习画面设计的策略进行阐述，以便使其具有正向的情感，激发学习者的学习兴趣。巴西学者加夫列拉·佩里等指出教育软件的画面设计是一个复杂的任务，因为它具有较高的领域依赖性和多学科性质。除要符合通用设计规则外，"教与学"的问题也不容忽视，其中"教"指内容设计，侧重认知层面，而"学"则指画面设计，侧重情感层面[②]。学习内容需要通过画面进行呈现，只有将内容设计和画面设计有机结合，才能充分发挥学习资源的重要作用。

2. 使学习画面呈现良好情感的设计实践研究

国外研究者多通过准实验研究法、访谈法、问卷调查法等研究方法探究学习画面的色彩、文字、图形、尺寸、分辨率、信息呈现方式等对学习画面情感和学习者学习效果的影响，以便设计具有正向情感的学习画面，并提高学习者的学习效果。美国学者简·普拉斯等认为学习画面的色彩和图形等视觉特征能够影响学习者的学习情感和学习效果，并通过实验发现：圆形的脸状图形单独使用或与暖色调搭配使用可以引发学习者积极的学习情感，但仅使用暖色调并不会影响学习者的学习情感；暖色调和圆形的脸状图形无论是单独使用还是搭配使用都可以促进学习者对学习内容的理解；中性色调和圆形的脸状图形搭配使用可以促进学习者对学习内容的迁移[③]。韩国学者金大善等通过实验研究法研究三种学习画面尺寸（大、中、小）和两种学习画面类型（仅文本、图文搭配）

---

① Daniel C. A. Hillman, Deborah J. Willis and Charlotte N. Gunawardena, "Learner-Interface Interaction in Distance Education: An Extension of Contemporary Models and Strategies for Practitioners", *American Journal of Distance Education*, Vol. 8, No. 2, February 1994, pp. 30 – 42.

② Gabriela Trindade Perry and Fernando Schnaid, "A Case Study on the Design of Learning Interfaces", *Computers & Education*, Vol. 59, No. 2, September 2012, pp. 722 – 731.

③ Jan L. Plass, Steffi Heidig, Elizabeth O. Hayward, et al., "Emotional Design in Multimedia Learning: Effects of Shape and Color on Affect and Learning", *Learning and Instruction*, Vol. 29, February 2014, pp. 128 – 140.

对学习者词汇学习的影响，被试为 135 名韩国中学生[①]。结果表明，大尺寸学习画面能够更为有效地帮助学习者学习英语词汇，小尺寸学习画面可能会导致学习者的认知负荷增加，并影响学习者的注意力和视觉感知。图文搭配的学习画面与仅有文本的学习画面在学习者的词汇学习上并不存在显著性差异，这是因为韩国学生更偏好仅有文本的学习画面，并且当学习者没有较高的语言和视觉能力时，提供过多的图像会增加学习者的认知负荷。韩国学者宋恩茂等指出既有的多媒体画面设计原则认为将图像添加到纯文本的学习画面中可以使学习画面呈现正向情感，并能提高学生的学习效果，但是并非所有图像都具有相同的效果[②]。他们采用准实验研究法验证该假设：第一组添加与教学目标直接相关的图像，第二组添加有趣但与教学目标无关的图像，第三组添加与教学目标无关的普通图像，第四组不添加任何图像。实验数据显示：在学习画面中无论添加何种类型的图像，都将提高学生的满意度；第一组学生的学习表现明显优于其他三组。结果表明，在学习画面中添加与教学目标直接相关的图像有助于提高学生的学习效果。科威特学者阿斯玛·奥萨米等指出移动学习 APP 的可用性受到学习画面布局、排版、配图等因素的影响[③]。他们制定了一套学习画面设计方案，该方案可用于指导移动学习 APP 的画面设计，以提高学习者的学习表现和满意度。美国学者蒂凡尼·格伦沃尔德等认为经过精心设计的多媒体学习画面能够提高学习者的学习兴趣和参与度，进而他们提出多媒体学习画面的设计指南[④]。他们认为多媒体学习画面的设计原则主要有：同步听觉和视觉信息（听觉信息和视觉信息同时呈现给学习者）、减少多任务处理（将学习者可能需要的信息整合

[①] Daesang Kim and Dong-Joong Kim,"Effect of Screen Size on Multimedia Vocabulary Learning", *British Journal of Educational Technology*, Vol. 43, No. 1, January 2012, pp. 62 – 70.

[②] Eunmo Sung and Richard E. Mayer,"When Graphics Improve Liking but Not Learning from Online Lessons", *Computers in Human Behavior*, Vol. 28, No. 5, September 2012, pp. 1618 – 1625.

[③] Asma Al-Osaimi and Asmaa Alsumait,"Design Guidelines for Child E-Learning Applications with an Arabic Interface", *Kuwait Journal of Science & Engineering*, Vol. 39, No. 1B, June 2012, pp. 149 – 173.

[④] Tiffany Grunwald and Charisse Corsbie-Massay,"Guidelines for Cognitively Efficient Multimedia Learning Tools: Educational Strategies, Cognitive Load, and Interface Design", *Academic Medicine*, Vol. 81, No. 3, Mar 2006, pp. 213 – 223.

到学习画面中)、优化表示并设计易于接受的画面（使用常见图形图像元素，并减少呈现给学习者的元素数量)、保持稳定的学习环境（连续的学习画面应保持功能布局和主色调的稳定性和一致性)、减少冗余信息（尽量将相同或相似的内容呈现一次）等，以便使学习者的身心沉浸其中。

(三) 学习画面情感研究现状评述

通过对国内外文献的梳理发现，关于学习画面情感识别的研究成果相对较少，与本书密切相关的文献仅有一篇，而对学习画面情感功能和情感设计进行研究的文献较多。既有研究具有以下特点和不足。

国内外研究者多围绕学习画面的情感功能等基础理论和使学习画面呈现良好情感的设计实践进行研究，而学习画面的情感识别和情感分析则较少涉及。学习画面多属于计算机生成或合成图像，多由文本、图形、动画等媒体形式组成，与拍摄类自然图像具有较大差异。计算机领域学者已对自然图像的情感识别进行了积极探索，教育领域对学习画面的情感识别研究有待加强。

研究者在阐述学习画面的情感功能时，多采用思辨的方法进行定性研究，而较少采用实证的方法进行定量研究，存在重理论探讨轻实践验证的问题。仅有强有力的数据支撑，才能使研究结论更具有说服力。此外，研究者多从宏观视角论述学习画面的情感功能，虽然宏观视角更加开阔，但微观视角更为聚焦，更能掌握普遍规律。

研究者多基于教育学、美术学、设计学等学科的理论提出学习画面的情感设计原则和策略，而较少涉及心理学的相关理论，特别是色彩心理学、认知心理学、情感心理学的内容。只有将教育学、心理学、艺术学的相关理论结合，才能指导教育工作者恰当地选择和利用色彩、文本、图形、图像等，以便使学习画面呈现良好的情感。

"数字土著"对学习环境的诉求越来越高，他们已不满足于学习画面仅能传递知识，并开始从"审美"的角度"审视"学习画面。此外，研究者在强调应通过良好的画面设计以便更好地为学习者传递知识的同时，也逐渐意识到学习画面隐含的情感属性和功能。但目前缺乏对学习画面情感的系统研究，如学习画面情感的概念、类型、功能、影响因素、识别方法、设计原则以及对学习者学习情感和学习效果的影响等。

第三节　相关概念界定

一　智慧学习环境

智慧学习环境是普通数字学习环境的高端形态，是现代教育技术发展的必然结果。自2012年黄荣怀提出智慧学习环境以来，各领域学者从不同视角提出了智慧（智能）学习环境的构想。国内对智慧学习环境的界定最早可追溯到2006年，钟国祥等基于建构主义学习理论、现代教学理论等教与学的相关理论，对智能学习环境做出界定，认为智能学习环境是一个智能化、开放式、集成化的数字虚拟现实学习空间，主要由设备、工具、技术、媒体、教师、同学和教材等构成[①]。黄荣怀等从社会信息化对学习环境变革的诉求出发，提出智慧学习环境的概念，他认为智慧学习环境是一种学习场所或活动空间，其目的是通过感知学习情景、识别学习者特征、提供合适的学习资源与便利的互动工具、自动记录学习过程和评测学习结果以促进学习者的有效学习[②]。祝智庭等从促进学习者智慧能力发展和智慧行动出现的视角出发，认为智慧学习环境是以现代教与学的相关理论为指导，以人工智能、物联网、云计算等新一代信息技术为支撑，能够识别学习者特征和学习情境，并可以对学习过程产生的新数据或历史数据进行科学分析和数据挖掘，灵活生成最佳适配学习任务和活动的新型学习环境[③]。谢幼如等则将智慧学习环境定义为整合各种智能技术、运用各种类型学习设备的一种学习环境[④]。

国外学者也对智慧学习环境进行了界定，马来西亚学者真认为智慧学习环境应以学习者为中心，能够根据学习者的学习风格和学习能力推送学习内容，并可以为学习者的终身学习和发展提供支持，信息通信技

[①]　钟国祥、张小真：《一种通用智能学习环境模型的构建》，《计算机科学》2007年第1期。

[②]　黄荣怀、杨俊锋、胡永斌：《从数字学习环境到智慧学习环境——学习环境的变革与趋势》，《开放教育研究》2012年第1期。

[③]　祝智庭、贺斌：《智慧教育：教育信息化的新境界》，《电化教育研究》2012年第12期。

[④]　谢幼如、杨阳、柏晶等：《面向生成的智慧学习环境构建与应用——以电子书包为例》，《华南师范大学学报》（自然科学版）2016年第1期。

术是构建智慧学习环境的基础①。加拿大学者金沙克则指出智慧学习环境将打破传统教室的界限,并能实时检测学习者所处的自然环境、地理位置和学习状态等,以便为学习者提供完全情景化的学习过程,使他们获得更好的学习体验②。

杨现民等在其著作《信息时代智慧教育研究》中指出,虽然国内外学者对智慧学习环境定义的关注点有所差异,但其核心思想表现出一定的共性,即智慧学习环境是一个智能的学习场所或活动空间,它以学习者为中心,以各种新技术、工具、资源、活动为支撑,具有灵活、智能、开放等特性,为学习者的有效学习提供轻松、个性化的学习支持③。北京师范大学智慧学习研究院于2015年9月发布《2015中国智慧学习环境白皮书》,其中对智慧学习环境的表述为:在智慧学习环境中,学习者能够在任意时间的任意地点,以任意方式和任意步调进行学习,将为学习者提供深层次交流的环境,拓展创新空间,丰富知识建构的深度和广度,为其学习提供丰富的支持环境。国家标准《智慧校园总体框架(GB/T 36342—2018)》中对智慧教学环境进行界定,认为它是集智能化感知、智能化控制、智能化管理、智能化互动反馈、智能化数据分析、智能化视窗等功能于一体的用以支持教学、科研活动的现实空间环境或虚拟空间环境。

本书在借鉴既有研究的基础上,认为智慧学习环境是以先进有效的学习理论和教学理论为基础,依托物联网、云计算、人工智能等新一代信息技术,智能感知学习者的学习情境和学习者特征,提供个性化和适应性的学习资源和工具,灵活分析诊断学习效果,以促进学习者智慧学习的新型学习环境。

---

① 程玫、单美贤:《关于"智慧学习环境"的研究综述》,《现代教育技术》2013年第9期。
② Kinshuk, Nian-Shing Chen, I-Ling Cheng, et al., "Evolution Is Not Enough: Revolutionizing Current Learning Environments to Smart Learning Environments", *International Journal of Artificial Intelligence in Education*, Vol. 26, No. 2, February 2016, pp. 561–581.
③ 杨现民、陈耀华:《信息时代智慧教育研究》,上海交通大学出版社2013年版,第146页。

二 学习画面

学习画面的相关研究较多,但对学习画面进行界定的却较少。不同领域、不同学者对学习画面的表述不尽相同,学习界面、资源界面、多媒体画面等均是常见的表述形式。游泽清指出多媒体出现后,增加了一种新的画面类型和教材类型,即多媒体画面和多媒体教材,并认为多媒体画面是电视画面和计算机画面有机结合的产物,并属于运动画面,多媒体教材则由多媒体画面组成①。张国强等认为界面(指学习界面)是学习者与计算机进行信息交流的接口,也是教学内容对学习者产生最初和持续印象的地方②。赵玉等认为学习者通过界面(指资源界面)访问学习资源,获取知识和信息③。周中云认为教学课件的界面是一个可交互的人机接口,是学习者与计算机进行信息交流的媒介或通道④。美国学者丹尼尔·希尔曼等人认为网络学习资源界面是学习者与学习内容间信息交互的主通道,应给予足够的重视和关注⑤。

部分博硕士学位论文也对学习画面及相关概念进行了界定。石教乐认为移动学习资源界面是指学习者与移动设备之间以无线通信网络为平台的信息界面,是以传达特定信息方便人机交流为目的的中间媒体⑥。娄艺凡认为教育软件界面是学习者与教学软件进行信息沟通的渠道,是教学软件的形象设计,协调美化界面的组成元素,同时结合教学规律科学合理地提高学习者与软件信息交流的效率⑦。吴向文认为多媒体画面是基

---

① 游泽清:《多媒体画面艺术基础》,高等教育出版社 2003 年版,第 5—10 页。
② 张国强、周振军:《信息化教学资源的界面设计研究》,《河北师范大学学报》(教育科学版) 2008 年第 2 期。
③ 赵玉、司国东:《泛在学习资源人机界面设计模式研究》,《现代教育技术》2014 年第 10 期。
④ 周中云:《教学课件界面审美设计存在的问题及对策》,《中国电化教育》2006 年第 11 期。
⑤ Daniel C. A. Hillman, Deborah J. Willis and Charlotte N. Gunawardena, "Learner-Interface Interaction in Distance Education: An Extension of Contemporary Models and Strategies for Practitioners", *American Journal of Distance Education*, Vol. 8, No. 2, February 1994, pp. 30 – 42.
⑥ 石教乐:《扁平化在移动学习资源界面设计中的应用研究》,硕士学位论文,河南师范大学,2016 年,第 14 页。
⑦ 娄艺凡:《大学英语教学软件界面设计的视觉研究》,硕士学位论文,北京理工大学,2015 年,第 8 页。

于数字化屏幕呈现的图、文、声、像等多种视、听媒体的综合表现形式，是多媒体学习材料的基本组成单位，具有动态性和交互性①。

本书综合既有研究，认为学习画面是学习者与学习环境间传递和交换信息的媒介，是智慧学习环境中学习内容的信息呈现画面，通常由文本、图形、图像、动画、视频等媒体形式组成，并由智能学习终端的屏幕进行显示。学习者主要通过学习画面来接收、获得信息。它包括学习内容的呈现模式和感觉效果，呈现模式是画面设计的物理层面，也是学习者直接面对的实体；感觉效果是学习者感知画面所获得的情感认识，作用于心理层面。因此，学习画面既有认知属性，也有情感属性。

需要指出，虽然部分学者并未论述学习（资源、多媒体）画面与学习（资源、多媒体）界面的异同，但两者有着区别。学习画面是信息性的，侧重教育教学信息，主要应用于教育领域；而学习界面主要是功能性的，侧重技术特性和功能特点，主要适用于人机交互和用户体验等领域。

学习画面情感是指学习画面的视觉情感，是学习者在观看学习画面后引起的与学习内容无关的某些内心体验和相应的外部表现，简单来说就是学习者接受学习画面的视觉刺激后所产生的直观感受。

三　学习情感

"如果没有情感，宇宙中的任何一部分都不会比另一部分更为重要，世上的万事万物的整体特征将变得毫无意义、毫无性格、毫无表情或是洞察力"，美国心理学家威廉·詹姆斯（William James）如是说。《辞海》中对情感的解释为：内心有所触发，而产生的喜、怒、哀、乐等心理反应。孟昭兰将情感描述为情感是多成分组成、多维量结构、多水平整合，并为有机体生存适应和人际交往而同认知交互作用的心理活动过程和心理动机力量②。张世臣等则认为情感是个体接受现实事物刺激后，所引起

---

① 吴向文：《数字化学习资源中多媒体画面的交互性研究》，博士学位论文，天津师范大学，2018年，第6页。

② 孟昭兰：《情绪心理学》，北京大学出版社2005年版，第4—6页。

的内心体验和相应的外部表现，并为人类所特有[1]。美国学者艾伦·斯劳夫曾指出情感是对重要事件的主观反应，并以生理、体验和外部行为变化为特征[2]。本书认为情感是人们在社会活动中对客观事物所持的态度体验及相应的行为反应，是人们对客观事物的一种特殊的心理反映形式，它在人的思想认识及行为表现中发挥着重要作用。

中文里与情感意义相近的词还有情绪、感情、心境等，英文中 Affect、Emotion、Mood、Feeling 这些词也经常交替使用。严格地说，情感与情绪既有区别又有联系。情绪不稳定，是反应性、活动性的过程，并为人和动物所共有；而情感则具有较强的稳定性、深刻性和持久性，是人类所特有的心理活动。但情绪和情感同属于感情性心理活动的范畴，是同一过程的两个方面。情感是对感情性过程的体验和感受，情绪是这一体验和感受状态的活动过程。稳定的情感是在情绪的基础上形成的，而且它又通过情绪来表达。情绪也离不开情感，情绪的变化反映情感的深度，在情绪中蕴含着情感。总的来说，无论情绪、情感或感情，指的是同一过程和同一现象。若无特别说明，本书统一使用"情感"一词。

学习者情感是指学习者的学习情感，与学习情感相近的词还有学习情绪、学业情绪等。2002年，德国学者雷因哈德·佩克伦等明确提出"学业情绪"的概念，并认为其与学业动机、学业自我等概念有着紧密的联系[3]。其中学业是指学习者在学校中与学习能力、学习行为相关的学习成绩。俞国良和董妍认为学业情绪应包含在教学或学习过程中涉及的那些情绪，并将学业情绪定义为在教学或学习过程中，与学生的学业相关的各种情绪体验[4]。既包括学生在获悉学业成功或失败后所体验到的各种情绪，也包括学生在课堂学习、日常做作业、各种考试期间的情绪体验。美国学者简妮·奥姆罗德认为学习情感是学习中的情感，是学习者在任

---

[1] 张世臣、杜兰玉、赵淑文：《心理学》，北京师范学院出版社1991年版，第196页。

[2] L. Alan Sroufe, "Socioemotional Development", in Joy D. Osofsky, ed. *Handbook of Infant Development*, New York: Wiley, 1979, pp. 462 – 516.

[3] Reinhard Pekrun, Thomas Goetz, Wolfram Titz, et al., "Academic Emotions in Students' Self-Regulated Learning and Achievement: A Program of Qualitative and Quantitative Research", *Educational Psychologist*, Vol. 37, No. 2, June 2002, pp. 91 – 105.

[4] 俞国良、董妍：《学业情绪研究及其对学生发展的意义》，《教育研究》2005年第10期。

务上所具有的感觉、情绪和心境①。窦凌等则认为学习情感是学生在课程学习过程中的兴奋、愉快、厌烦等心理感受,并指出兴奋、愉快等是积极的情感或称之为高学习情感,厌烦、失望等是消极情感或称之为低学习情感②。李俊一在其博士学位论文中将学习情绪界定为那些与学习过程直接相关的情绪,如享受于学习、自豪于成功或焦虑于考试等③。

由此可见,学习情感是学业情绪的子集,范围小但更具体。本书认为学习情感是学习者在学习过程中产生的种种态度和内心体验,可通过生理信息、外部表现等进行判断。良好的学习情感有助于学习者认知活动的顺利开展,有助于学习者形成积极主动的学习态度,有利于建立良好的师生关系,有利于学习者身心的健康发展。

第四节 研究目的与内容

一 研究目的

本书的目的是针对智慧学习环境中和谐情感交互理论研究和实践探索缺失的问题,构建学习画面图像数据库和学习者表情图像数据库,采用深度学习领域的重要方法卷积神经网络实现学习画面的情感识别和学习者的学习情感识别,并探讨学习画面情感对学习者情感的影响以及学习画面情感自适应调整对学习者情感的影响。基于上述研究,最后提出根据学习者的学习情感和视觉情感偏好以及学习画面的情感和视觉特征自适应调整学习画面情感,能够调节学习者的情感状态并能激发学习者的学习兴趣,为实现智慧学习环境中的和谐情感交互提供新的思路与方法,以促进学习者轻松、投入和有效地学习,推进新技术与教育教学的深度融合,充分发挥技术在教育信息化2.0中的积极作用。

---

① [美]简妮·爱丽丝·奥姆罗德:《教育心理学精要:指导有效教学的主要理念》,雷雳等译,中国人民大学出版社2013年版,第203—208页。
② 窦凌、古继宝:《大学生思想政治理论课学习情感的影响因素研究》,《国家教育行政学院学报》2017年版第1期。
③ 李俊一:《网络学习投入、学习情绪与学习动机的关系》,博士学位论文,华中师范大学,2018年,第11—12页。

二 研究内容

根据研究目的,本书主要对学习画面与学习者表情图像数据库的构建、学习画面的情感识别、学习者的情感识别、学习画面情感对学习者情感的影响、学习画面情感自适应调整对学习者情感的影响等进行深入研究。具体研究内容主要包括以下几个方面。

(一) 学习画面与学习者表情图像数据库的构建

采用卷积神经网络进行深度学习的前提和基础是训练样本数量充足并具有代表性,学习画面的类型和风格不尽相同,学习内容的表现形式更是各式各样。为提高学习画面情感识别的有效性和可扩展性,笔者通过多种方式采集不同学段、学科、资源类型、知识类型的学习画面图像,建成大规模学习画面图像数据库。然后,对学习画面图像数据库中每幅图像的情感及其强度进行人工标注。

因中西方人脸差异和隐私保护等原因,笔者选择自主建设大规模学习者表情图像数据库。被试为 70 名研究生,每名被试表现 7 种情感,每种情感由弱到强表现 5 种强度,每种强度采集 30 幅彩色图像。而后,通过网络爬虫采集互联网中各年龄段的学习者表情图像,并进行筛选和人工标注,与前期通过摄像头采集的研究生表情图像结合,形成拥有 85085 幅图像的学习者表情图像数据库。

(二) 智慧学习环境中学习画面的情感识别

学习画面是学习者与学习环境间信息交互的主通道,其色彩搭配、排版布局、背景纹理、文本样式等视觉特征和艺术特征对学习者的学习兴趣、认知负荷、情感状态等有重要影响。学习画面情感的有效识别是智慧学习环境中学习画面情感自适应调整的关键,也可为学习画面的情感设计提供指导和帮助。笔者通过调查和访谈,并查阅相关文献,将学习画面情感分为温馨、欢快、活泼、搞笑、夸张、幽默、有趣、凄凉、枯燥、沉闷、繁乱、虚幻、惊险、恐怖 14 种类型,并设计了 9 层卷积神经网络模型,以实现学习画面的情感识别,该模型包括 4 个卷积层、4 个池化层和 1 个全连接层。然后在自主建设的大规模学习画面图像数据库上进行了模型训练和实验。最后对各学段、学科、资源类型的学习画面情感进行大数据分析,并据此提出对学习画面进行情感设计的启示。

(三) 智慧学习环境中学习者的情感识别

学习者情感状态的准确识别是实现智慧学习环境和谐情感交互的基础,也是对和谐情感交互效果的检验。面部表情是学习者学习过程中情感状态的重要表现,并且实践应用中,通过智能学习终端自带摄像头采集学习者的面部表情,进而判断学习者的情感状态,要比其他方法更加自然可行。笔者通过文献梳理和实地观察,发现学习者的学习情感主要包括常态、高兴、愤怒、悲伤、惊恐、专注、走神7种类型,并设计了7层卷积神经网络模型,以实现学习者的学习情感识别,该模型包括3个卷积层、3个池化层和1个全连接层。最后,在自主建设的大规模学习者表情图像数据库上进行了模型训练和实验。

(四) 学习画面情感对学习者情感的影响

学习画面以直观的视觉特征和隐含的艺术特征影响学习者的情感状态和学习效果,探究学习画面情感对学习者情感的影响及其作用机制,将为智慧学习环境中学习画面情感的自适应调整提供理论依据。本书对此进行实验研究,首先进行实验设计,以明确实验目的、实验对象、实验假设、实验变量、实验方案等。其次为保证实验的顺利进行,使用软件 Visual Studio 2010 利用编程语言 C++开发了学习画面与学习者表情同步采集系统。再次开展学习画面情感对学习者情感的影响实验。最次分析结果,得出结论。

(五) 学习画面情感自适应调整对学习者情感的影响

作为数字学习环境高端形态的智慧学习环境,除为学习者提供个性化的学习内容和问题解答外,还应为学习者提供符合其情感状态和视觉情感偏好的学习画面。基于上述研究,本书提出根据学习者的学习情感和视觉情感偏好以及学习画面的情感和视觉特征自适应调整学习画面情感,能够调节学习者的情感状态并能激发学习者的学习兴趣的研究假设,并对此进行实验研究。首先进行实验设计,明确实验目的、实验假设、实验对象、实验变量、实验方案等。其次为保证实验的顺利进行,设计并开发了基于学习者情感的学习画面情感自适应调整系统。再次开展学习画面情感自适应调整对学习者情感的影响实验,并在实验结束后发放调查问卷。最后分析结果，得出结论。

第五节 研究思路与方法

一 研究思路

本书主要分为五个研究阶段，研究思路如图1—2所示。

```
相关理论与技术
┌──────────┬────────────┬──────────┐
│相关学习理论│情感与情感计算│卷积神经网络│  文献研究法
└──────────┴────────────┴──────────┘

建设学习画面图像数据库          建设学习者表情图像数据库
┌─────┬──────┬──────┐      ┌─────┬──────┬──────┐
│情感类型│图像采集│人工标注│      │情感类型│图像采集│人工标注│  文献研究法
└─────┴──────┴──────┘      └─────┴──────┴──────┘

学习画面的情感识别              学习者的情感识别
┌─────┬──────┬──────┐      ┌─────┬──────┬──────┐
│CNN设计│模型训练│系统开发│      │CNN设计│模型训练│系统开发│  系统设计法
└─────┴──────┴──────┘      └─────┴──────┴──────┘

学习画面情感对学习者情感的影响                  准实验研究法
┌─────┬────────┬──────┬──────┐            系统设计法
│实验设计│采集系统开发│实验过程│结果分析│            统计分析法
└─────┴────────┴──────┴──────┘

学习画面情感自适应调整对学习者情感的影响          准实验研究法
┌─────┬────────┬──────┬──────┐            系统设计法
│实验设计│调整系统开发│实验过程│结果分析│            问卷调查法
└─────┴────────┴──────┴──────┘
```

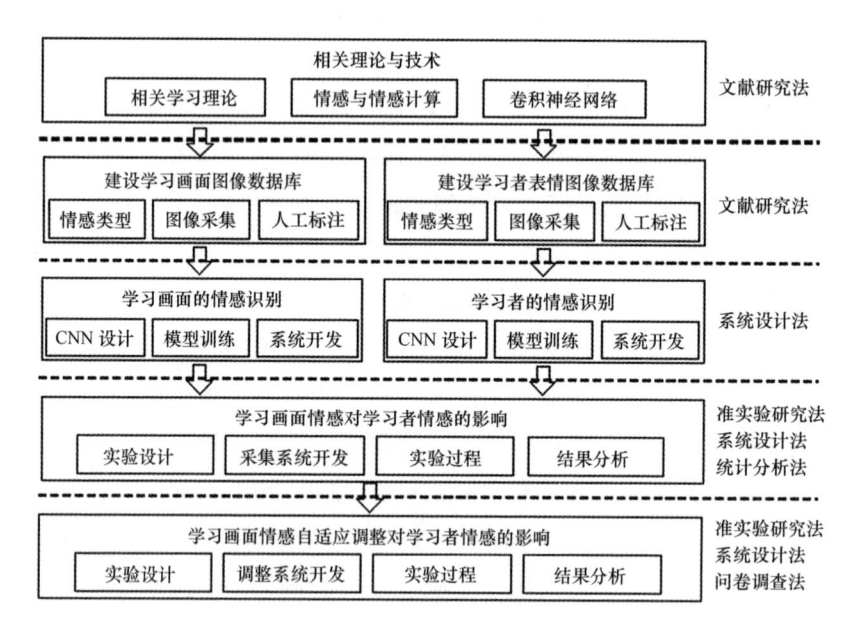

图1—2 研究思路示意

第一阶段：采用文献研究法对智慧学习环境、学习者情感识别、学习画面情感的相关文献进行梳理和归纳，并对学习理论、情感与情感计算、卷积神经网络的相关知识进行整理和总结。

第二阶段：首先，采用文献研究法对学习画面的视觉情感进行阐释；其次，建设学习画面图像数据库；再次，利用卷积神经网络实现对学习画面情感的有效识别；最后对各学段、学科、资源类型的学习画面情感进行大数据分析。

第三阶段：首先，采用文献研究法对学习者的学习情感进行阐释；然后，建设学习者表情图像数据库；最后，利用卷积神经网络实现对学习者情感的有效识别。

第四阶段：首先，采用准实验研究法对"学习画面情感对学习者情感的影响实验"进行设计；其次，采用系统设计法设计并开发学习画面与学习者表情同步采集系统；最后，在济南市某学校开展实验，并采用统计分析法对实验数据进行分析。

第五阶段：首先，采用准实验研究法对"学习画面情感自适应调整对学习者情感的影响实验"进行设计；然后，采用系统设计法设计并开发基于学习者情感的学习画面情感自适应调整系统；最后，在济南市某学校开展实验和进行问卷调查，并采用统计分析法对实验数据进行分析。

二 研究方法

（一）文献研究法

本书通过检索中国知网、汇雅书世界、读秀、Web of Science、EBSCOhost、Springer、Elsevier、ProQuest 等国内外文献数据库，总结、归纳智慧学习环境、学习者情感识别、学习画面情感的研究现状及发展前沿；梳理学习理论、情感与情感计算、卷积神经网络的相关知识，为后续研究提供借鉴。

（二）准实验研究法

本书选择济南市某九年一贯制学校七、八年级的学生作为实验对象，采用准实验研究法探究学习画面情感对学习者情感的影响以及学习画面情感自适应调整对学习者情感的影响，使用统计分析软件对实验数据进行分析，从而得出结论。

（三）问卷调查法

本书基于技术接受模型编制《学习画面情感自适应调整效果调查问卷》，并在学习画面情感自适应调整对学习者情感的影响实验后，对实验组学生进行问卷调查，调查实验组学生对学习画面情感自适应调整的满意度情况，并通过问卷了解学习画面情感自适应调整对学生认知负荷、学习兴趣以及学习态度的影响。

（四）统计分析法

本书采用统计分析法对两个准实验研究所收集的数据进行分析，探究学习画面情感对学习者情感的影响及其作用机制，探索学习画面情感自适应调整对学习者学习情感和学习兴趣的影响。本书主要使用 Matlab R2012a、Excel 2010、SPSS 23.0 等软件对数据进行整理和分析，分析方法包括描述性统计分析、信效度分析、独立样本 T 检验和相关性分析等。

第六节　研究创新与不足

一　研究创新

本书的创新主要有以下四点。

（一）利用卷积神经网络实现学习画面的情感识别

既有研究多关注学习画面的设计与开发，对学习画面的情感及情感识别缺乏关注。本书提出学习画面主要包括 14 种情感类型，并设计 9 层卷积神经网络模型实现对学习画面情感的准确识别。

（二）利用卷积神经网络实现学习者的情感识别

基于面部表情的学习者情感识别已有学者进行研究，但多采用传统机器学习方法。本书提出学习者在学习过程中主要有 7 种学习情感，并设计 7 层卷积神经网络模型实现对学习者情感的准确识别，特别是对专注、走神两种常见学习情感的识别。

（三）揭示学习画面情感对学习者情感的影响机制

既有研究多从宏观视角，采用思辨方法论述学习画面情感对学习者情感的影响，缺乏实证研究。本书从微观视角，采用准实验研究法探究学习画面情感对学习者情感的影响及其作用机制，并从情感角度提出学习画面设计的启示和建议。

（四）提出学习画面情感自适应调整的理论和方法

既有研究多借助 Agent 动画实现 E-Learning 中的情感交互，本书提出通过学习画面情感自适应调整实现情感交互的理论和方法，并通过准实验研究验证学习画面情感自适应调整的效果，为智慧学习环境中的和谐情感交互提供了新的思路与方法。

二　研究不足

受研究时间和研究能力的限制，本书存在以下不足。

智慧学习环境旨在支持各学段学习者的智慧学习，笔者建设的学习者表情图像数据库被试以研究生群体为主，并且多为女性，虽然通过网络爬虫下载各学段学习者表情图像作为补充，但数量相对较少，分辨率较低，仍需通过多种方式采集各学段学习者的学习表情图像，使其更具实用性。学习画面种类繁多，形式多样，笔者建设的学习画面图像数据库中图像数量相对较少，虽然每幅图像由8—12人次标注，但视觉感受因人而异，仅有提高标注次数，才能消除因个人视觉情感偏好和审美差异带来的影响。

　　受模型训练所使用计算机性能的限制，用于识别学习画面情感的卷积神经网络模型结构较为简单，训练样本集中样本数量较少，并且仅用了一种数据扩充方法，识别准确率仍有提升空间。此外，受研究时间限制，本书未做对比实验，应尝试选择不同的激活函数或设计不同的网络结构，以选择最理想的卷积神经网络模型。

　　学习者的学习情感受多方面因素的影响，既包括学习者当时的思想情绪等内在因素，也包括学习内容的难易程度、教师的有声语言或肢体语言、学习画面情感等外在因素。本书着重探讨学习画面情感对学习者情感的影响，需要对各学段学习者各学科的学习过程进行长期跟踪观察，尽量减小干扰因素的影响。受研究时间限制，本书仅在初中信息技术课进行实验，虽然知识类型包括事实知识、原理知识和技能知识，但学段仅包括中学，课程仅包括信息技术课，这无疑使研究结论具有一定局限性。

　　本书通过实验探索了学习画面情感自适应调整对学习者情感的影响，但限于研究能力和研究时间，学习画面情感自适应调整模型和学习画面情感自适应调整策略尚需完善，目前仅能从6个方面调整学习画面的视觉特征，基于学习者情感的学习画面情感自适应调整系统也需优化，以便提高运行速度。

第二章

相关理论与技术

由于学习者是学习过程的主体,任何学习环境的建设目的都是促进学习者的学习。因此,研究人类学习过程内在规律的学习理论,显然在学习环境的发展过程中起着关键性的指导作用。实现智慧学习环境和谐情感交互的实质是试图创建一种能感知、识别和理解学习者的学习情感,并能针对学习者的学习情感做出智能、灵敏、友好反应的学习环境,而这正是情感计算的研究内容。卷积神经网络将图像特征提取与神经网络的模糊分类相结合,省略前期复杂的图像预处理和特征提取过程,使之不再依赖人工精心设计的显式特征提取方法,提高了效率和准确率的同时,也提高了识别算法的鲁棒性。因此,本章将对相关学习理论、情感与情感计算、卷积神经网络进行介绍,并阐述其对本书的作用与意义,为后续研究奠定坚实的理论基础。

第一节 相关学习理论

一 智慧学习理论

随着专家学者对智慧教育、智慧学习环境的深入研究,智慧学习愈加受到重视,《教育信息化2.0行动计划》指出应加强智慧学习的理论研究与顶层设计。但目前智慧学习尚未形成完善的理论体系,各学者从各自视角对智慧学习进行了阐述和研究。

(一)智慧学习理论的基本观点

祝智庭等最早对智慧学习进行系统阐释,指出智慧学习是继 E-Learning、M-Learning 和 U-Learning 后的第四次浪潮，其实质是通过恰当地利用现代技术促进智慧学习在学习者身上有效地发生①。智慧学习追求"真""善""美"，是对合作学习、非正规学习的实践，打破了生活、学习、工作间的壁垒，强调通过合作学习最大限度地提高学习效果。

陈琳等指出智慧学习应更多地关注方式、方法的改革以及人的智慧的生成，而不能囿于技术，对技术需理性看待②。因此，他从以人为本、提升智慧的视角对智慧学习进行阐述，认为智慧学习应支持和促进学习者的个性发展、特色发展、全面发展、终身发展以及创新发展，以促进与服务社会发展。智慧学习的内涵主要体现在五个方面，其一是进行国际化学习，其二是走向创新学习，其三是进行联通式学习，其四是进行跨学科学习，其五是进行终身学习。

杨现民及其团队对智慧学习的概念框架和模式设计进行研究，指出智慧学习是一种新型学习方式，其特征突出表现在能够满足学习者个性的学习、高效的学习、沉浸的学习、自然的学习以及持续的学习③。基于此，认为智慧学习是学习者快速构建知识网络和人际网络的学习过程，这依赖于智慧学习环境，以实现按需获取学习资源和灵活自如开展学习活动。随后，他们基于智慧学习的内涵和特征，设计了四种智慧学习模式。独立自助式学习：学习者首先确定学习目标，系统根据学习目标智能推送学习资源支持学习者的学习过程，学习进行中或结束后学习者可以随时查看学习所得，学习评价包括学习者的自我评价和系统对学习者的评价。群组协作式学习：智慧学习环境根据识别的学习需求、学习情境和学习者特征，将学习者快速分组，群组划分后形成统一的群组学习目标，学习者明确自己的学习任务，科学合理地分工，开展合作学习，彼此共享学习成果，并进行自我评价、同伴互评和集体评价。

贺斌从三个视角对智慧学习的内涵进行阐述，从学习者的视角看，智慧学习是学习者自我积极参与的新型学习范式，强调以学习者为中心，

---

① 祝智庭、贺斌：《智慧教育：教育信息化的新境界》，《电化教育研究》2012 年第 12 期。
② 陈琳、王蔚、李冰冰等：《智慧学习内涵及其智慧学习方式》，《中国电化教育》2016 年第 12 期。
③ 郭晓珊、郑旭东、杨现民：《智慧学习的概念框架与模式设计》，《现代教育技术》2014 年第 8 期。

并具有完整的学习体验①。它有助于学习者进行富有成效的社会协作，定制个性化学习服务和反思整个学习过程。从技术的视角看，智慧学习是利用智能设备、社会网络、传感器等实现情境感知、学习过程记录、学习服务维护、学习诊断与评价等功能的新型智能学习环境。从人与技术关系的视角看，智慧学习旨在培养具有高阶思维能力的人才，这无疑需要智能设备的支撑，以提供个性化服务。随后，他提出智慧学习发展的基本趋向，包括构建一种面向未来的新型学习/教育范式、新兴技术设备的全面渗透助推学习技术的整体变革、智能学习环境为智慧学习提供最为重要的技术支撑、促进学习者智慧能力发展和智慧行为出现是智慧学习的创新性目标之一、混合式学习共同体为智慧学习提供社会智力与情感支持。

韩吉珍认为智慧学习需要依托于智慧学习环境，利用新一代信息技术搜集、整理学习资源，以增强学习者学习能力的新型学习范式②。可以看出，智慧学习强调以学习者为中心、以智慧学习环境为依托、以智能工具为支撑、以增强学习者学习能力为根本目的。随后，她指出智慧学习对教师专业发展具有重要意义，并提出教师实现智慧学习的路径，包括提高教师的智慧学习能力、实现由教育者到学习者的角色转变、建构教师个人的学习空间和建立教师智慧学习共同体。

陆凯莉、沈书生指出目前专家学者对智慧学习的理解，都暗合着"教—学体系"。因此，他从"学习结构"的视角对智慧学习进行解读，认为智慧学习是让学习者置身智慧学习环境中，并借助内外力的作用，自主确定学习目标、学习方法、学习顺序，指向知识和技能的形成③。基于此，他们构建了一个以"学习结构"为主线的智慧学习路径。其一，学习者根据平台的智能预测和教师的多维建议，进行自我判断；其二，通过平台的精准服务和教师的内需激活，学习者建立学习需求；其三，平台提供决策支持，教师提供方法指导，以便学习者制定学习策略；其

---

① 贺斌：《智慧学习：内涵、演进与趋向——学习者的视角》，《电化教育研究》2013 年第 11 期。
② 韩吉珍：《智慧学习：教师专业发展的新路径》，《中国教育学刊》2018 年第 8 期。
③ 陆凯莉、沈书生：《指向"学习结构"的智慧学习及其应用》，《教育发展研究》2017 年第 Z2 期。

四,平台实时记录并分析行为轨迹,教师在恰当时机进行干预,以丰富学习者的学习活动;其五,学习者根据平台的智能分析和教师的综合评价,进行学习检测;其六,学习者依据平台的精准判断和教师的自我反思,以形成自我认知。

(二)对本书的启示

智慧学习的相关研究刚刚起步,研究成果较为分散,并未形成完善和独立的理论体系。但对本书的各项研究仍具有重要的借鉴意义。智慧学习强调以技术的"智能"培养学习者的"智慧",培养学习者的自身"智慧"是智慧学习的出发点和归宿,技术的"智能"则起到重要的支撑作用。因此,智慧学习环境作为学习者开展智慧学习的关键,应具有足够智慧满足学习者智慧学习的需求,智慧学习环境的智慧不应仅体现在认知层面,还应体现在情感层面。因此,智慧学习环境既要为学习者提供个性化的学习资源和学习路径,还要为学习者提供符合其情感状态和视觉情感偏好的学习画面,以实现认知层面和情感层面的自适应交互,促进学习者的个性发展、特色发展和创新发展。

二 关联主义学习理论

2005年加拿大学者乔治·西蒙斯认为原有学习理论已难以适应数字时代对学习的需求,因此提出关联主义(Connectivism)学习理论。关联主义学习理论诞生于数字时代,对数字时代的学习具有重要指导意义和现实意义。

(一)关联主义学习理论的基本观点

关联主义又被译为联通主义、连接主义、连通主义,起源于2005年乔治·西蒙斯发表的文章《关联主义——数字时代的学习理论》。随着乔治·西蒙斯、史蒂芬·唐斯等学者的不断发展与完善,关联主义学习理论已成为继行为主义、认知主义、建构主义后的重要学习理论。

关联主义学习理论源于混沌学、网络化思想、复杂性理论和自组织理论,乔治·西蒙斯在《关联主义——数字时代的学习理论》中提出关联主义学习理论的八条原则,分别为:第一,学习和知识存在于各种观点中;第二,学习是将不同节点相互连接的过程;第三,学习可能存在于非人的物化工具中；第四，持续学习的能力比当前拥有的知识更为重要；第五，为了持续学习，应培养和保持已有连接；第六，觉察领域、理论与概念间联系的能力至关重要；第七，关联主义学习活动的目的是流通；第八，决策本身便是学习过程①。

后来乔治·西蒙斯对早期的八条原则加以完善，分别是：第一，情感与认知相互影响，加以结合非常重要；第二，提升"做事情"的能力是学习的最终目的；第三，学习的方式多种多样，不局限于课程；第四，自主学习和合作学习相互整合；第五，学习既消化知识，也创造知识②。这五条原则是对早期八条原则的丰富和发展，并且乔治·西蒙斯逐渐意识到认知、思维、情感对学习的重要作用。

关联主义学习理论的知识观认为知识是一种更加动态的、多元化观点并存的组织，而不是静态的、有组织的和专家定义的结构。网络中的知识具有动态性、隐性和生长性，其知识生长的关键是寻径和意会。关联主义学习理论的学习观认为学习是将不同知识节点相互连接组织成知识网络的过程，强调持续学习的能力比当前拥有的知识更为重要，其最终目的是保持知识的与时俱进和时代性。该理论的核心要素包括三个：节点、连接和网络。节点是可以连接或被连接的要素，既可以是人，也可以是组织、网站、图书馆、数据库等信息源。因此，学习不仅存在于主体自身，也存在于各专业化节点中。连接就是节点间任何类型的关联，诸多节点连接便构成网络，即网络是多节点的聚合。乔治·西蒙斯提出增强节点间连接的六个因素：动机、情感、暴露、模式化、逻辑和经验③。动机决定了学习者是否准备与某些节点建立连接，情感则在学习者评估节点的价值或遇到冲突的节点时起关键作用，并影响如何将其他节点整合到更大的网络中。

（二）对本书的启示

"数字土著"的使命与诉求和"数字移民"截然不同，作为数字时代

---

① George Siemens, "Connectivism: A Learning Theory for the Digital Age", *International Journal of Instructional Technology and Distance Learning*, Vol. 2, No. 1, January 2005, pp. 3 – 10.
② 王志军、陈丽：《联通主义学习理论及其最新进展》，《开放教育研究》2014 年第 5 期。
③ 张秀梅：《关联主义理论述评》，《开放教育研究》2012 年第 3 期。

学习理论的关联主义学习理论起着重要的指导意义。关联主义学习理论认为动机、情感、暴露、模式化、逻辑和体验是学习者连接知识网络的关键，并指出学习者与知识的互动方式受到情感的影响，情感直接影响学习者领会知识的能力，当情感处于平衡或者积极状态下，逻辑才能存在。智慧学习环境的研究和建设不应仅关注认知层面，还应重视情感对学习者连接和形成知识网络的促进作用。智慧学习环境中基于学习者情感的学习画面情感自适应调整的实现，将对学习者的学习动机和情感具有明显的激励和调节作用，并能创设愉快的学习体验，以帮助学习者间或者学习者与知识节点间实现连接，以组织成知识网络或将弱连接变为强连接，提高数字时代学习者的生存能力。

三　人本主义学习理论

人本主义学习理论源于20世纪50年代末60年代初出现的人本主义心理学，人本主义心理学家亚伯拉罕·马斯洛、卡尔·罗杰斯等认为美国传统教育存在不重视对学习者的理解、缺乏对学习者人性的尊重等问题，在对其进行猛烈抨击的同时，也进行了深刻反思。此过程促进了人本主义心理学在教育心理学中的渗透和应用，从而推动人本主义学习理论的逐渐形成和完善[①]。

（一）人本主义学习理论的基本观点

人本主义学习理论是以人本主义心理学的基本理论为基础的，其代表人物有亚伯拉罕·马斯洛、卡尔·罗杰斯等。1969年卡尔·罗杰斯出版专著《学习的自由》，20世纪80年代该书再版，并更名为《80年代学习的自由》(*Freedom to Learn for the 80'*)，其中系统阐述了卡尔·罗杰斯的教育思想。

人本主义学习理论提倡以学习者为中心的观点，把教育对象看做有思想、有自我意识、有主观能动性，且追求尊严、民主和自由，需要被理解、尊重和接受的人[②]。对于学习者来说，学习者是教育的主体。教育是一种纯粹个人的事情，学习者就要"成为他自己"。而教师的作用不是

[①]　莫雷：《教育心理学》，广东高等教育出版社2005年版，第149—150页。
[②]　何克抗、李文光：《教育技术学》，北京师范大学出版社2009年版，第21页。

控制学习者,而是使他们能自由地去做出选择,并追求他们所感兴趣的东西,教师应扮演促进者的角色,应具有高度的责任感,其重要任务是为学习者创建合适氛围,并指导学习者获得掌握知识的有效途径。

人本主义学习理论暗含着的最基本假设:学习者犹如种子,只要给予适当的环境和条件,就会生根、发芽和成长,即学习者拥有潜在的向积极的、善的、建设性的、强大的方向发展的能力。基于此,他们认为学习过程是学习者自我发展、自我完善的过程,不再是为了生存的一种方式,而是一种生命的活动。只要给予学习者适当的学习环境,学习者能够凭借自身内部的巨大资源,自动、自我地完成学习[1]。

卡尔·罗杰斯将学习分为无意义学习和意义学习,无意义学习指仅涉及心智并在"颈部以上"发生的学习。此类学习不涉及个人意义或感情,只涉及知识积累,与完整的人无关。意义学习是指使学习者的个性、态度、行为以及未来选择、行动方针发生重大变化的学习,不仅是增长知识的学习,还是与学习者各部分经验充分融合的学习。卡尔·罗杰斯主张应以个人的自我实现为学习的根本目标,并旗帜鲜明地反对传统的灌输知识式的无意义学习,讽刺其为现代教育的悲剧[2]。意义学习包括四个要素:第一,学习者全身心投入学习活动;第二,学习者主动发起学习活动;第三,学习者的行为、态度、个性都将随学习活动发生变化;第四,学习者自我评价学习活动。

人本主义学习理论强调情感在学习者的学习过程中发挥重要作用,并认为学习是情感与认知相结合的整个精神世界的活动。卡尔·罗杰斯曾指出学习不能脱离学习者的情感体验而孤立地存在,情感和认知彼此融为一体,并且是学习者精神世界中两个不可分割的有机组成部分。传统学习理论,常把学习看作是仅有左脑参与的认知活动,即使涉及情感或情绪,也仅把它看作激起或干扰学习的一种因素。这种排斥右脑情感参与的学习只是一种信息接收和加工的过程,是无效的学习,是冷冰冰

---

[1] 李瑞清:《人本主义学习理论在思想政治理论课教学中的合理取舍》,《高教探索》2009年第4期。

[2] 佐斌:《论人本主义学习理论》,《教育研究与实验》1998年第2期。

的没有生命意义的学习①。

人本主义学习理论的学习原则主要有：对学习的渴望、觉察学习的意义、自我防御、无压力学习、做中学、参与学习、全身心学习、自我评价学习等，并基于"以学生为中心"的教育原则，提出"非指导性教学"的教育方法，包括学生自己决定学习内容和发动学习动机、学生自己掌握学习方法、学生自己评价等②。

(二) 对本书的启示

人本主义学习理论极力突出情感在学习活动中的作用，并指出情感不应处于附属地位，更不应被忽视，追求认知与情感的结合，以便形成以认知与情感之间的协调活动为主线，以情感作为学习活动基本动力的学习模式。智慧学习环境应为学习者创设真实情感情境，以"真诚"的、"鼓励"的态度去传递情感，使学习者的个性、态度、行为得到充分的发展，从而促进学习者的意义学习。智慧学习环境中学习者主要观看学习画面进行学习，学习画面在传递知识的同时，其直观的视觉特征和隐含的艺术特征能够影响学习者的学习情感。对学习画面情感及其识别的系统研究将为教育工作者的学习画面设计提供指导和帮助，以便开发具有良好情感的学习画面或通过学习画面的设计传递某种情感，实现对学习者情感教育和知识传授的有机结合。此外，学习画面情感自适应调整的探索与实践，将使学习者的情感参与到学习过程中，有助于激发学习者的学习热情和积极性，并使学习者能全身心投入、左右脑并用地进行有意义的学习。

四 自主学习理论

目前，数字媒介层见叠出，知识更新远超从前，对学习者自主学习能力的培养显得尤为重要。自主学习能力的培养与提升已成为当下智慧学习环境研究与实践的重要问题。

(一) 自主学习理论的基本观点

自主学习也被称为自我导向的学习或自我调节的学习，思想可追溯

---

① 雷钢：《人本主义学习理论对教育技术的新启示》，《中国电化教育》2010年第6期。
② 刘宣文：《人本主义学习理论述评》，《浙江师范大学学报》2002年第1期。

至苏格拉底的"产婆术"。苏格拉底曾指出教师应激发学习者思维，使之主动探寻问题的答案，把隐于学习者内心的知识引导出来，即教师应作为知识的"助产婆"，而不是仅创造和传播真理，柏拉图和亚里士多德继承和发展了苏格拉底的自主学习思想。现代自主学习理论源于人本主义和建构主义，强调学习是学习者自己建构知识体系的行为，教师仅提供学习者自主学习的条件，即学习者是信息加工的主体，而教师则是学习者学习的帮助者和促进者[1]。

20世纪50年代以来，诸多心理学领域学者对自主学习理论进行探讨。行为主义学派认为自主学习包括自我监控、自我指导和自我强化三个过程，是学习与自我强化间建立的依存关系。文化历史学派指出自主学习是言语的自我指导过程，自我中心言语在学习者的学习过程中具有重要的定向和指导作用。社会认知学派将自主学习分为自我观察、自我批判和自我反应三个过程，并从个体、行为、环境交互作用的视角讨论了自我学习的机制。信息加工学派强调元认知知识、元认知监控对学习的重要作用，元认知是指学习者学习过程中的自主。20世纪80年代中期开始，美国学者巴里·齐默曼（Barry Zimmerman）、保罗·宾特里奇（Paul Pintrich）综合既有研究，提出自主学习理论。

由于专家学者研究领域和理论立场的不同，对自主学习概念的理解主要有三种：部分学者认为自主学习是一种学习模式或学习方式，学习者对学习过程拥有控制权，并与"他主学习"截然对立；部分学者认为自主学习是种自我调节的学习过程，学习者确定学习目标，并监控和调控由目标和情境特征引导和约束的认知、动机和行为；还有部分学者强调从横向和纵向两个维度来诠释自主学习[2]。综上，自主学习既是种学习方式，学习者可以决定学习内容、方法和强度；也是种能力与习惯，学习者能够指导、控制、调节自身的学习行为。要点有四：其一，学习是学习者自己建构知识体系的行为；其二，学习目标、内容、强度应由学习者决定；其三，学习方法和策略应适应学习者的自主学习进程；其四，

---

[1] 冷海：《自主学习理论在现代远程教育中的应用》，《中国成人教育》2008年第19期。
[2] 周炎根、桑青松：《国内外自主学习理论研究综述》，《安徽教育学院学报》2007年第1期。

教师应为学习者提供自主学习的条件。

巴里·齐默曼认为自主学习者具有三个特点：能根据自身学习方法或策略的效果调整学习活动；知道在恰当的时机选择合适的学习策略，或做出正常的反应；具有较强的自我调节策略的运用能力，以调整元认知、动机和行为[①]。

周炎根等认为自主学习的特征主要有主体性、能动性、独立性和创新性[②]。主体性是指学习者是学习的主体，强调以学习者为中心，教师多扮演组织者和帮助者的角色。能动性则强调应充分发挥学习者的主观能动性，有别于其他各种形式的他主学习。独立性是指学习者应具有独立学习的能力，摆脱对教师的依赖，并自行解决"最近发展区"附近的问题。创新性则强调学习者应具有创造性解决问题的能力，学习过程中勤于思考、善于探究、勇于质疑、乐于创新，能够独立、开放、自主地开展学习活动。

巴里·齐默曼等还认为影响自主学习的因素主要有内在因素、行为因素和环境因素，其中内在因素包括情感、目标和自我效能感等[③]。焦虑等消极情感会对元认知过程和行为过程产生影响，已有研究表明，焦虑等消极情感与学习者对学习过程的自我控制呈负相关，并会影响学习者长远目标的设置。行为因素包括自我观察、自我判断和自我反应，环境因素包括社会环境和物质环境。张劲认为基于现代信息技术的自主学习是以学习者自身为中心，以智能学习系统为支撑，自主地、创造性地学习科学文化知识[④]。他指出构成自主学习模式的基本要素包括学习者信息库、网络教学平台、学习者诊断和识别系统、智能学习系统以及交流空间等。

---

① Barry J. Zimmerman, "Becoming a Self-Regulated Learner: An Overview", *Theory into Practice*, Vol. 41, No. 2, June 2002, pp. 64 – 70.

② 周炎根、桑青松：《国内外自主学习理论研究综述》，《安徽教育学院学报》2007 年第 1 期。

③ Barry J. Zimmerman and Manuel Martinez Pons, "Development of a Structured Interview for Assessing Student Use of Self-Regulated Learning Strategies", *American Educational Research Journal*, Vol. 23, No. 4, December 1986, pp. 614 – 628.

④ 张劲：《基于现代信息技术的自主学习研究》，《教育探索》2013 年第 3 期。

（二）对本书的启示

自主学习理论强调以学习者为中心，并指出情感是影响学习者自主学习的重要因素。智慧学习环境中，学习者多借助具有前置摄像头的平板电脑、智能手机等智能学习终端进行自主学习或协作学习。智慧学习环境应支持学习者的自主学习以及正式学习和非正式学习的融合，充分体现学习者的主体性和独立性，发挥学习者的能动性，培养学习者的创新性。具有学习画面情感自适应调整功能的智慧学习环境能为学习者创设最佳学习体验，满足其心理需求，以激发学习者的自学兴趣，激活自我热情，并使其保持良好的情感状态。

第二节 情感与情感计算

一 情感分类

目前心理学领域有两种不同的情感分类理论：基本情感论和维度情感论。基本情感论认为情感在发生上有原型形式，即存在着多种人类的基本情感类型，每种类型各有其独特的内在体验、生理激活和外部表现[1]，其不同形式的组合形成了所有的人类情感。维度情感论认为几个维度组成的空间包括了人类所有的情感，各维度间相互联系并可相互转化。

（一）基本情感论

基本情感理论源于查尔斯·达尔文的进化论，认为情感是个体在进化过程中形成的对外界刺激的适应性反应，存在多种基本情感。但基本情感包括哪些类型，专家学者并未形成统一意见。

我国古代有"七情六欲"之说，七情按儒家学说指喜、怒、哀、惧、爱、恶、欲，按佛教学说则指喜、怒、忧、惧、爱、憎、欲。荀子在《荀子》一书中提出"六情"和"九情"，"六情"是指好、恶、喜、怒、哀、乐，"九情"则指说、故、喜、怒、哀、乐、爱、恶、欲。《中庸》将情感分为喜、怒、哀、乐四种。1944年心理学家林传鼎发现《说文》中有354个描述人们情感表现的正篆文字，他按这些文字的含义，划分出

---

[1] 孟昭兰：《情绪心理学》，北京大学出版社2005年版，第4—5页。

安静、愤怒、悲痛、愤急、恐惧、恭敬、憎恶、嫉妒、惭愧等 18 类情感[1]。

法国著名哲学家、数学家勒内·笛卡尔认为人有惊奇、爱悦、憎恶、欲望、欢乐、悲哀六种原始情感，其他情感都是他们的组合或分支。心理学家保罗·埃克曼等在对面部表情和行为反应研究的基础上，将基本情感分为高兴、惊讶、悲伤、愤怒、恐惧、厌恶六种，并得到多数学者的认可[2]。卡罗利·伊扎德提出差别情感理论，认为基本情感除保罗·埃克曼所说的六种外，还包括害羞、轻蔑、兴趣和自罪感[3]。罗伯特·普拉奇克认为情感具有强度、两极性和相似性三个维度，并据此提出八种基本情感，分别为悲痛、恐惧、惊奇、接受、狂喜、狂怒、警惕和憎恨[4]。美国心理学家大卫·克雷奇、理查德·克鲁奇菲尔德和诺曼·利夫松把情感分为原始情感、与感觉刺激有关的情感、与自我评价有关的情感和与他人有关的情感[5]。快乐、愤怒、恐惧和悲哀是原始的情感；疼痛、厌恶和愉快是与感觉刺激有关的情感；骄傲、羞耻、罪过和悔恨是与自我评价相关的情感；爱和恨则是与他人有关的情感。

（二）维度情感论

维度情感论把不同情感看作是逐渐地、平稳地转变，不同情感之间的相似性和差异性是根据彼此在维度空间中的距离来显示的。1974 年艾伯特·梅拉比安和詹姆斯·罗素提出基于维度情感理论的测量模型 PAD（Pleasure Arousal Dominance，PAD），他们认为情感具有愉悦度、唤醒度和支配度三个维度，其中 P 代表愉悦度，指积极或消极的情感状态，表示个体情感状态的正负特性；A 代表唤醒度，指神经激活水平和心理警觉水平的差异，表示个体的神经生理激活水平；D 代表支配度，指个体

---

[1] 周瑛、胡玉平：《心理学》，吉林大学出版社 2007 年版，第 151 页。
[2] Paul Ekman and Wallace V. Friesen, "Constants Across Cultures in the Face and Emotion", *Journal of Personality and Social Psychology*, Vol. 17, No. 2, February 1971, pp. 124 – 129.
[3] Carroll E. Izard, "Differential Emotions Theory", in Carroll E. Izard, ed. *Human Emotions*, Boston：Springer, 1977, pp. 43 – 66.
[4] Robert Plutchik, "The Nature of Emotions", *American Scientist*, Vol. 89, No. 4, July 2001, pp. 344 – 350.
[5] David Krech, Richard S. Crutchfield and Norman Livson, *Elements of Psychology*, New York：Alfred A. Knopf, 1974, p. 328.

对他人或情境的控制状态,如愤怒具有高支配度,而悲伤具有低支配度[1]。同时,也可以通过这三个维度的数值来代表具体的情感,如愤怒的坐标为(-0.51,0.59,0.25)。

1962年罗伯特·普拉奇克提出以两极性、相似性和强度三个维度构成的倒立圆锥情感空间[2]。在锥体切面上分隔成块,切面上的每一块代表一种原始情感,共有八种原始情感,每种原始情感都随自下而上强度的增大而有不同的形式,即最强烈的情感位于顶部,越往下情感强度越弱;截面上处于相邻位置的情感是相似的,处于对角位置的情感是相对立的;截面中心区域表示冲突,是由混合的动机卷入而形成的。倒立圆锥空间模型能够清楚地表述情感的强度、情感间的相似性和对立性。

1896年德国心理学家威廉·冯特(Wilhelm Wundt)提出情感三维学说,他认为情感过程由三对感情元素构成,分别是愉快—不愉快、兴奋—沉静、紧张—松弛三种维度,每一种维度都有两极性的强弱变化,每一种情感在具体发生时,都按照这三个维量分别处于他们两极的不同位置上[3]。

此外,美国学者哈罗德·施洛伯格(Harold Schlosberg)于20世纪50年代提出倒立的椭圆锥形情感空间,三个维度分别为愉快—不愉快、注意—拒绝以及激活水平。椭圆切面的长轴为快乐维,短轴为注意维,表明情感的快乐度比注意度可做出更精确的区分,垂直于椭圆平面的激活水平是强度维。1985年大卫·沃森和奥克·特莱根提出情感环形模型,认为积极情感与消极情感是相互独立的两个基本维度[4]。

二 情感模型

随着认知科学和信息科学的发展,研究者试图模拟情感的产生和变化,以便使计算机拥有处理和表达情感的能力。目前,研究者已提出若

---

[1] Albert Mehrabian and James A. Russell, *An Approach to Environmental Psychology*, Cambridge: The MIT Press, 1974, p. 178.

[2] Robert Plutchik, "The Nature of Emotions", *American Scientist*, Vol. 89, No. 4, July 2001, pp. 344-350.

[3] 王志良:《人工情感》,机械工业出版社2009年版,第42—43页。

[4] David Watson and Auke Tellegen, "Toward a Consensual Structure of Mood", *Psychological Bulletin*, Vol. 98, No. 2, September 1985, pp. 219-235.

干情感建模方法，虽然不能完美地实现对情感的定量描述和分析，但在一定程度上实现了有限的模仿。情感模型主要分为基于基本情感论的情感模型、基于认知机制的情感模型和基于个性化的情感模型等。

（一）HMM 模型

1995 年罗莎琳德·皮卡德提出隐马尔可夫模型（Hidden Markov Model，HMM），如图 2—1 所示。

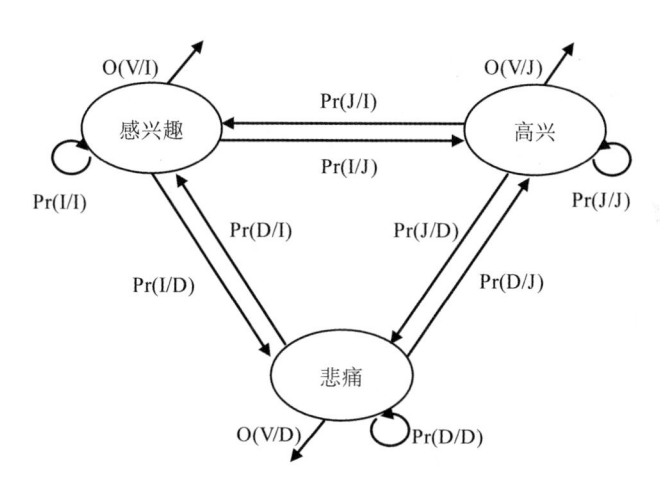

图 2—1　HMM 情感模型

该模型有三个基本情感状态：感兴趣、高兴和悲痛，也可以根据需要扩充为多个。例如，增加第四个椭圆，代表"无情感状态"，作为情感基线或中性状态。罗莎琳德·皮卡德认为人的情感状态无法被直接观察，但可以通过观测外显特征判断其情感状态。因此，可以通过特征来判断其可能对应的情感状态，也可以使用整个 HMM 结构图描述的状态以识别更大规模的情感行为。后者无疑需要更多的 HMM 结构图，并且每个结构图对应一种情感行为。HMM 既可以表现由几种情感组成的混合情感，也可以表现由几种纯的情感状态基于时间的不断交替出现而成的混合情感[1]。

---

[1] ［美］罗莎琳德·皮卡德：《情感计算》，罗森林译，北京理工大学出版社 2005 年版，第 140 页。

（二）EBS 模型

1999 年路易斯·库斯托迪奥等学者提出 EBS（Emotion-Based System, EBS）模型，该模型可用于智能控制，主要由认知层和感知层组成，外界环境对系统的刺激同时在这两层的处理器中并行处理[①]，如图 2—2 所示。认知层抽取以模式匹配为目标的认知图像，该图像包含足够丰富的信息以便能恢复原始图像；感知层则抽取输入图像的基本特征，产生简化的感知图。感知层中还要建立一个愿望向量（Desire Vector，DV），该向量的每一个分量都对应一个基本刺激的评价以及相应的策略。系统对输入刺激的反应主要来自 DV，但在必要时也可以来自认知处理器。系统所采取的行动会使环境发生变化，使系统感受到新的刺激，这种回馈刺激使系统知道其行为的效果，同时也使系统能在不同的层次上进行学习，在感知层更新感知映射，而在认知层对认知图像进行 DV 标记。

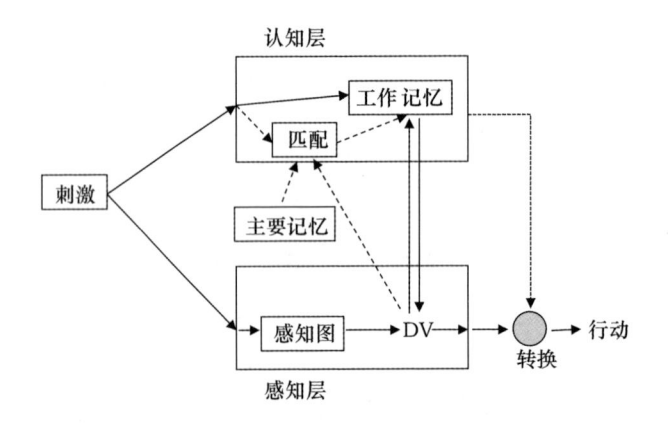

图 2—2　EBS 情感模型

（三）OCC 模型

1988 年安德鲁·奥托尼等学者提出 OCC（Ortony Clore Collins，OCC）

[①] Luis Custódio, Rodrigo Ventura and Carlos Pinto-Ferreira, "Artificial Emotions and Emotion-Based Control Systems", paper delivered to 7th IEEE International Conference on Emerging Technologies and Factory Automation, sponsored by the IEEE, Barcelona, Spain, October 18 – 21, 1999.

模型，目前 OCC 模型已被广泛应用于人工智能领域的情感模型设计[①]。OCC 模型根据情感的起因将其分为事件的结果、智能代理的动作和对于对象的观感三类。该模型共定义了 22 种基本情感，并介绍了情感间的层次关系。OCC 模型如图 2—3 所示。

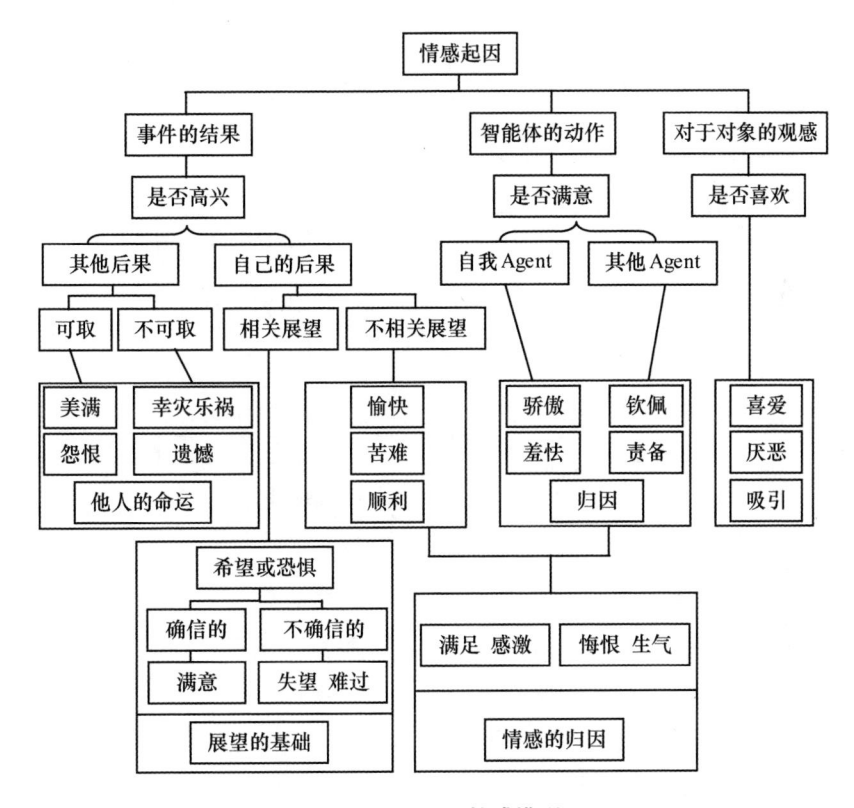

图 2—3　OCC 情感模型

OCC 模型采用一致性的认知导出条件来表述情感，而不是用基本情感集或明确的多维空间来表达情感。该模型假定情感是对事件（是否高兴）、智能代理（是否满意）和对象（是否喜欢）构成的倾向（正面或负面）反应。通过不同认知条件推导归纳，大约规范出美满、怨恨、幸灾乐祸、遗憾、愉快、苦难、骄傲、羞怯、钦佩、责备、喜爱、厌恶、

[①] Andrew Ortony, Gerald L. Clore and Allan Collins, *The Cognitive Structure of Emotions*, Cambridge: Cambridge University Press, 1988, pp. 15–18.

满意、失望、难过、满足、感激、悔恨、生气、喜爱、厌恶等 22 种情感类型，其中包括用来产生这些情感类型的基本构造规则。

（四）分布式情感模型

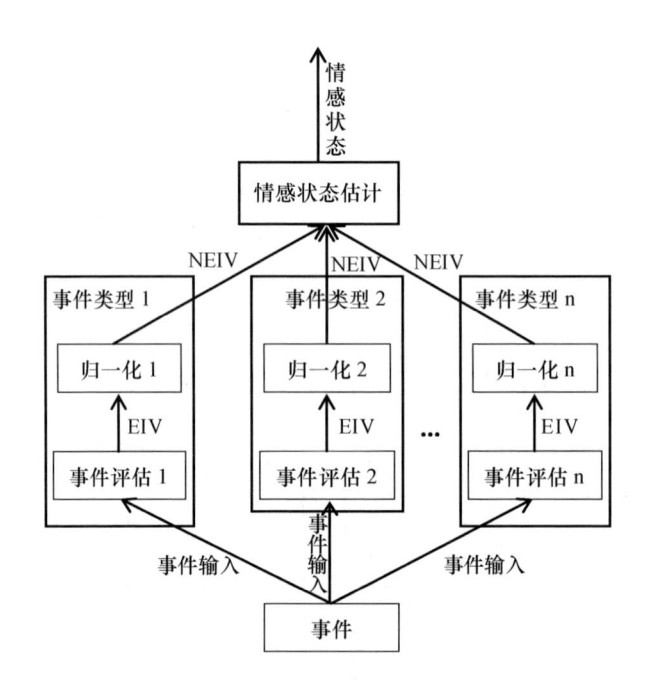

图 2—4　分布式情感模型

2000 年阿尔德·凯斯特伦等学者针对外界刺激建立了分布式情感模型①，如图 2—4 所示。整个分布式系统将特定的外界刺激转换成与之相对应的情感状态，其过程分为两个阶段：第一个阶段由事件评估器评价事件的情感意义，针对每一类相关事件，分别定义了事件评估器，当事件发生时，先确定事件的类型和事件信息，然后选择相关事件评估器进行情感评估，并产生量化结果情感脉冲向量（Emotion Impulse Vector，EIV）；在第二个阶段，对 EIV 归一化得到归一化情感脉冲向量（Normali-

---

① Aard-Jan van Kesteren, Rieks op den Akker, Mannes Poel, et al., "Simulation of Emotions of Agents in Virtual Environments Using Neural Networks", paper delivered to The Eighteenth Twente Workshop on Language Technology, sponsored by the Universiteit Twente, Ieper, Belgium, November 22 – 24, 2000.

zation Emotion Impulse Vector，NEIV），通过情感状态估计（Emotional State Calculator，ESC）计算出新的情感状态。事件评估器、EIV、NEIV 及 ESC 均采用神经网络实现。

此外，情感模型还有 Salt & Pepper 模型、Roseman 情感模型、EMA 情感模型、大五模型、Chittaro 行为模型、EFA 性格空间的构造方法、情绪—心情—性格模型、基于欧几里得空间的情感建模方法等。

三 情感计算

人工智能先驱马文·明斯基在其著作《心智社会》中写道"问题并不是智能机器是否能有情感，而是没有情感的机器怎么能是智能的"[①]。情感在感知、推理、决策和创造等方面必不可少，已然是智能的重要组成部分。同样，在社会交往中，情感也扮演着关键角色，因此教育家和心理学家在对智能进行阐释或定义时将情感和社会技能也包括进来。情感在人类的认知和人机交互中发挥着不可或缺的作用。1995 年罗莎琳德·皮卡德提出情感计算的概念，1997 年在其著作《情感计算》中对其进行界定，认为情感计算是指涉及、起源于或有意影响情感方面的计算[②]。简单来说，即期望计算机拥有观察、理解和生成各种情感的类人能力。情感计算的根本目标就是尝试创建一种"智能"的计算系统，该系统能够感知、识别和理解人的情感，并能根据人的情感做出智能、及时和友好的反馈。

情感计算的研究内容主要包括情感机理、情感信息的获取、情感识别、情感的建模与理解、情感的合成与表达、情感计算的应用、情感计算机的接口以及可穿戴设备等。情感机理的研究主要是指情感状态判定以及与生理和行为间的关系，涉及心理学、生理学和认知科学等内容，以便为情感计算提供理论基础。情感信息的获取主要研究生理信号、外部表现等情感信号的采集方法和采集设备。情感信号分析、识别并理解是情感计算的核心内容，包括情感模型建立、情感信息提取、情感分类

---

① ［美］马文·明斯基：《心智社会》，任楠译，机械工业出版社 2016 年版，第 196 页。
② ［美］罗莎琳德·皮卡德：《情感计算》，罗森林译，北京理工大学出版社 2005 年版，第 186 页。

等研究。情感表达主要研究如何使计算机表达某种给定的情感。可穿戴设备属于情感计算的应用层面,主要研究可穿戴设备的硬件设计和软件开发以实现情感信息的获取、识别和反馈。目前,情感计算领域学者侧重于对情感信号获取与识别的研究。

情感信息的获取与识别是实现情感计算的前提条件,因此如何获取和识别情感信息成为情感计算的重要研究内容。卡罗利·伊扎德指出情感由生理唤醒、内心体验和外部表现三方面组成[1],研究者主要围绕生理信号、心理测量和外显行为对情感识别展开研究。基于生理信号的分析方法主要通过传感器获取反映情感变化的生理信息,如皮肤电导、心电、心率、脉搏、肌电、血压等。基于心理测量数据的分析方法多采用自我报告法,让被试表述自己的感受。基于外显行为的分析方法则通过面部表情、身体姿态、语音声调等获取情感信号并识别。

四 情感与认知

情感对认知的影响研究始于 20 世纪 70 年代,最初由情感心理学家提出,随后引起认知心理学家的关注。由于出发点和侧重点不同,情感心理学家和认知心理学家对情感与认知的关系展开激烈的争论,这无疑使相关研究快速发展的同时,也反映了情感与认知两过程不可分离的事实。研究者逐渐认识到把情感与认知联系起来进行研究势在必行,我国心理学家孟昭兰教授对情感与认知关系的相关研究进行了归纳和整理,并进行了系统阐述[2]。

(一)认知在情感发生中的作用

按照信息加工理论,马丁·霍夫曼把认知调节情感的心理过程划分为三种不同水平的加工图式:物理刺激直接引起感情性反应;物理刺激与表象的匹配诱导感情性反应;刺激意义诱发感情性反应[3]。

---

[1] Carroll E. Izard, "Theories of Emotion and Emotion-Behavior Relationships", in Carroll E. Izard, ed. *Human Emotions*, Boston: Springer, 1977, pp. 19–42.
[2] 孟昭兰:《情绪心理学》,北京大学出版社 2005 年版,第 93—106 页。
[3] Martin L. Hoffman, "Affect, Cognition, and Motivation", in Richard M. Sorrentino and E. Tory Higgins, eds. *Handbook of Motivation and Cognition: Foundations of Social Behavior*, New York: Guilford Press, 1986, pp. 244–280.

1. 物理刺激直接引起感情性反应

外界物体的物理性质如声、光、嗅、味等刺激在脑内的感觉等级可以直接引起情感。这类刺激可能是无条件性的,也可能是有条件性的。

2. 物理刺激与表象的匹配诱导感情性反应

刺激同内部图式匹配产生的感情反应有几种不同的情况。马丁·霍夫曼首先对热图式和冷图式做了区分:热图式是由感情反应形成的图式,即被充予了感情的图式;冷图式恰好相反,是由没有引起过感情反应的物体形成的图式。新的刺激与两种图式进行匹配,将产生四种情况:刺激与热图式匹配,情感反应同原来充予的情感性质相一致;刺激与热图式不匹配,情感反应同原来充予的感情性质不一致;刺激同冷图式匹配,产生中性反应;刺激同冷图式不匹配,依具体情况可以产生正性或负性情感。

3. 刺激意义诱发感情性反应

当刺激以超越其物理属性的意义作用于人时,将导致一种更高级的认知加工。这种高级的认知加工模式与刺激结合的变式更加多样,以致增加了产生感情反应的机会和可能性。马丁·霍夫曼对此提出两种加工模式以揭示刺激意义的认知基础,其一是归类,其二是评价。评价所导致的感情反应,可由评价刺激事件发生的原因、评价事件发生的后果,以及同标准相比较这3种加工模式而来。

(二) 情感在认知加工中的影响

通过各种不同的信息加工方式,情感对认知起着驱动和组织作用。许多研究证明情感可对认知产生多方面的效应。其影响不仅在加工的速度和准确程度方面,而且可以在类别和等级层次上改变认知的功能,或在信息加工中引起阻断或干扰的质量变化。即情感不仅在"量"上影响认知,而且影响认知的结构。

1. 情感影响信息加工的发动、干扰和结束

20世纪70年代以来的研究表明,人在情境影响下,不断地信息输入对脑的即时状态和工作无时不在发挥着影响。在外来信息与认知活动之间,情感起着中介的作用。孟昭兰的研究表明:愉快比痛苦显示更优的

操作效果,兴趣比恐惧显示更优的操作效果,无怒的中性状态比愤怒状态、"爆发怒"比"潜在怒"均显示更优的操作效果①。

2. 情感影响信息的选择性加工

情感的正性或负性会影响信息的选择性加工。情感在某种意义上监测哪怕是低级的对知觉信息的选择。简·理查兹(Jane Richards)等学者的研究表明情感状态对记忆影响显著,正性情感比负性情感完成字词记忆任务的效果要好。这说明,在信息加工(完成任务)过程中,由于负性情感凝结在注意的中心而持续对加工产生干扰,从而降低了加工的质量。而这时那些原已自动化的加工模式则处于加工的背景地位而未能被利用。

3. 充予情感图式的形成

在被充予情感的分类和图式的形成中,感情起着促进的作用。这是因为,外在刺激事件的不断作用和在脑内加工并存储在加工系统中。因而,任何刺激事件往往从不同的方面与人的心境状态产生联系。当某一新鲜刺激在归类和图式形成中内化并获得感情充予时,这个过程就被看作通过归类机制把过去体验过的感情又转而注入新的刺激事件中。

此外,情感还影响注意、记忆和决策。尤其是识记和回忆两个环节,最容易受到过分紧张、焦虑等负性情感的干扰,并且焦虑易使大脑对注意的加工变得狭窄。当人处于焦虑或恐惧中时,他们的注意力主要集中在所害怕的事情上,而选择性地忽略周围存在的其他事。爱丽丝·艾森等认为人倾向于保持正性情感而忘掉负性情感,从而同正性情感相联系的信息储存得到再编码的机会多于与负性情感相联系的信息提取②。许多研究发现,在正性感情状态下,正性材料的记忆线索使得对它的加工更容易,即脑内的材料在这种状态下更容易被加工,证明了正性感情色调基本上涉及认知的组织过程。正性情感甚至有助于使人应付麻烦事件和减少对抗事件的发生。爱丽丝·艾森等研究者通过实验发现正性情感能

---

① 孟昭兰:《婴儿心理学》,北京大学出版社1997年版,第347—350页。

② Alice M. Isen, Kimberly A. Daubman and Gary P. Nowicki, "Positive Affect Facilitates Creative Problem Solving", *Journal of Personality and Social Psychology*, Vol. 52, No. 6, June 1987, pp. 1122–1131.

够促进思维的灵活性。感到愉快的人比一般感受状态的人更能够对刺激物作出概念上的联想，发现差异和复杂关系。

第三节　卷积神经网络

一　卷积神经网络概述

(一) 卷积神经网络的发展

迄今人工神经网络（Artificial Neural Networks，ANN）大致经历了三个阶段，第一个阶段始于20世纪40—60年代的控制论。但其无法处理"异或"问题，并且此时的计算机缺乏足够的计算能力满足神经网络长时间的运行需求。第二个阶段始于80年代末期，大卫·鲁姆哈特等研究者提出反向传播算法[1]，虽然克服了"异或"问题，并使两层神经网络所需的复杂计算量降低，但受限于数据获取的瓶颈，普遍存在"过拟合"等问题。过拟合是指为得到一致假设而使假设变得过度严格，简单来说就是所构建的机器学习模型或者深度学习模型能够在训练样本集获得较好的拟合结果，但在验证样本集或测试样本集却不能很好地拟合数据。随着计算机性能的显著提升以及大数据时代的到来，2006年加拿大学者杰弗里·辛顿等在 Science 上发表文章，提出一种被称为深度置信网络（Deep Belief Network，DBN）的神经网络模型以实现数据降维[2]。文章的核心观点为：第一，具有较多隐层的神经网络结构具有独有的特征学习能力，能够较好地获取图像更本质的特征；第二，可通过"逐层初始化"来克服深层神经网络的训练难度。自此，开启了人工智能领域的深度学习时代。2010年美国国防高级研究计划局首次资助深度学习项目。2012年6月，《纽约时报》报道了谷歌的"谷歌大脑"项目，该项目在拥有16000个CPU的并行计算机平台上训练被称为"深度神经网络"的机器学习模型，并在语音识别、图像识别等领域取得成功。时隔半年百度宣

---

[1] David E. Rumelhart, Geoffrey E. Hinton and Ronald J. Williams, "Learning Representations by Back-Propagating Errors", *Nature*, Vol. 323, No. 6088, October 1986, pp. 533–536.

[2] Geoffrey E. Hinton and Ruslan R. Salakhutdinov, "Reducing the Dimensionality of Data with Neural Networks", *Science*, Vol. 313, No. 5786, July 2006, pp. 504–507.

布成立百度研究院，并将深度学习作为重要研究方向。2016年3月，谷歌研发的阿尔法围棋（Alphago）以4∶1的比分战胜韩国围棋名将李世石，引起全世界关注的同时，人工智能、深度学习、神经科学等概念进入普通公众的视野。

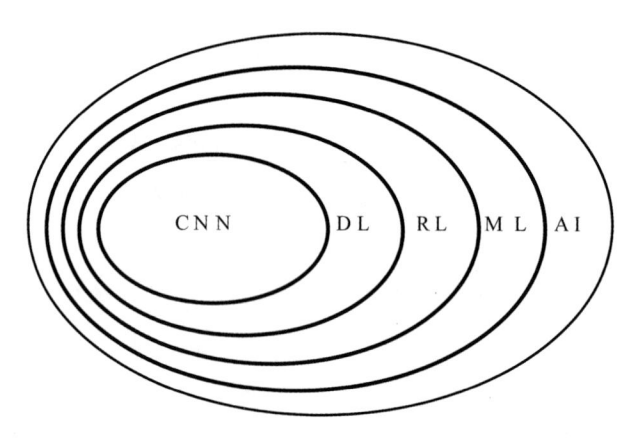

图2—5　深度学习和CNN的关系

深度学习属于机器学习，本质上是对拥有深层结构的模型进行训练的一类方法的统称。目前主流的深度学习模型有DBN、循环神经网络（Recurrent Neural Networks，RNN）和CNN等。1998年美国学者雅恩·勒存等提出基于梯度学习的CNN算法，并将其运用于手写数字字符识别[①]。2012年ImageNet大规模视觉挑战赛中，杰弗里·辛顿等研究者凭借CNN，获得图像分类和目标定位任务的冠军。自此CNN得到学界的广泛关注和持续研究。CNN最初受脑神经科学研究的启发，模仿视觉神经中简单细胞和复杂细胞的视觉信息处理过程，用卷积操作模拟简单细胞对不同方向边缘信息的处理过程，用池化操作模拟复杂细胞累计相近的简单细胞的处理结果[②]。CNN支持将图像的像素值直接作为输入，隐式地获得图像抽象的特征信息，而不必事先对图像进行预处理以及显式地提取

---

① Yann Lecun, Léon Bottou, Yoshua Bengio, et al., "Gradient-Based Learning Applied to Document Recognition", *Proceedings of the IEEE*, Vol. 86, No. 11, November 1998, pp. 2278－2324.

② 刘瑞梅、孟祥增：《基于深度学习的多媒体画面情感分析》，《电化教育研究》2018年第1期。

图像特征，避免了复杂的特征提取和人工选择过程，并且 CNN 对图像的平移、缩放、旋转等变换以及光照、遮挡物、背景等敏感问题具有较高鲁棒性。因此，CNN 在手写字符识别、人脸识别、车牌字符识别等领域取得广泛应用，目前已成为图像识别领域的重要方法。人工智能、机器学习、表示学习（Representation Learning，RL）、深度学习、CNN 的关系如图2—5所示。

（二）卷积神经网络的优点

相比于传统机器学习算法，CNN 具有以下优点：

1. 组合图像层次化特征

无论多复杂的图像均由像素组成，像素是构成图像边缘线条的基本单元，边缘线条则是构成图像纹理的基本单元，图像纹理组合形成局部图案，局部图案组合形成图像整体，将图像的层次化特征进行组合是 CNN 的基本能力。

2. 仿生物学理论

1959年加拿大学者大卫·休伯尔（David Hubel）和托尔斯滕·约瑟尔（Torsten Wiesel）提出猫的初级视皮层中单个神经元的"感受野"概念，并于1962年发现了猫的视觉中枢中存在感受野，并通过实验证明人类大脑视觉系统与猫类似，高层特征由低层特征通过神经元间的连接组合而成。1980年前后，日本学者福岛邦彦（Kunihiko Fukushima）在大卫·休伯尔研究的基础上提出层级化的多层人工神经网络。其中重要的组成单元是"S型细胞"（S-cells）和"C型细胞"（C-cells），S型细胞用于抽取局部特征，C型细胞用于抽象和容错。不难发现 S 型细胞类似于 CNN 的卷积层，C 型细胞类似于池化层。

3. 权值共享

CNN 中相同的卷积核共享相同的卷积核权值和偏值，按照从上到下或从左到右的顺序去卷积图像。连接参数被卷积后的所有神经节点共享，即每个神经元使用相同的卷积核去卷积图像。一种卷积核仅能提取输入图像的一种特征，相当于一个特征提取算子，若要提取多种特征，使用多种卷积核即可实现，而不需要考虑局部特征的位置。权值共享有效降低网络参数选择的复杂度，减少各层间参数的个数，并能防止"过拟合"

的出现。

4. 局部连接

CNN 属于局部连接（疏松连接）网络，相比于全连接网络，极大地降低了神经网络的参数规模。研究发现，人类对事物的观察是由局部到全局，首先通过部分区域的认知获得局部信息，局部信息汇总后得到事物全局的信息。图像中相近像素的相关性较强，而与较远像素的相关性较弱。CNN 模拟人类观察事物的方式，使用局部连接构建图像的局部感知野，利用上层与下层间局部区域的相关性，将相邻每层的神经元节点只与其相近的上层神经元节点连接，有效降低训练参数的规模。

5. 端到端的处理方式

传统机器学习算法，需要研究者显式地提取图像的特征，例如尺寸、纹理、图像角点等，并依赖经验或运气对其进行挑选。CNN 采用端到端的处理方式，将图像预处理和特征提取过程封装成"黑盒子"，研究者不再需要耗费精力去构思如何更好地提取图像特征，而是可以专心设计 CNN 的结构以及优化网络参数。模型训练过程中，CNN 将卷积后得到的特征前向传播，然后利用输出值与标注值的差值反向传播以调整权重和偏值，无须人工干预，提高了效率和准确率的同时，也提高了识别算法的鲁棒性。

二 卷积神经网络的结构

作为深度学习的重要方法，CNN 的正向传播阶段通过卷积（Convolution）操作、池化（Pooling）操作和激活函数映射等一系列操作的层层堆叠，将图像、音频等原始数据的高层语义信息逐层提取出来。其中，不同类型的操作一般称作层，卷积操作即卷积层，池化操作即池化层。CNN 通常包括输入层、卷积层、池化层、全连接层和输出层。

（一）卷积层

卷积层为特征提取层，在该层中通过一组卷积核（滤波器）和非线性变换，提取图像的局部特征。每个卷积层包括多个神经元，每个神经元利用多个可训练的卷积核分别与前一层所有的特征图进行卷积求和，加上偏值，以此作为激活函数的参数求解,输出值将构成新的特征图像[①]。卷积核大小和卷积步长需要根据具体任务进行设定。卷积层的数学表达式如公式 2.1 所示。

$$y_j^l = f(\sum_{i=1}^{N^{l-1}} y_i^{l-1} w_{ij}^l + b_j^l) \qquad (2.1)$$

公式 2.1 中,l 表示当前层,$l-1$ 表示前一层,$f(\ )$ 为激活函数,$\otimes$ 表示卷积。y_j^l 为当前层的第 j 个输出图像(特征图像),y_i^{l-1} 为前一层的第 i 个输出图像,即当前层的输入图像。w_{ij}^l 表示当前层第 j 个特征图像与前一层第 i 个特征图像的卷积核,b_j^l 表示当前层第 j 个神经元的输入偏值。N^{l-1} 表示前一层神经元的数量。

实际运算中,一种卷积核便是一种特征提取器,由于卷积核的尺寸与计算量成正比,所以卷积核的尺寸通常较小。卷积运算便是让卷积核沿着输入图像的坐标横向或纵向滑动,与对应位置的数据进行卷积操作,从而得到新的特征图。步长是卷积核每次滑动的距离,卷积核和步长决定了新特征图的尺寸,新特征图的尺寸可通过公式 2.2 获得。

$$y = \frac{x-k}{stride} + 1 \qquad (2.2)$$

公式 2.2 中,y 表示新特征图的尺寸,x 表示输入图像尺寸,k 为卷积核大小,$stride$ 为步长。

(二)池化层

池化层又被称为下采样层、汇合层,特征图的数量会因卷积层数量的递增而增加,导致学习到的特征维数将快速增长,给分类器造成困难。池化层的关键作用就是特征降维,减小计算量和参数数量,并在一定程度上防止"过拟合",更方便优化。池化层并不改变特征图的数量,而是使特征图的尺寸变小。池化的类型主要有平均值池化、最大值池化两种,池化操作的类型、窗口大小、步长需要根据具体任务进行设定。池化层的数学表达式如公式 2.3 所示。

$$y_j^l = f(\beta_j^l down(y_j^{l-1}) + b_j^l) \qquad (2.3)$$

公式 2.3 中,$down(\ )$ 表示池化函数,y_j^l 和 y_j^{l-1} 表示当前层和前一层

[①] 刘瑞梅、孟祥增:《基于深度学习的多媒体画面情感分析》,《电化教育研究》2018 年第 1 期。

的第 j 个特征图像。β_j^l 和 b_j^l 表示当前层第 j 个特征图像的权重系数和偏值。

最大值池化即选取池化区域内的最大值作为该区域池化后的值,其作用是舍弃局部区域中的细微特征信息,而同时保留主要特征信息,但容易出现"过拟合"现象。平均值池化是计算池化区域内的平均值作为该区域池化后的值,能够综合池化区域内的所有特征信息,但会导致图像整体特征信息变弱。

(三)全连接层

全连接层在整个 CNN 中起到"分类器"的作用,全连接层的输出将作为输出层的输入或最终的分类结果,CNN 通常有一个或多个全连接层。全连接层的每个神经元都将与前一层的所有神经元相连,把卷积层和池化层提取到的特征综合起来[1]。实际使用中,全连接层可由卷积操作实现,对前层是全连接的全连接层可以转化为卷积核为 1×1 的卷积;而前层是卷积层的全连接层可以转化为卷积核为 $h \times w$ 的全局卷积,h 和 w 分别是前一层卷积操作后输出结果的高和宽。

(四)激活函数

在 CNN 中,主要利用卷积操作对图像进行线性处理。理想状态下,数据可用一条直线进行分类。但实际情况中,多数数据是线性不可分的。因此,需要在 CNN 中加入非线性因素,以解决线性模型在复杂数据中无法实现的分类问题。激活函数的引入便是为了增加整个网络的表达能力(即非线性)。否则,若干线性操作层的堆叠仍然只能起到线性映射的作用,无法形成复杂的函数。在实际应用中,有多达十几种激活函数可供选择[2]。

1. Sigmoid 函数

Sigmoid 函数也被称为 Logistic 函数、对数 S 型函数,数学表达式如公式 2.4 所示。

$$f(x) = \frac{1}{1 + e^{-x}} \qquad (2.4)$$

---

[1] 卢官明、何嘉利、闫静杰等:《一种用于人脸表情识别的卷积神经网络》,《南京邮电大学学报》(自然科学版) 2016 年第 1 期。

[2] 吴岸城:《神经网络与深度学习》,电子工业出版社 2016 年版,第 28—29 页。

经过 Sigmoid 函数后，输出响应的值域将被压缩到 [0, 1] 之间，其中 0 对应了生物神经元的"抑制状态"，1 则恰好对应了"兴奋状态"。但当输入值 $x > 5$ 或者 $x < -5$ 时，函数的变化曲线趋于平缓，这意味着此时的偏导（即切线的斜率）非常小且接近于 0，将导致训练无法正常进行，即会带来梯度的"饱和效应"。

2. tanh 函数

tanh 函数也被称为双曲正切 S 型函数，其函数范围为 (-1, 1)，输出响应的均值为 0。数学表达式如公式 2.5 所示。

$$\tanh(x) = \frac{e^x - e^{-x}}{e^x + e^{-x}} \tag{2.5}$$

tanh 函数是 Sigmoid 函数的平移和收缩，tanh 函数依然会发生"梯度饱和"现象。

3. ReLU 函数

ReLU 也被称为线性修正函数，是一个分段函数，数学表达式如公式 2.6 所示。

$$f(x) = \max(0, x) = \begin{cases} 0, x < 0 \\ x, x \geq 0 \end{cases} \tag{2.6}$$

与 Sigmoid 函数、tanh 函数相比，ReLU 函数的梯度在 $x \geq 0$ 时为 1，反之为 0；对 $x < 0$ 部分完全消除了 Sigmoid 函数的梯度饱和效应。但 ReLU 也存在自身缺陷，即在 $x < 0$ 时，梯度便为 0。对于小于 0 这部分卷积结果，他们一旦变为负值将再也无法影响网络训练。

此外，激活函数还有 Linear 函数、Ramp 函数、Step 函数、Sgn 函数等。

（五）目标函数

全连接层是将网络特征映射到样本的标记空间做出预测，目标函数的作用则用来衡量该预测值与真实样本标记之间的误差[①]。分类任务常用的目标函数有交叉熵损失函数、合页损失函数、坡道损失函数、大间隔交叉熵损失函数、中心损失函数等。回归任务常用的目标函数有均方误

---

① 魏秀参：《解析深度学习：卷积神经网络原理与视觉实践》，电子工业出版社 2018 年版，第 100 页。

差（Mean Square Error，MSE）、平均绝对值误差（Mean Absolute Error，MAE）、Huber Loss 等。本书仅对分类任务常用的交叉熵损失函数和回归任务常用的均方误差进行介绍。

交叉熵损失函数又被称为 Softmax 损失函数，其形式如公式 2.7 所示。

$$J(\theta) = -\frac{1}{m}\sum_{i=1}^{m}[y^{(i)}\log(h_\theta(x^{(i)})) + (1-y^{(i)})\log(1-h_\theta(x^{(i)}))] \quad (2.7)$$

均方误差又被称为 MSE 或 L2 损失函数，其形式如公式 2.8 所示。

$$MSE = \frac{1}{N}\sum_{i=1}^{N}(y_i - y_i^p)^2 \quad (2.8)$$

三 卷积神经网络的训练

CNN 的训练，也被称为模型训练、参数训练、网络训练。就是利用已进行人工标注的训练样本集调整 CNN 的内部参数。CNN 的训练主要包括信号正向传播和误差反向传播两个过程。其中正向传播阶段，输入图像经过多次卷积操作、池化操作，将高层语义信息逐层由输入图像中提取出来，逐层抽象。最终，CNN 的最后一层将其目标任务（分类、回归等）形式化为目标函数。通过计算预测值与标注值间的误差，凭借随机梯度下降法（Stochastic Gradient Descent，SGD）和误差反向传播算法将误差由最后一层逐层向前反馈，更新每层参数，并在更新参数后再次前馈。正向传播、反向传播反复循环，直到模型收敛，达到训练的目的。训练过程如图 2—6 所示。

具体来说，CNN 的模型训练常采用批处理的随机梯度下降法（Mini-Batch SGD）。批处理的随机梯度下降法在模型训练阶段随机选取 n 个样本作为一批样本，先通过正向传播得到预测值，并通过目标函数计算其与标注值间的误差，然后通过梯度下降法更新参数，梯度从后往前逐层传播，直到更新到网络的第一层参数，这样的一个参数更新过程称为一个"批处理过程"。不同批处理之间按照无放回抽样遍历所有训练集样本，遍历一次训练样本称为"一轮"。其中，批处理样本的大小不宜设置过小①。

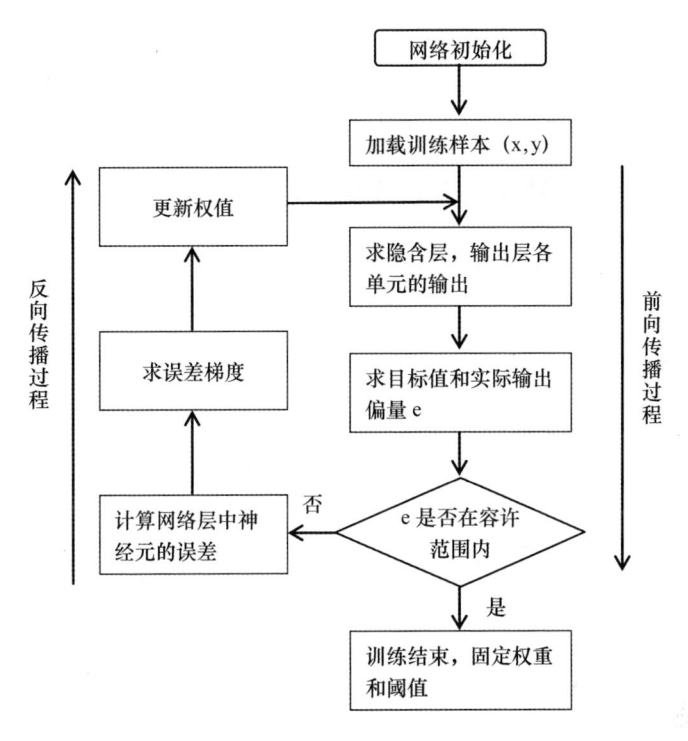

图 2—6 CNN 的训练过程

本章小结

本章首先对智慧学习理论、关联主义学习理论、人本主义学习理论、自主学习理论等相关学习理论进行简单介绍，主要包括四种学习理论的代表人物、核心观点以及对本书的启示。然后对情感分类、情感模型、情感计算、情感与认知等内容进行阐述，心理学领域主要围绕基本情感和维度情感两种理论对情感分类进行研究，情感模型主要包括 OCC 模型、

---

① 魏秀参：《解析深度学习：卷积神经网络原理与视觉实践》，电子工业出版社 2018 年版，第 17 页。

HMM 模型、EBS 模型、分布式情感模型等，基于生理信号的分析方法、基于心理测量数据的分析方法、基于外显行为的分析方法是目前常用的情感识别方法，情感不仅能够影响信息加工的发动、干扰和结束，还能影响注意、记忆、思维等认知活动。最后，对 CNN 的优点、结构和训练过程进行介绍，CNN 具有权值共享、局部连接、端到端的处理方式等优点，通常包括输入层、卷积层、池化层、全连接层和输出层，训练过程则包括信号正向传播和误差反向传播两个过程。本章为后续研究的顺利开展奠定了坚实的基础。

第 三 章

学习画面与学习者表情图像数据库的构建

卷积神经网络需要大量甚至海量数据来驱动模型训练，否则便有极大可能陷入"过拟合"的窘境，并且训练样本的数量和质量将直接决定卷积神经网络的性能和泛化能力。学习画面的视觉情感识别和学习者的学习情感识别离不开学习画面图像数据库和学习者表情图像数据库的支撑。目前，未见学习画面图像数据库的相关研究，已知面部表情图像数据库的样本数量普遍较少，并且被试多为成年人和外国人，很难满足深度学习和实际应用的需求。由于隐私保护等原因，也较难获得其他机构或单位的面部表情数据库。建立学习画面图像数据库和学习者表情图像数据库并对数据库中图像进行人工标注，是实现学习画面情感识别和学习者情感识别的基础，同时也对学习画面和面部表情的相关研究具有推动作用。因此，本书选择自主建设大规模学习画面图像数据库和学习者表情图像数据库。本章将对建设过程及建设过程中的关键问题进行阐述。

第一节 学习画面的情感概述

第二章第二节已对情感的类型及其表示方法进行了介绍，学习画面多属于计算机生成或合成图像，其本质是由文本、图形、图像、视频、动画等媒体形式组成的多媒体画面图像。图像的情感是指观察者接受图像的视觉刺激后产生的内心体验和外部表现，相比人类情感，范围小但更具体。毛峡等用 7 对反义词对图像的情感进行描述，分别是单调—杂乱、喧闹—安静、沉闷—欢快、俗气—大方、颓废—振奋、不自然—自然、不美—美[①]。王伟凝等将图像情感分为静态和动态两类[②]。于瀛等也采用此种分类方法[③]。呼克佑等将服装图像的情感分为成熟和清纯两类[④]。黄崑等提出自下而上、通用的三层结构对图像的情感特征进行分类，其中温暖的/寒冷的属于物理感觉层，愉快的/忧伤的、激动的/平静的、紧张的/放松的属于情绪反应层，美丽的/丑陋的、喜欢的/讨厌的属于审美偏好层[⑤]。张海波等使用强烈的—柔和的、温暖的—凉爽的、华丽的—简约的、高雅的—朴素的、张扬的—文静的、厚重的—轻薄的、丰富的—纯净的 7 组词汇对面料图像的情感进行描述[⑥]。

起初李海芳等将图像情感分为恐惧、悲伤、高兴和厌恶，后来将图像情感分为喜、怒、哀、惊、爱、恶、欲、中性 8 种类型[⑦]。刘全中等以颜色特征为主要分类依据，将天气图像情感分为高兴的、惊讶的、恐惧的、悲伤的 4 类[⑧]。相洁等采用愉悦度、唤醒度、优势度 3 个维度标注图像的情感信息[⑨]。郭翠英等将图像情感分为活跃的、强烈的、浪漫的、有节奏的、美丽的、动人的、帅气的、可爱的、活泼的 9 种类型[⑩]。王莉也采用了此种分类方法[⑪]。刘增容等使用愉快、惊讶、恐惧、悲伤、愤怒和

[①] 毛峡、丁玉宽、牟田一弥：《图像的情感特征分析及其和谐感评价》，《电子学报》2001 年第 S1 期。

[②] 王伟凝、余英林、张剑超：《基于线条方向直方图的图像情感语义分类》，《计算机工程》2005 年第 11 期。

[③] 于瀛、陈勇：《基于曲率方向特征的图像情感语义分类》，《计算机系统应用》2009 年第 2 期。

[④] 呼克佑、贺静、焦丽鹏：《基于特征融合的图像情感语义分类》，《计算机工程与应用》2008 年第 20 期。

[⑤] 黄崑、赖茂生：《图像情感特征的分类与提取》，《计算机应用》2008 年第 3 期。

[⑥] 张海波、黄铁军、修毅等：《基于颜色和纹理特征的面料图像情感语义分析》，《天津工业大学学报》2013 年第 4 期。

[⑦] 李海芳、焦丽鹏、陈俊杰等：《情感语义图像检索技术研究》，《计算机工程与应用》2006 年第 18 期。

[⑧] 刘全中、王吉军：《基于多分类 SVM 的图像情感分类研究》，《大连工业大学学报》2008 年第 4 期。

[⑨] 相洁、陈俊杰：《基于本体的图像情感语义识别研究》，《计算机工程与应用》2008 年第 27 期。

[⑩] 郭翠英、李海芳：《利用模糊认知度从图像纹理中提取情感语义》，《计算机工程与应用》2009 年第 33 期。

[⑪] 王莉：《基于 FRD 的图像纹理情感语义提取》，《计算机工程》2009 年第 20 期。

期望来对图像的情感进行描述[①]。刘瑞梅、孟祥增使用相对独立的 12 个情感词：温馨、欢快、活泼、搞笑、夸张、凄凉、枯燥、沉闷、繁乱、虚幻、惊险和恐怖，对多媒体画面图像的情感加以描述[②]。王上飞等针对风景图片的情感，用 18 对形容词组进行评价，如表 3—1 所示；针对服装图片的情感，用 15 对形容词组进行评价，如表 3—2 所示[③]。

表 3—1　　　　　　　形容词组（针对风景图片）

1. 喜欢的—不喜欢的	7. 温馨的—清凉的	13. 印象深刻的—平淡的
2. 美丽的—丑陋的	8. 明亮的—阴暗的	14. 轻松愉快的—压抑的
3. 协调的—不协调的	9. 柔和的—不柔和的	15. 富于变幻的—单调的
4. 浪漫的—不浪漫的	10. 整齐的—杂乱的	16. 充满生机的—荒凉的
5. 舒适的—不舒适的	11. 清晰的—模糊的	17. 视野宽广的—狭窄的
6. 热烈的—冰冷的	12. 宁静的—不宁静的	18. 暖色调的—冷色调的

表 3—2　　　　　　　形容词组（针对服装图片）

1. 含蓄的—热情的	6. 繁乱的—简洁的	11. 成熟的—清纯的
2. 呆板的—活泼的	7. 柔美的—干练的	12. 亲近的—华贵的
3. 质朴的—艳丽的	8. 知性的—野性的	13. 沉闷的—清新的
4. 稳重的—前卫的	9. 动感的—恬静的	14. 俗丽的—高雅的
5. 飘逸的—厚重的	10. 神秘的—明朗的	15. 清凉的—温暖的

意大利学者卡洛·科伦坡等使用愉快、紧张、放松、动感等词汇对图像的情感进行描述[④]。日本学者吉田香织等选取 10 个常用形容词对图

[①] 刘增荣、余雪丽、李志：《基于特征融合的图像情感语义识别研究》，《太原理工大学学报》2012 年第 5 期。

[②] 刘瑞梅、孟祥增：《基于深度学习的多媒体画面情感分析》，《电化教育研究》2018 年第 1 期。

[③] 王上飞、陈恩红、汪祖媛等：《基于支持向量机的图像情感语义注释和检索算法的研究》，《模式识别与人工智能》2004 年第 1 期。

[④] Carlo Colombo, Alberto Del Bimbo and Pietro Pala, "Semantics in Visual Information Retrieval", *IEEE MultiMedia*, Vol. 6, No. 3, August 1999, pp. 38–53.

画的情感进行描述，10 个形容词分别为：温馨的、柔和的、自然的、明亮的、漂亮的、高雅的、逼真的、传统的、华丽的和动感的①。曹建芳等研究者将自然风景图像的情感分为自然的、浪漫的、柔和的、轻松的、充满活力的、有益健康的和富于变化的②。美国学者约瑟夫·米克尔斯等将国际情绪图片系统（International Affective Picture System，IAPS）中 394 幅图像的情感进行人工标注，并将情感分为恐惧、厌恶、悲伤、愤怒、惊叹、兴奋、满足和娱乐③。

通过对图像情感相关研究的梳理发现，目前尚未形成统一的图像情感描述模型，研究者多从自身研究领域出发，对普通图像、风景图像、天气图像、服装图像、面料图像、多媒体画面图像等图像的情感进行描述。智慧学习环境中的学习画面多属于计算机生成或合成图像，不同于拍摄类自然图像，往往蕴含着设计者或开发者想要表现的情感。

学习画面的情感是学习者在观看学习画面后引起的与学习内容无关的某些内心体验和相应的外部表现，简单来说就是学习者接受学习画面的视觉刺激后可能产生的直观感受。本书根据学习画面对学习者学习兴趣、心理感受和精神状态造成的影响，首先让 156 名教育技术学专业本科生提交图像情感描述词，共收集 52 个图像情感描述词；然后从中选出词频较高的 28 个词；再将意义相同但表述不同的词进行合并，并咨询相关领域学者，将较少出现或主观性太强的词删除；最后得到 14 个相对独立的情感词，分别为温馨、欢快、活泼、搞笑、夸张、幽默、有趣、凄凉、枯燥、沉闷、繁乱、虚幻、惊险和恐怖。本书利用这 14 个情感词将学习画面图像的情感分为 14 类，每种情感按强度由弱到强分为 6 级，其中 0 级最弱，5 级最强。但需指出，学习画面的情感并不是非此即彼，而有可能同时蕴含多种情感。因此，本书提出学习画面图像的情感描述模

---

① Kaori Yoshida, Toshikazu Kato and Torao Yanaru, "Image Retrieval System Using Impression Words", paper delivered to 1998 IEEE International Conference on Systems, Man, and Cybernetics, sponsored by the IEEE, San Diego, California, October 14-14, 1998.

② Jianfang Cao and Lichao Chen, "Fuzzy Emotional Semantic Analysis and Automated Annotation of Scene Images", *Computational Intelligence and Neuroscience*, Vol. 2015, March 2015.

③ Joseph A. Mikels, Barbara L. Fredrickson, Gregory R. Larkin, et al., "Emotional Category Data on Images from the International Affective Picture System", *Behavior Research Methods*, Vol. 37, No. 4, November 2005, pp. 626-630.

型，如图 3—1 所示。

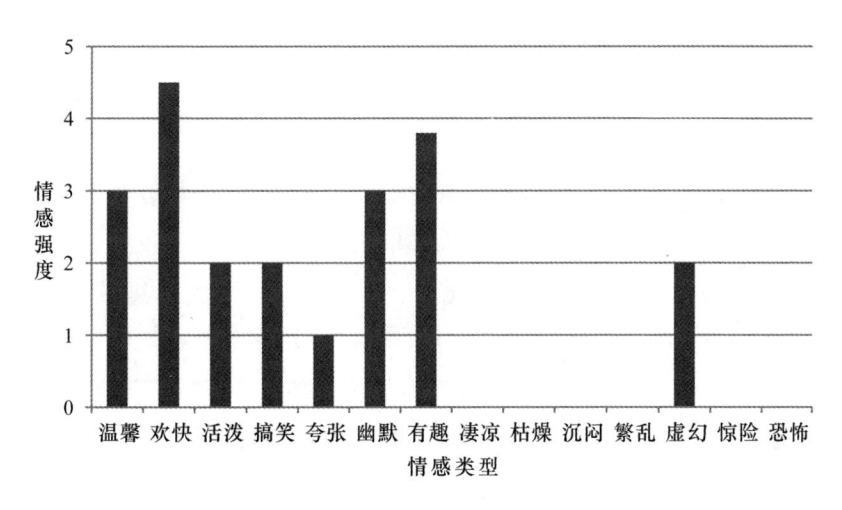

图 3—1　学习画面情感描述模型

横坐标为情感类型，依次为温馨、欢快、活泼、搞笑、夸张、幽默、有趣、凄凉、枯燥、沉闷、繁乱、虚幻、惊险和恐怖。纵坐标为情感强度，每幅学习画面图像的情感可用 14 种情感类型和 6 种情感强度来进行描述。

第二节　学习画面图像数据库

一　学习画面的类型

严格意义上，智慧学习环境 2012 年才被提出，目前智慧学习环境中的学习画面鲜有学者提及和研究。笔者先后实地考察 3 所大学、2 所中学和 1 所小学的智慧教室、智慧实验室、智慧学习中心等典型智慧学习环境，并与教师、学习者沟通交流，认为可从学段、学科、资源类型、知识类型、情感类型 5 个角度对学习画面的类型进行划分。

智慧学习环境中的学习画面不仅支持狭义学习者在校阶段的日常学习，也支持广义学习者离校后的终身学习。因此，按学段可将学习画面的类型分为学前类、小学类、中学类、大学类和继续教育类。学前阶段的学习画面通常较为简单，多以图形、图像、动画为主，而较少出现文字。小学、中学阶段的学习画面较为相似，也相对多样，因呈现内容的不同而有所差异。大学、继续教育阶段的学习画面极为相似，基本以文字、图像为主，动画则较为少见。显然，这与不同年龄阶段学习者的兴趣爱好、认知风格和认知能力有关。

无论是小学、中学，还是大学、继续教育，学习者都要学习不同科目的知识。小学、中学，需要学习的科目相对较少，以语文、数学、英语、政治、地理、历史、物理、化学、生物为主。而大学因一级学科、二级学科划分的原因，不同专业需要学习的科目相差甚远。继续教育则更加灵活，学习者所学科目可根据自身学习兴趣、学习需求等自主选择。因此，为便于分析和比较，本书将学习画面按学科划分为几大类：人文类、理工类、艺术类、技能类和素养类。语文、历史、政治、教育学、法学等科目或专业的学习画面多为人文类；数学、物理、化学、生物、天文学、海洋科学等科目或专业的学习画面多为理工类；美术、音乐、舞蹈学、戏剧学、艺术设计等科目或专业的学习画面多为艺术类；通用技术、焊接、烹饪、汽修、美容、美发等科目或专业的学习画面多为技能类；仁、义、礼、智、信等传统文化教育，爱国、敬业、诚信、友善等社会主义核心价值观教育，学习画面多为素养类。

为便于后续研究和分析，学习画面按资源类型划分较细，本书探索性地将学习画面按照资源类型分为15类：教师、教师和教学内容、多媒体PPT、文本、图像或绘画、播放视频、播放动画、播放声音、交互VR、操作界面、网络课程、试卷测试、在线交流、实验实训和课外活动。教师指画面中仅有教师，典型的以教为主的教学形式，类似于主持人播报新闻。教师和教学内容指画面中既有教师，也有教学内容，例如教师借助黑板或者白板进行教学。多媒体PPT是指PowerPoint、Focusky、Smart-ppt等软件制作的演示文稿的播放页面。文本指以word、txt等方式呈现学习内容的画面。图像或绘画较为容易理解，多出现于美术学、绘画、艺术设计等科目或专业。播放视频指较难分为其他类型的视频镜头画面。播放动画是指Flash、SimpleSVG、ComicStudio等软件所制作动画的播放画面。播放声音指学习画面中没有任何内容或仅有简单的图像，学习者通过音频接收学习内容，多出现于英语听力练习。交互 VR 是指虚拟现实类型学习资源的画面截图。操作界面是指教师操作 Dreamweaver、Photoshop、Illustrator、SPSS 等软件进行演示的画面。网络课程指 MOOC、SPOC 等教学资源的截图，是智慧学习环境中支持学习者学习的重要资源，既包括页面中央的视频区域，也包括页面中的其他教学区域。在线交流指即时或延时交流页面的截图，例如 MOOC 的交流区、答疑区、讨论区等。实验实训指呈现实验实训的画面，课外活动则指呈现课外活动的画面。需要指出，上述分类虽不完善，但对后续研究的顺利开展具有重要价值，并可为其他学者的相关研究提供借鉴和参考。

1996 年联合国经济合作和发展组织（Organisation for Economic Co-operation and Development，OECD）在《以知识为基础的经济》专题报告中根据知识存在的形态及特征，将知识分为四种类型：知道是什么的知识，即事实知识，是指事实方面的知识；知道为什么的知识，即原理知识，是指自然原理和规律方面的科学理论；知道怎么做的知识，即技能知识，是指做某些事情的技艺和能力；知道是谁的知识，即人际知识，涉及谁知道和谁知道如何做某些事的知识。因此，本书将学习画面按照 OECD 提出的知识类型分为 4 类：事实知识类、原理知识类、技能知识类和人际知识类。

学习画面按本章第一节所述情感类型可分为：温馨类、欢快类、活泼类、搞笑类、夸张类、幽默类、有趣类、凄凉类、枯燥类、沉闷类、繁乱类、虚幻类、惊险类和恐怖类。

二 学习画面图像采集

目前，虽有研究者对数字学习环境中的学习画面进行研究，但学习画面图像数据库却未见文献提及。标注情感类型及强度的学习画面图像数据库是实现学习画面情感识别的前提，也是对学习画面情感进行分析的基础。因此，本书选择自主建设大规模学习画面图像数据库，并对每幅学习画面图像的情感及强度进行人工标注。

（一）采集工具

本书采用两种方式对学习画面图像进行采集，首先通过网络爬虫下载互联网中的学习画面图像,然后根据本章第二节对学习画面的分类,有针对性地通过屏幕截图程序采集学习画面图像。本书选择菌果果百度图片下载器、木石百度图片采集器和谷歌浏览器插件"Fatkun 图片批量下载"等网络爬虫作为采集工具,下载互联网中的学习画面图像。菌果果百度图片下载器支持关键词搜索,能够自定义图片下载的数量,可根据图片的尺寸、种类、类型、颜色进行下载。木石百度图片下载器能够自动搜索关键词对应的图片,能够筛选图片的尺寸、颜色和类型。两款采集工具操作均较为简单,首先设置图片保存的路径和筛选条件,然后输入关键词,最后点击搜索或下载即可。

"Fatkun 图片批量下载"是一款免费的谷歌浏览器插件,能够找出谷歌浏览器当前页面中的全部图片,而且可以根据图片分辨率、链接等对图片进行筛选,也可以自由点选。具体操作方法为:首先在谷歌浏览器上安装"Fatkun 图片批量下载"插件,安装完成后,在任意网页点击工具栏中的插件图标,便会询问要下载所有标签页中的图片还是仅下载当前标签页中的图片,也可以使用 Alt + Z 快捷键快速抓取当前标签页中的图片,最后点击"保存图片"便可下载所选择的图片。

通过屏幕截图程序采集学习画面图像,顾名思义屏幕截图程序即为采集工具。屏幕截图程序使用编程语言 C + + 在软件 Visual Studio 2010 下编写,界面如图 3—2 所示。

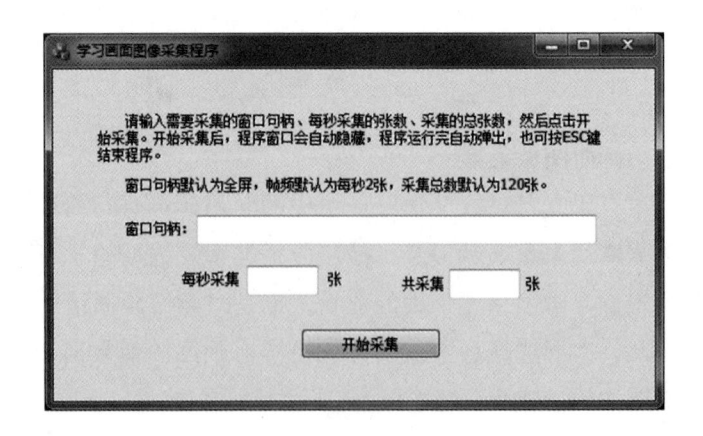

图 3—2 屏幕截图程序

如图 3—2 所示，屏幕截图程序较为简单，输入需要采集的窗口句柄、每秒采集的张数、采集的总张数等信息后，点击"开始采集"按钮便可采集指定窗口句柄的图像。窗口句柄默认是整个屏幕，帧频默认为每秒 2 张，采集总数默认为 120 张。开始采集后，屏幕截图程序会自动隐藏，当程序运行完会再自动弹出，以避免遮挡需要采集的图像。程序实现较为简单，基本思路为首先获取整个屏幕或指定窗口句柄图像，然后转为 OpenCV 的 IplImage 格式，再后将 IplImage 格式转为 Mat 格式，最后利用 OpenCV 的 imwrite（ ）函数将其保存为 JPG 格式图像，本书不再赘述。

（二）采集过程

1. 通过网络爬虫下载互联网中的学习画面图像

首先确定搜索关键词，实验室成员每人提供 5 个与智慧学习环境中学习画面相关的词语。然后集体讨论，并最终确定搜索关键词。其次采用菌果果百度图片下载器、木石百度图片采集器、"Fatkun 图片批量下载"插件作为下载工具，以确定的词语为搜索关键词进行搜索。最后，下载搜索到的图片。整个过程持续近 2 个月的时间。

2. 通过屏幕截图程序采集学习画面图像

首先将通过网络爬虫下载的学习画面图像进行粗略分类，查看每种类型学习画面图像的数量，明确数量较少或没有的学习画面类型。其次根据缺少学习画面图像的类型，去查找相应学段、学科、资源类型、知识类型和情感类型的资源。最后，将查找到的资源通过屏幕截图程序保存为 JPG 格式图像。整个过程持续近 1 个月的时间。

通过上述两种方法共采集学习画面图像 189673 幅，其中存在相同或相近的图像，并且部分图像与本书无关。因此，需要对原始学习画面图像数据库中的图像进行筛选。筛选后，再由实验室成员挑选出具有代表性的学习画面图像，最终形成拥有 17456 幅图像的学习画面图像数据库。

（三）学习画面图像的编码

信息编码是将事物或概念（编码对象）赋予具有一定规律、易于计算机和人识别处理的符号，形成代码元素集合。信息编码的主要作用是标识、分类与参照。信息编码需要遵守科学性、系统性、可拓延性和规范性的原则，常用的方法有顺序码、无序码、缩写码、层次码、矩阵码、并置码、组合码等。编码具有唯一性，即每个编码对象有且仅有一个代码与之对应。本书采用数字格式、固定长度、顺序递增的并置码对学习画面图像进行编码。代码段构成如图3—3所示。

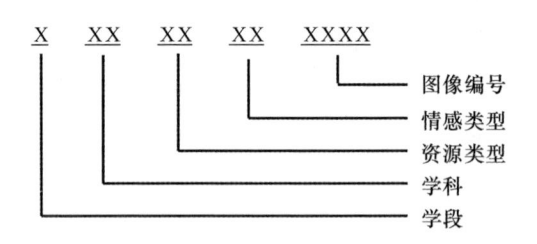

```
X   XX   XX   XX   XXXX
│    │    │    │     │
│    │    │    │     └── 图像编号
│    │    │    └──────── 情感类型
│    │    └───────────── 资源类型
│    └────────────────── 学科
└─────────────────────── 学段
```

图3—3　学习画面图像编码的结构

每幅学习画面图像的编码规则为学段1位，学科2位，资源类型2位，情感类型2位，图像编号4位，其中情感类型统一用00表示，例如10203001234.jpg。学段的编码格式为：1表示学前，2表示小学，3表示中学，4表示大学，5表示继续教育。学科编码格式为：01表示人文，02表示理工，03表示艺术，04表示技能，05表示素养。资源类型编码格式为：01表示教师，02表示教师和教学内容，03表示多媒体PPT，04表示文本，05表示图像或绘画，06表示播放视频，07表示播放动画，08表示播放声音，09表示交互VR，10表示操作界面，11表示网络课程，12表示试卷测试，13表示在线交流，14表示实验实训，15表示课外活动。学习画面图像数据库中图像数量的统计结果如表3—3所示。

表3—3　　　　学习画面图像数据库图像数量统计结果

类型	学前	小学	中学	大学	继续教育	总数
数量	2973	3367	5137	4098	1881	17456
类型	人文	理工	艺术	技能	素养	总数
数量	5492	6326	3003	709	1926	17456
类型	多媒体PPT	图像绘画	动画	网络课程	其他类型	总数
数量	6363	4636	2124	3118	1215	17456

如表3—3所示，从学段来看，中学和大学阶段的学习画面图像数量最多，继续教育阶段的学习画面图像数量相对较少。因为目前智慧学习环境主要面向狭义学习者的在校教育，支持继续教育，促进学习者的终身学习将是智慧学习环境未来的发展方向。从学科来看，理工类和人文类的学习画面图像数量最多，而技能类的学习画面图像数量相对较少。目前，中小学主要学习语文、政治、历史等人文类科目以及数学、物理、化学等理工类科目，其他科目占比较小。大学阶段哲学、教育学、文学、新闻传播学等人文类专业，化学、物理学、生物学等理工类专业开设较多，而其他专业相对较少。这使得人文类、理工类的学习画面图像数量多于技能类和素养类。从资源类型来看，多媒体PPT、图像或绘画、网络课程类型的学习画面图像数量较多，而其他类型相对较少。这与智慧学习环境中数字化学习资源的类型有关，网络课程、多媒体PPT是目前智慧学习环境中支持学习者学习的主要资源。总的来看，学习画面图像数据库涵盖了不同学段、学科、资源类型和情感类型的学习画面图像，并且数量较多，具有实际应用价值。

三 学习画面图像情感标注

由于学习画面图像数据库中的学习画面图像并未标注情感类型及强度，因此需要进行人工标注，以便支持后续研究的顺利开展。

（一）标注工具

为方便标注，笔者设计并开发了学习画面情感人工评估系统。开发工具为Dreamweaver CS6，编程语言为ASP（Active Server Pages），数据库管理系统为Access 2010。该系统的设计思路和功能实现较为简单，本书不再赘述。标注者首先选择需要标注的学段、学科和资源类型；其次点击"显示"按钮，页面中央会随机显示符合标注者所选择的学段、学科以及资源类型的学习画面图像；再次标注者浏览学习画面图像，并从主题清晰、布局美观、色彩和谐、文字协调4个方面对学习画面的艺术特征进行评价，为缓解标注者的标注压力，强度仅分为4级，0级最弱，3级最强，默认为0级；最后，对学习画面的情感及强度进行标注，仍然是0级最弱，表示没有，3级最强，默认为0级。每幅学习画面图像可能具有多种情感类型，因此，标注者需要标注他认为可能存在的所有情感及其强度。标注完成后，点击"提交"按钮，所标注的数据会保存到服务器端的数据库中。同时，页面中央会根据标注者之前选择的学段、学科和资源类型随机显示下一幅学习画面图像，标注者可以继续标注，也可以选择其他学段、学科、资源类型的学习画面图像进行标注。学习画面情感人工评估系统如图3—4所示。

图3—4 学习画面情感人工评估系统

服务器端数据库将会记录3部分信息：第一，标注者对学习画面图像艺术特征（主题清晰、布局美观、色彩和谐、文字协调）的标注结果；第二，标注者对学习画面图像情感（温馨、欢快、活泼、搞笑、夸张、幽默、有趣、凄凉、枯燥、沉闷、繁乱、虚幻、惊险、恐怖）及强度的标注结果；第三，标注者的相关信息（IP地址、提交时间）。

（二）标注过程

整个标注过程分为两个阶段，第一个阶段由志愿者进行标注，但发现标注速度较慢，且难以保证标注质量。因此第二阶段采用付费的形式由15名标注者完成，其中5名研究生，10名本科生。为保证标注的质量和速度，每名标注者可按照所标注学习画面图像的数量和质量获得一定的报酬。首先对15名标注者进行培训，说明标注方法和标准，并进行试标注。试标注阶段每名标注者标注50幅学习画面图像，标注者在标注过程中若遇到困难或疑问，将由实验室成员给予及时帮助和解答。试标注完成后，实验室成员检查每名标注者的标注结果并指出其中存在的问题，针对较为集中的问题再次进行集中培训。然后开始正式标注，为不占用标注者过多学习时间，也尽可能使标注时间集中，正式标注利用暑假完成。标注的数据将保存到服务器端的数据库中，如图3—5所示。

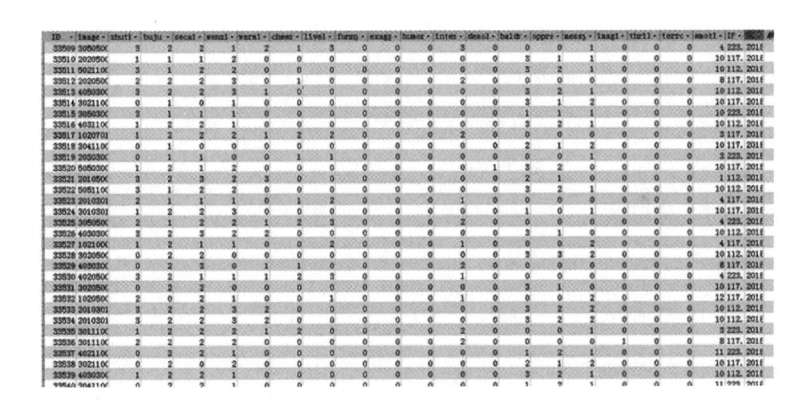

图3—5　学习画面情感标注数据库

因标注者可自由选择学段、学科和资源类型，并且随机显示符合条件的学习画面图像，为防止部分图像标注次数过多，而部分图像标注次数过少，笔者每隔一定时间屏蔽标注超过10次的学习画面图像，使所有学习画面图像的标注次数尽可能均衡。正式标注完成后，平均每幅学习画面图像由8—12人次标注，取每种情感强度的平均值作为此幅学习画面图像各情感的强度，计算方法如公式3.1所示。

$$ES_{ij} = \frac{\sum_{t=1}^{N} ES_{ijt}}{N} \qquad (3.1)$$

公式3.1中，ES_{ij} 表示第 i 幅学习画面图像第 j 种情感的强度，其中 $1 \leqslant i \leqslant 17456$，$1 \leqslant j \leqslant 14$；$ES_{ijt}$ 表示第 i 幅学习画面图像第 j 种情感第 t 次标注标注者所标注的强度，N 表示第 i 幅学习画面图像的标注次数。

第三节 学习者的学习情感概述

第二章第二节对情感的类型及其表示方法进行了介绍，本章第一节对学习画面图像的情感进行了阐述，学习者情感是指学习者的学习情感，即学习者在学习过程中表现出的情感状态，虽具有人类情感的普遍特性，但又具有其独特性。解迎刚和王志良通过对学习者学习情感的大量观察研究，基于维度情感论构建了学习者的三维情感空间，3个维度分别是愉快维（愉快—不愉快）、兴趣维（有兴趣—没兴趣）和唤醒维（睡眠—紧张），即他们认为远程教育中常见的学习情感主要有愉快、不愉快、有兴趣、没兴趣、睡眠、紧张6种[1]。詹泽慧在基于智能代理（Agent）的远程学习者情感与认知识别模型研究中，采用了解迎刚和王志良提出的6种学习情感[2]。魏刃佳等则采用保罗·埃克曼的基本情感理论，认为学习者的学习情感包括高兴、惊讶、悲伤、愤怒、恐惧、厌恶6种[3]。孙波等借鉴 E-Learning 和远程学习中学习者情感的相关研究，并考虑智慧学习环境的特点，认为智慧学习环境中学习者的学习情感主要有高兴、惊讶、厌倦、困惑、疲劳、专注、自信7种[4]。刘永娜依据文献调研及课堂视频分析，提出学习者的学习情感主要包括高兴、惊奇、自信、厌烦、困惑、

---

[1] 谢迎刚、王志良：《远程教育中情感计算技术》，机械工业出版社2011年版，第56—57页。

[2] 詹泽慧：《基于智能 Agent 的远程学习者情感与认知识别模型——眼动追踪与表情识别技术支持下的耦合》，《现代远程教育研究》2013年第5期。

[3] 魏刃佳、丁亦喆、张莉等：《在线学习系统中情感识别模块的设计与实现》，《现代教育技术》2014年第3期。

[4] 孙波、刘永娜、陈玖冰等：《智慧学习环境中基于面部表情的情感分析》，《现代远程教育研究》2015年第2期。

挫败、疲惫、专注、走神 9 种[①]。汪亭亭等基于网络学习的特点，定义了专注、疲劳和中性 3 种与学习相关的情感[②]。杨金朋等将在线学习者的学习情感分为开心、悲伤、惊讶、害怕、生气/愤怒、中性 6 种[③]。梅英等在借鉴既有研究，并考虑网络学习环境特点的基础上，初步归纳出高兴、自豪、兴奋、热情、满足、感激、轻松、冷静、愤怒、焦虑、自卑、厌倦、沮丧、失落、羞愧、倦怠 16 种学习情感[④]。

美国学者西德尼·德梅洛等认为学习者在学习过程中常出现的情感包括厌倦、投入（专注）、困惑、沮丧、焦虑、好奇、高兴、惊喜 8 种[⑤]。德国学者赖因哈德·佩克伦等通过 5 个定性研究，认为常见的学业情感有 9 种，分别是享受、希望、自豪、宽慰、愤怒、焦虑、羞耻、绝望和无聊[⑥]。澳大利亚学者克里·奥雷根认为在线学习中学习者常出现的学习情感有沮丧、恐惧—焦虑—担心、羞愧—尴尬、热情—兴奋、自豪[⑦]。整理归纳后，国内外研究者对学习者学习情感的类型划分如表 3—4 所示。

如表 3—4 所示，虽然研究者对学习者学习情感的划分并不一致，但多是在保罗·艾克曼六种基本情感理论的基础上进行研究的。笔者先后多次到济南市 3 所中小学和 2 所高校的智慧教室、智慧实验室参观和听课，通过对各学段学习者表情的观察和访谈，并借鉴既有研究，认为智慧学习环境中学习者的学习情感主要有常态、高兴、愤怒、悲伤、惊恐、专注、走神 7 种类型。其中常态、高兴、专注、走神较为常见，愤怒、

[①] 刘永娜：《学习环境中基于面部表情的情感识别》，博士学位论文，北京师范大学，2015 年，第 27 页。

[②] 汪亭亭、吴彦文、艾学轶：《基于面部表情识别的学习疲劳识别和干预方法》，《计算机工程与设计》2010 年第 8 期。

[③] 杨金朋、薛耀锋、李佳璇等：《基于人脸表情识别的在线学习情感计算研究》，《中国教育技术装备》2017 年第 18 期。

[④] 梅英、谭冠政、刘振焘：《面向智慧学习环境的学习者情感预测方法》，《计算机辅助设计与图形学学报》2017 年第 2 期。

[⑤] Sidney D'Mello and Art Graesser, "Dynamics of Affective States during Complex Learning", *Learning and Instruction*, Vol. 22, No. 2, April 2012, pp. 145 – 157.

[⑥] Reinhard Pekrun, Thomas Goetz, Wolfram Titz, et al., "Academic Emotions in Students' Self-Regulated Learning and Achievement: A Program of Qualitative and Quantitative Research", *Educational Psychologist*, Vol. 37, No. 2, June 2002, pp. 91 – 105.

[⑦] Kerry O'Regan, "Emotion and E-Learning", *Journal of Asynchronous Learning Networks*, Vol. 7, No. 3, September 2003, pp. 78 – 92.

悲伤、惊恐出现较少，但客观存在。

表3—4　　　　　　　研究者对学习者情感的类型划分

研究者	学习者的学习情感类型
谢迎刚等	愉快、不愉快、有兴趣、没兴趣、睡眠、紧张
詹泽慧	愉快、不愉快、有兴趣、没兴趣、睡眠、紧张
魏刃佳等	高兴、惊讶、悲伤、愤怒、恐惧、厌恶
孙波等	高兴、惊讶、厌倦、困惑、疲劳、专注、自信
刘永娜	高兴、惊奇、自信、厌烦、困惑、挫败、疲惫、专注、走神
汪亭亭等	专注、疲劳、中性
杨金朋等	开心、悲伤、惊讶、害怕、生气/愤怒、中性
梅英等	高兴、自豪、兴奋、热情、满足、感激、轻松、冷静、愤怒、焦虑、自卑、厌倦、沮丧、失落、羞愧、倦怠
西德尼·德梅洛等	厌倦、投入（专注）、困惑、沮丧、焦虑、好奇、高兴、惊喜
雷因哈德·佩克伦等	享受、希望、自豪、宽慰、愤怒、焦虑、羞耻、绝望、无聊
克里·奥雷根	沮丧、恐惧—焦虑—担心、羞愧—尴尬、热情—兴奋、自豪

第四节　学习者表情图像数据库

一　现有面部表情数据库

情感主要有3种成分：主观体验、外部表现和生理唤醒，其中外部表现包括面部表情、身体姿态和语气声调等。面部表情是指通过眼部肌肉、颜面肌肉和口部肌肉的变化来表现各种情感状态，是识别情感的重要手段。由于面部表情数据库可为表情识别提供重要支撑，因此科研院所和商业机构都进行了相关研究。现有面部表情数据库主要分为三类：其一是基于保罗·埃克曼6种基本情感的面部表情数据库；其二是采用保罗·埃克曼提出的面部运动编码系统（Facial Action Coding System，FACS）进行编码的面部表情数据库；其三是根据自身研究需要构建的面部表情数据库[1]。

---

[1] 毛峡、薛雨丽：《人机情感交互》，科学出版社2011年版，第39—40页。

（一）基于 6 种基本情感的面部表情数据库

日本女性面部表情（Japanese Female Facial Expression，JAFFE）数据库由日本国际电气通信基础技术研究所建设，数据库中共有 213 幅图像[1]。被试为 10 名日本女性，每名被试表现 7 种情感（6 种基本情感和常态），每种情感采集 2—4 幅面部表情图像，所有图像的分辨率均为 256×256 像素。美国马里兰大学的面部表情数据库包括 40 名被试表现的 6 种基本情感的图像序列，每个图像序列持续约 9 秒，并表现 1—3 种情感类型[2]。40 名被试来自不同的民族，并且文化背景不尽相同。伊朗谢里夫理工大学的 DML-SUT 面部表情数据库由 380 段可见光和红外视频组成[3]，被试为 10 名，每名被试需要表现 7 种情感（6 种基本情感和常态）。德国慕尼黑理工大学的 FG-NET 面部表情数据库包括 18 名被试表现的 7 种面部表情（6 种基本情感和常态）的图像序列[4]，所采集图像的原始尺寸为 640×480 像素，为便于存储，图像被压缩为 8 位 JPEG 格式，并且尺寸变为 320×240 像素。被试年龄跨度较大，包括婴儿、青年、中年和老年，数据库中既有彩色图像，也有黑白图像。荷兰代尔夫特理工大学的 MMI 面部表情数据库由 500 幅静态图像和 2000 段视频组成[5]，50 名被试来自不同的民族，年龄在 19—62 岁，其中 44% 为女性，每名被试需要表现 6 种基本情感。纽约州立大学宾汉姆顿分校的 BU-3DFE 面部表情数据库

---

[1] Michael Lyons, Shigeru Akamatsu, Miyuki Kamachi, et al., "Coding Facial Expressions with Gabor Wavelets", paper delivered to Third IEEE International Conference on Automatic Face and Gesture Recognition, sponsored by the IEEE, Nara, Japan, April 14 - 16, 1998.

[2] Michael J. Black and Yaser Yacoob, "Recognizing Facial Expressions in Image Sequences Using Local Parameterized Models of Image Motion", International Journal of Computer Vision, Vol. 25, No. 1, October 1997, pp. 23 - 48.

[3] Bassir Morvarid, Facial Expression by Thermal Images, Ma. Sc. dissertation, Sharif University of Technology, 2006.

[4] Frank Wallhoff, Bjorn Schuller, Michael Hawellek, et al., "Efficient Recognition of Authentic Dynamic Facial Expressions on the Feedtum Database", paper delivered to 2006 IEEE International Conference on Multimedia and Expo, sponsored by the IEEE, Toronto, Canada, July 9 - 12, 2006.

[5] Maja Pantic, Michel Valstar, Ron Rademaker, et al., "Web-Based Database for Facial Expression Analysis", paper delivered to 2005 IEEE International Conference on Multimedia and Expo, sponsored by the IEEE, Amsterdam, Netherlands, July 6 - 6, 2005.

包括 100 名被试表现的 7 种面部表情（6 种基本情感和常态）的三维信息①。

五邑大学的 CED – WYU 面部表情数据库包括 11 名被试表现的 7 种面部表情（6 种基本情感和常态）图像，其中 5 名女性，6 名男性②。中国科学技术大学的 USTC – NVIE 面部表情数据库包括 3 种光照条件下 6 种基本情感的可见光图像和红外图像，被试数量超过 100 名，年龄在 17—31 岁③。

（二）采用 FACS 编码的面部表情数据库

美国卡内基梅隆大学的 CK 面部表情数据库包含了单一运动单元和复合运动单元共 23 种表情，被试数量为 210 名，年龄在 18—50 岁，其中 69% 为女性。但是，由于隐私协议，其他机构研究者仅能申请下载 97 名被试的 486 段面部表情图像序列，全部采用 FACS 进行编码④。2010 年卡内基梅隆大学发布 CK 面部表情数据库的升级版 CK + 面部表情数据库。CK + 数据库相比 CK 数据库，图像序列增加了 22%，被试增加了 27%，并进行了 AU 编码和验证研究⑤。

（三）其他面部表情数据库

英国中央兰开夏大学的 ADSIP 3 – D 动态面部表情数据库包括 10 名

---

① Lijun Yin, Xiaozhou Wei, Yi Sun, et al. , "A 3D Facial Expression Database for Facial Behavior Research", paper delivered to 7th International Conference on Automatic Face and Gesture Recognition, sponsored by the IEEE, Southampton, United Kingdom, April 10 – 12, 2006.

② Tang Jinghai, Ying Zilu and Zhang Youwei, "The Contrast Analysis of Facial Expression Recognition by Human and Computer", paper delivered to 8th International Conference on Signal Processing, sponsored by the IEEE, Beijing, China, November 16 – 20, 2006.

③ Shangfei Wang, Zhilei Liu, Siliang Lv, et al. , "A Natural Visible and Infrared Facial Expression Database for Expression Recognition and Emotion Inference", *IEEE Transactions on Multimedia*, Vol. 12, No. 7, November 2010, pp. 682 – 691.

④ Takeo Kanade, Jeffrey F. Cohn and Yingli Tian, "Comprehensive Database for Facial Expression Analysis", paper delivered to 4th IEEE International Conference on Automatic Face and Gesture Recognition, sponsored by the IEEE, Grenoble, France, March 28 – 30, 2000.

⑤ Patrick Lucey, Jeffrey F. Cohn, Takeo Kanade, et al. , "The Extended Cohn-Kanade Dataset (CK +): A Complete Dataset for Action Unit and Emotion-Specified Expression", paper delivered to 2010 IEEE Computer Society Conference on Computer Vision and Pattern Recognition – Workshops, sponsored by the IEEE, San Francisco, California, June 13 – 18, 2010.

被试表现的 7 种面部表情①。7 种表情为害怕、嫌恶、生气、高兴、惊讶、悲伤和疼痛，每名被试每种表情表现由弱到强的 3 种强度。

北京航空航天大学的 BHU 面部表情数据库，被试由年龄在 21—25 岁的 18 名女性和 14 名男性组成，共表现 18 种单一表情、3 种混合表情以及 4 种复杂表情②。清华大学的面部表情数据库包括 70 名被试三个视角的 1000 段表情视频，包括常见的 8 种情感类面部表情和中文语音表情③。8 种情感类面部表情为中性、大笑、微笑、吃惊、嫌恶、悲伤、愤怒和眨眼。中国科学院的 CAS-PEAL 面部表情数据库包括不同姿势、饰品、光照、背景、距离和时间的皱眉、惊讶、中性、微笑、闭眼、张嘴 6 种面部表情的图像④。

此外，耶鲁大学的 Yale 人脸数据库、普渡大学的 AR 人脸数据库、荷兰内梅亨大学的 RaFD 人脸数据库、韩国的 KFDB 人脸数据库、卡内基梅隆大学的 PIE 数据库等人脸数据库中也含有部分面部表情图像，但这些数据库的建立多是为了研究人脸检测，较难应用于面部表情识别。

二　面部表情图像采集

面部表情图像数据库按照被试表现表情的方式可分为"人为表情库"和"自发表情库"，人为表情库指被试按照语音或图像提示表现指定的表情类型及强度，自发表情库指通过图片、视频、音频等诱导素材诱使被试无意识地表现各种表情。本书所构建的学习者表情图像数据库属于人为表情库。自发表情库虽然更加真实，但表情和强度难以掌握，后期需要进行人工标注。标注者难以感受被试当时的内心体验，较难客观准确

---

① Charlie D. Frowd, Bogdan J. Matuszewski, Lik-Kwan Shark, et al., "Towards a Comprehensive 3D Dynamic Facial Expression Database", paper delivered to 9th WSEAS International Conference on Signal, Speech and Image Processing, and 9th WSEAS International Conference on Multimedia, Internet & Video Technologies, sponsored by the World Scientific and Engineering Academy and Society, Budapest, Hungary, September 3 - 5, 2009.

② 薛雨丽、毛峡、张帆：《BHU 人脸表情数据库的设计与实现》，《北京航空航天大学学报》2007 年第 2 期。

③ 吴丹、林学誾：《人脸表情视频数据库的设计与实现》，《计算机工程与应用》2004 年第 5 期。

④ 张晓华、山世光、曹波等：《CAS-PEAL 大规模中国人脸图像数据库及其基本评测介绍》，《计算机辅助设计与图形学学报》2005 年第 1 期。

地判断被试当时的表情及强度。即使是被试自己，也需要回忆当时诱导图片或视频的内容，以便判断当时的情感状态，这无疑使自发表情库的独特优点——真实性得到减弱。但不可否认，人为表情库客观存在被试刻意表现导致表情不真实的缺点。为弥补该问题，笔者在正式采集前，分组对被试进行培训，使他们能够尽量在自然状态下表现标准的各种表情及强度。每名被试每种表情需要表现 5 种强度，以贴近真实状态下的各种自发表情。

（一）被试及环境

被试为 70 名研究生，包括博士研究生和硕士研究生，其中 18 名男生，52 名女生，年龄在 20—29 岁。多数被试为汉族，少数被试为土家族、回族、苗族等少数民族。每名被试仅参加一次实验，以免出现重复数据。

由于本书建设的学习者表情图像数据库主要面向智慧学习环境，黄荣怀等学者曾指出智慧学习环境主要包括支持自主学习的智慧学习环境、支持协作学习的智慧学习环境、支持课堂学习的智慧学习环境和支持实践学习的智慧学习环境等。研究生多在宿舍进行自主学习，多在实验室进行研讨性学习，多在智慧教室进行课堂学习。因此，本书选择宿舍、实验室和智慧教室等作为主要的采集环境。

考虑到所构建的学习者表情图像数据库应具有自然真实性和实际应用性，本书的采集时间选在采用日光照明的白天和采用灯光照明的晚上，采集背景均为真实背景。被试的眼镜、帽子、耳钉、发卡和项链等配饰无须摘除，尽量使被试保持自主学习和协作学习时的自然状态和真实状态。

采集设备为 Kinect，Kinect 自带可上下移动的彩色摄像镜头，图像输出较为稳定并且帧频容易控制。其分辨率上限为 1280×1024 像素，本书采用的分辨率为 1280×960 像素。单人图像分辨率高于目前已知的其他面部表情数据库。

（二）采集工具

采集工具使用编程语言 C++在软件 Visual Studio 2010 下编写，程序界面如图 3—6 所示。

图 3—6 学习者学习表情图像采集程序

如图 3—6 所示，采集工具的操作较为简单，其中被试编号、表情强度、表情编码为必填项，帧频和采集总数则为选填项。然后点击"开始采集"按钮即可。表情强度由弱到强用 01—05 表示，表情编码用 01—07 表示，其中 01 表示常态，02 表示高兴，03 表示愤怒，04 表示悲伤，05 表示惊恐，06 表示专注，07 表示走神。

（三）采集过程

多人同时采集难免会彼此干扰，影响采集效果。因此，笔者安排未被采集或已采集的被试在休息室等待，仅有被叫到编号时再进入采集环境进行采集。首先，采集工具控制者根据被试的身高调整 Kinect 的高度和角度，该过程通过程序完成；然后，输入被试编号、表情强度和表情编码，帧频和采集图像总数采用默认数值，即每秒采集 6 幅图像，每次采集 5 秒，共 30 幅图像；最后，提醒被试需要表现的表情类型及强度，并开始采集被试面部表情图像。每次采集完成，采集工具控制者需要浏览所采集的图像，查看图像是否存在与被试所表现的表情类型及强度明显不符的情况。若存在，提醒被试并删除图像，重新采集。若正常，则继续采集。整个采集过程持续近 1 个月的时间。

每名被试需要表现常态、高兴、愤怒、悲伤、惊恐、专注、走神 7 种学习情感，每种情感由弱到强表现 5 种强度，每种强度采集 30 幅图像，最终形成拥有 73500（70×7×5×30）幅面部表情图像的学习者表情图像数据库，图像分辨率均为 1280×960 像素。

（四）学习者表情图像的编码

本书仍采用数字格式、固定长度、顺序递增的并置码对学习者表情图像进行编码。编码规则为被试编号 4 位，情感类型 2 位，情感强度 2 位，图像编号 4 位。采集的同时由采集程序自动标注每幅表情图像所表现的情感类型及强度，并以此命名该图像。例如 0001_02_03_0004.jpg，其中 0001 表示被试编号，02 表示被试所表现的情感类型，03 表示被试所表现情感的强度，0004 表示图像编号。

三　网络面部表情图像采集

智慧学习环境中的学习者既包括儿童、中小学生和大学生，也包括毕业后的成年人，年龄跨度较大，学习环境极为复杂。通过摄像头采集建设的学习者表情图像数据库里的被试年龄范围在 20—29 岁，且均为研究生，并不能代表智慧学习环境中的全部学习者。因采集过程耗时较长并且涉及隐私，去中小学采集中小学生的学习表情图像存在困难。因此，本书借助网络爬虫采集互联网中的学习者表情图像作为补充，以完善学习者表情图像数据库，使其更具实用性。

（一）采集工具

本书仍使用菌果果百度图片下载器、木石百度图片采集器、谷歌浏览器插件"Fatkun 图片批量下载"作为采集工具，本章第二节已对他们进行了详细介绍，本节不再赘述。

（二）采集过程

首先确定搜索关键词，实验室成员每人提供 10 个可能检索出学习者表情图像的词语。然后集体讨论，共同确定搜索关键词。例如小学生、中学生、大学生、研究生、课堂学习、在线学习等。再后采用菌果果百度图片下载器、木石百度图片采集器、"Fatkun 图片批量下载"插件作为下载工具，以确定的关键词为搜索关键词进行搜索。最后，下载搜索到的互联网图像。整个采集过程持续 7 天，共下载图像 77288 张。

（三）筛选与标注

通过粗略浏览，发现部分图像与本书的研究无关，需要删除。因此，笔者对下载的图像进行筛选。首先，通过自主编写的程序删除不能正常读取和尺寸较小的图像；其次，进行人脸检测，将提取的人脸图像保存到新文件夹中；最后，实验室成员逐张浏览，删除不相关或者分辨率较低的图像。经过筛选,共得到有效的学习者表情图像 11585 张。

由于下载的学习者表情图像并未标注情感类型,因此需要进行人工标注。人工标注由 6 人完成,其中 3 名本科生,3 名研究生。首先对 6 人进行培训,说明标注方法和标准,然后将 6 人随机分为 3 组。为保证情感标注的客观性和准确性,借鉴高考阅卷方法,首先由两人进行第一轮标注,若两人标注结果完全一致,则将标注结果作为最终结果。若两人标注结果不一致,则由第三人进行标注。若三个标注结果均不相同,则由实验室成员进行标注,以实验室成员标注为准。

标注完成后,将通过网络爬虫采集的学习者表情图像与通过 Kinect 采集的学习者表情图像结合,最终形成拥有 85085 幅图像的学习者表情图像数据库。学习者表情图像数据库中图像数量的统计结果如表 3—5 所示。

表 3—5　　学习者表情图像数据库图像数量统计结果

	常态	高兴	愤怒	悲伤	惊恐	专注	走神	总数
摄像头采集	10500	10500	10500	10500	10500	10500	10500	73500
网络爬虫采集	909	4592	658	756	677	2348	1645	11585

本章小结

本章首先梳理了图像情感的相关研究,提出学习画面情感主要包括温馨、欢快、活泼、搞笑、夸张、幽默、有趣、凄凉、枯燥、沉闷、繁乱、虚幻、惊险、恐怖 14 种类型,并借助网络爬虫和屏幕截图程序建设了拥有 17456 幅图像的学习画面图像数据库,标注者通过标注工具对学习画面图像数据库中的 17456 幅图像进行情感标注。然后梳理了学习者学习情感的相关研究,提出学习者的学习情感主要包括常态、高兴、愤怒、悲伤、惊恐、专注、走神 7 种类型,并借助采集工具和网络爬虫建设了拥有 85085 幅图像的学习者表情图像数据库。本章为实现智慧学习环境中学习画面的情感识别和学习者的学习情感识别奠定了数据基础。

第四章

智慧学习环境中学习画面的
情感识别

智慧学习环境中学习者的学习内容通常由学习管理系统根据学习者的认知能力和学习风格自适应推送，或者由教师将课堂教学内容通过屏幕广播同步发送到学习者的智能学习终端，抑或由学习者根据个人兴趣或爱好自主选择。学习画面中的学习内容对学习者的认知和情感有直接的影响，学习画面的色彩搭配、排版布局、配图质量、背景纹理等对学习者的学习兴趣、认知负荷和学习情感等有潜在的影响。研究者多关注如何选择、设计和搭配文本、图形、图像、视频、动画等媒体形式以更好地呈现学习内容，注重学习画面的认知属性，而对学习画面隐含的情感属性则较少关注。目前，图像情感研究主要集中在自然图像的情感描述、情感特征提取和基于情感的图像检索等方面，而对计算机生成图像和学习画面图像的情感研究较少[1]。然而，计算机生成图像以及学习画面图像的情感在教育教学中具有不可忽视的影响。学习画面情感的准确识别是智慧学习环境中学习画面情感自适应调整以及学习画面设计与评价的重要依据。因此，本书提出一种基于卷积神经网络的学习画面情感识别方法，然后在自主建设并且已进行情感标注的学习画面图像数据库上进行了模型训练。

---

[1] 刘瑞梅、孟祥增：《基于深度学习的多媒体画面情感分析》，《电化教育研究》2018年第1期。

第一节 图像情感识别方法概述

学习画面多属于计算机生成或合成图像，通过对图像情感识别方法的梳理，可为本书的研究顺利开展提供有价值的借鉴。约翰·艾金斯和玛格丽特·格雷厄姆在《基于内容的图像检索》中阐述了图像的三个语义层次[1]。第一层为低层视觉特征，包括图像的颜色、纹理和形状等；第二层为视觉推导特征，包括图像的对象语义、空间关系语义等；第三层为场景、对象推理特征，包括图像的场景语义、行为语义和情感语义等。他们认为情感语义是图像的最高语义。目前，图像情感的识别方法主要包括两种：基于机器学习的图像情感识别方法和基于视觉认知的图像情感识别方法，其中基于机器学习的图像情感识别方法又分为传统机器学习方法和深度学习方法。

基于视觉认知的图像情感识别方法是利用哲学、心理学、视觉认知等领域的知识，将图像的低层视觉特征根据某种规则或逻辑映射到高层情感语义中[2]。意大利学者卡洛·科伦坡等借鉴艺术绘画理论，将图像的低层视觉特征通过某种规则构成更高层次的语义特征，以识别艺术绘画图像的情感[3]。伊士曼柯达实验室首席科学家迪拉吉·乔希等结合哲学、心理学、视觉艺术等领域知识，提出利用构图、景深等美学特征识别图像情感的方法[4]。基于视觉认知的图像情感识别方法在某种程度上缩小了低层视觉特征与高层语义特征间的"语义鸿沟"，但常应用于特定领域，难以扩展到其他领域，不具有通用性。

基于传统机器学习的图像情感识别方法首先提取图像的颜色、纹理、形状等低层特征，然后利用监督学习的方法训练分类器，以判断图像的

---

[1] John Eakins and Margaret Graham, Content-Based Image Retrieval, 1999, Manchester: Joint Information Systems Committee, p. 22.

[2] 汤丽萍、陈芬：《基于情感的图像分类研究进展》，《情报理论与实践》2018 年第 6 期。

[3] Carlo Colombo, Alberto Del Bimbo and Pietro Pala, "Semantics in Visual Information Retrieval", *IEEE Multimedia*, Vol. 6, No. 3, August 1999, pp. 38 – 53.

[4] Dhiraj Joshi, Ritendra Datta, Elena Fedorovskaya, et al., "Aesthetics and Emotions in Images", *IEEE Signal Processing Magazine*, Vol. 28, No. 5, September 2011, pp. 94 – 115.

情感，其中低层特征的提取与选择、分类器的构建是其关键步骤。目前，图像情感识别领域常用的低层特征有图像的颜色特征、纹理特征和形状特征，常用的分类器有支持向量机、神经网络、模糊理论和朴素贝叶斯等。张海波等在建立三维面料图像情感因子空间、分析面料图像低层特征和情感描述之间关系的基础上，通过支持向量机对 60 张不同种类面料图像样本的情感因子数据和低层特征数据进行训练，建立了面料图像情感语义训练模型，实现对任一面料图像情感描述的自动识别[①]。随后，他们在前期对服装面料图像的情感描述进行研究并建立三维面料图像情感因子空间模型的基础上，通过对面料图像样品的颜色、纹理低层特征（饱和度、色相冷暖、对比度、灰度图、灰度矩阵、平均色调等）和 3 个因子之间对应关系的分析，得出第 1 个因子可以用 7 维特征来表征；第 2 个因子可以用 257 维特征来表征；第 3 个因子可以用 4 维特征来表征，为实现面料图像的情感识别奠定基础[②]。刘增荣等针对图像情感语义识别中特征提取的问题，提出了一种加权值的图像特征融合算法，并应用于图像情感语义识别。该方法根据不同特征对情感语义的影响不同，在提取出颜色、纹理和形状特征后通过加权融合为新的特征输入量，并用支持向量机来实现情感语义的识别[③]。高彦宇等以自然风景图像为对象，提出一种由视觉特征提取、视觉—情感关系构建、情感标识推导三部分组成的图像情感标识方案[④]。首先从情感认知角度提取自然风景图像的颜色、纹理等视觉特征，然后采用多维尺度技术挖掘图像视觉特征和人类主观感知之间的深层联系，最后采用贝叶斯决策模型根据图像视觉特征推导出自然风景图像的情感描述。

通过对国内外相关文献的梳理，发现目前研究主要集中于自然图像的情感识别，而对计算机生成图像、学习画面图像则较少关注。既有研

---

① 张海波、黄铁军、刘莉等：《基于支持向量机的面料图像情感语义识别》，《天津工业大学学报》2013 年第 6 期。
② 张海波、黄铁军、修毅等：《基于颜色和纹理特征的面料图像情感语义分析》，《天津工业大学学报》2013 年第 4 期。
③ 刘增荣、余雪丽、李志：《基于特征融合的图像情感语义识别研究》，《太原理工大学学报》2012 年第 5 期。
④ 高彦宇、王新平、尹怡欣：《自然风景图像情感标识方法研究》，《小型微型计算机系统》2011 年第 4 期。

究多采用传统机器学习方法，首先提取图像的色彩及其分布、纹理及线条、形状及其空间布局等低层视觉特征，然后利用训练样本集训练图像情感分类器，最后利用训练好的分类器识别图像的情感和强度。常用的分类器包括支持向量机、线性分类器、BP 神经网络等。因为人对图像的情感感知来自多方面的因素，一些是隐含的，难以表达和提取，因此传统图像情感识别方法的效率和准确率较低。CNN 避免了复杂的视觉特征提取过程，并且对图像的平移、缩放、旋转等变换具有较高鲁棒性。因此，本书提出基于 CNN 的学习画面情感识别方法。

第二节　卷积神经网络的结构设计

作为深度学习领域重要模型，CNN 具有权值共享、局部连接、端到端的处理方式等优点，降低了网络复杂度的同时，也利于并行处理。CNN 通常包括输入层、卷积层、池化层、全连接层和输出层。学习画面图像属于计算机生成或合成图像，颜色、纹理、形状等低层视觉特征较为复杂，并且低层视觉特征与高层情感语义间存在"语义鸿沟"。因此，本书设计了一种 9 层 CNN 模型以识别学习画面的情感，该模型包括 4 个卷积层，4 个池化层和 1 个全连接层。

一　卷积神经网络的结构

CNN 的结构设计需要考虑识别准确率、训练速度和内存消耗等三个因素。学习画面图像与学习者的学习表情图像相比，颜色、纹理、形状等低层视觉特征较为复杂，因此输入图像的尺寸设置为 128×128 像素，以便 CNN 能够自主提取更多低层视觉特征。虽说采用小卷积核可增加网络深度，并减少参数个数，但输入图像的尺寸为 128×128 像素，相对来说较大，为了能够大幅降低图像尺寸，笔者将第 1 个卷积核的尺寸设置为 9×9，而其他卷积核的尺寸设置为 5×5，卷积步长均为 1。

卷积核数量将直接决定特征图的数量，一个卷积核将生成一个特征图，卷积核数量越多提取的高维特征就越多，同时也将带来成倍增加的训练参数，使得训练时间过长。笔者根据实际情况将卷积核的数量依次设置为 6、12、24、32 个。

若采用 $n \times n$ 的池化窗口，池化操作后图像的尺寸将变为 $N/n \times N/n$。可见，如果池化窗口的尺寸设置过大，会丢失原图像的关键视觉特征，一般采用 2×2 大小的池化窗口，池化操作后图像尺寸将变为原来的一半。因此，笔者选择常用方法，将池化窗口的大小均设置为 2×2。池化方式常采用平均值池化和最大值池化，其中最大值池化容易丢失特征项位置信息和特征频次信息，因此笔者选择平均值池化。

激活函数又被称为非线性映射函数，是 CNN 中不可或缺的关键模块。深度学习模型其强大的表示能力大部分便是由激活函数的非线性带来的。激活函数主要有 Sigmoid 函数、ReLU 函数、tanh 函数、Linear 函数和 Ramp 函数等。各种激活函数的优缺点已在第二章第三节中详细介绍，笔者选择的激活函数为 Simgoid 函数，即对数 S 型函数。

全连接层是将网络特征映射到样本的标记空间做出预测，目标函数的作用则用来衡量该预测值与真实样本标记之间的误差。目前，交叉熵损失函数（Softmax 损失函数）和均方误差（L2 损失函数）分别是分类任务和回归任务最常用的目标函数。学习画面的情感识别属于回归任务，因此采用均方误差作为目标函数。

网络层数过低会导致信息表达能力不足，但层数过多又将致使训练时间增加，并且容易出现"过拟合"现象。笔者综合考虑输入图像尺寸、卷积核大小、卷积步长、池化窗口大小、池化步长等因素，设计了一种 9 层的 CNN 结构，其中包括 4 个卷积层，4 个池化层和 1 个全连接层，结构如图 4—1 所示。

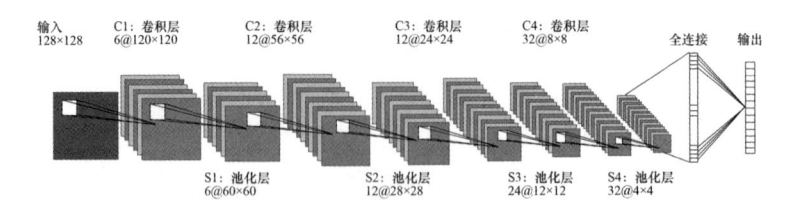

图 4—1　9 层卷积神经网络的结构

9层卷积神经网络的结构描述如表4—1所示。

表4—1　　　　　　　　9层卷积神经网络的结构描述

序号	操作类型	参数信息	输入数据	输出数据
1	卷积操作	$f=9$；$s=1$；$d=6$	128×128	120×120
2	激活函数	Sigmoid	120×120	120×120
3	池化操作	$f=2$；$s=1$；$p=$AVG	120×120	60×60
4	卷积操作	$f=5$；$s=1$；$d=12$	60×60	56×56
5	激活函数	Sigmoid	56×56	56×56
6	池化操作	$f=2$；$s=1$；$p=$AVG	56×56	28×28
7	卷积操作	$f=5$；$s=1$；$d=24$	28×28	24×24
8	激活函数	Sigmoid	24×24	24×24
9	池化操作	$f=2$；$s=1$；$p=$AVG	24×24	12×12
10	卷积操作	$f=5$；$s=1$；$d=32$	12×12	8×8
11	激活函数	Sigmoid	8×8	8×8
12	池化操作	$f=2$；$s=1$；$p=$AVG	8×8	4×4
13	全连接层	$f=4$；$s=1$	4×4	1×1
14	损失函数	MSE	1×1	—

其中，f为卷积核或池化窗口的大小，s为步长，d为该层卷积核的个数，p为池化操作的类型，AVG为平均值池化，MSE（Mean-Square Error）为均方误差，即L2损失函数。

（1）输入为128×128像素的学习画面图像。

（2）在C1层（卷积层）用6个9×9的卷积核对输入图像进行卷积操作，步长为1，激活函数为Sigmoid函数。卷积操作后，C1层包含6个特征图，特征图的尺寸为120×120像素。

（3）在S1层（池化层）用2×2的池化窗口对C1层的特征图进行池化操作，池化方式为平均值池化，步长为1。池化操作后，S1层仍包含6个特征图，特征图的尺寸为60×60像素。

（4）在C2层（卷积层）用12个5×5的卷积核对S1层的特征图进行卷积操作，步长为1，激活函数为Sigmoid函数。卷积操作后，C2层包含 12 个特征图，特征图的尺寸为 56×56 像素。

（5）在 S2 层（池化层）用 2×2 的池化窗口对 C2 层的特征图进行池化操作，池化方式为平均值池化，步长为 1。池化操作后，S2 层仍包含 12 个特征图，特征图的尺寸为 28×28 像素。

（6）在 C3 层（卷积层）用 24 个 5×5 的卷积核对 S2 层的特征图进行卷积操作，步长为 1，激活函数为 Sigmoid 函数。卷积操作后，C3 层包含 24 个特征图，特征图的尺寸为 24×24 像素。

（7）在 S3 层（池化层）用 2×2 的池化窗口对 C3 层的特征图进行池化操作，池化方式为平均值池化，步长为 1。池化操作后，S3 层仍包含 24 个特征图，特征图的尺寸为 12×12 像素。

（8）在 C4 层（卷积层）用 32 个 5×5 的卷积核对 S3 层的特征图进行卷积操作，步长为 1，激活函数为 Sigmoid 函数。卷积操作后，C4 层包含 32 个特征图，特征图的尺寸为 8×8 像素。

（9）在 S4 层（池化层）用 2×2 的池化窗口对 C4 层的特征图进行池化操作，池化方式为平均值池化，步长为 1。池化操作后，S4 层仍包含 32 个特征图，特征图的尺寸为 4×4 像素。

（10）全连接层的每个神经元与 S4 层的特征图进行全连接，输出层将输出该幅学习画面图像 14 种情感的强度。

二　卷积神经网络的参数

同其他机器学习模型相似，CNN、RNN、DBN 等深度学习模型也依赖最小化损失函数来训练模型参数。但从凸优化理论来看，神经网络模型不仅是非凸函数且异常复杂，这便带来优化求解的困难。该情形下，深度学习模型常采用随机梯度下降法（Stochastic Gradient Descent，SGD）和误差反向传播进行模型训练和参数更新。CNN 模型的最终性能与收敛得到的最优解直接相关，而收敛效果在很大程度上取决于网络参数最开始的初始化。理想的网络参数初始化将使模型训练事半功倍，相反不仅会影响网络收敛甚至会导致"梯度弥散"或"爆炸"致使训练失败。

CNN 权值初始化主要有两种方式：全 0 初始化和随机初始化。通过合理的数据预处理和规范化，当网络收敛到稳定状态时，权重在理想情况下应基本保持正负各半的状态（此时期望为0）。因此，首先想到的权重初始化做法是将所有权重都初始化为0，这样可使初始化全0时权重的期望与网络稳定时权重的期望均为0。但是若权重全为0，网络不同神经元的输出必然相同，相同输出则导致梯度更新完全相同，这将致使更新后的参数仍然保持一样的状态，从而无法进行模型训练。随机初始化将有效避免此问题，随机初始化可将权重随机设定为一个接近0的较小随机数，随机权重服从高斯分布或均匀分布都是较为有效的初始化方法。

实际应用中，常用的随机初始化方法包括 Gaussian、Xavier、MSRA 等。Gaussian 方法是最为简单的初始化方法，参数从一个固定均值（比如0）和固定方差（比如0.01）的 Gaussian 分布中进行随机初始化。当一个神经元的输入连接数量为 n_{in}，输出连接数量为 n_{out} 时，权重参数则可以按 $N\left(0, \sqrt{\dfrac{2}{n_{in}+n_{out}}}\right)$ 的 Gaussian 分布进行初始化。$N\left(0, \sqrt{\dfrac{2}{n_{in}+n_{out}}}\right)$ 指均值为0，方差为 $\sqrt{\dfrac{2}{n_{in}+n_{out}}}$ 的正态分布。Xavier 方法由加拿大学者泽维尔·格洛特和约书亚·本吉奥提出[①]，定义 n^l 是第 l 层神经元的个数，n^{l-1} 是第 $l-1$ 层神经元的个数，那么 $l-1$ 到 l 层的权重参数将以均匀分布的方式在 $\left[-\sqrt{\dfrac{6}{n^{l-1}+n^l}}, \sqrt{\dfrac{6}{n^{l-1}+n^l}}\right]$ 的范围内进行初始化。学习画面情感识别所用 CNN 模型权重初始化选择 Xavier 方法，Xavier 初始化可以帮助减少"梯度弥散"问题，使得信号在网络中可以传递得更深，是目前最常用的 CNN 权重初始化方法。

各层的偏值通常初始化为0，笔者也采用此种方法，将所有偏值设置为0。

此外，CNN 需要设置初始学习率和批次大小，初始学习率的作用是控制梯度下降的速度。学习率越小，模型的训练速度越慢，还可能会造成局部最优，得到错误的训练结果。但如果学习率过大，训练速度增大

---

① Xavier Glorotand Yoshua Bengio, "Understanding the Difficulty of Training Deep Feedforward Neural Networks", paper delivered to 13th International Conference on Artificial Intelligence and Statistics, sponsored by the PASCAL II Network of Excellence, Sardinia, Italy, May 13 – 15, 2010.

的同时，可能会导致无法收敛，也可能会跨过最优解。因此，选择合适的学习率对模型的优化至关重要，笔者将初始学习率设置为 0.01。

批次大小即训练一次所需样本图像的数量，为了提高内存的利用率，同时降低训练一轮所需的迭代次数，往往会增大批次大小，但也可能会造成内存"爆炸"以及模型训练的时间增长。批次大小需要综合考虑识别准确率和训练周期两个因素，笔者设置每次批处理 50 幅图像，即每训练 50 个样本调整一次权重，所有图像循环处理 500 次。

第三节　模型训练与结果分析

模型训练是指通过训练样本集调整 CNN 的内部参数，对于本章来说，就是利用已标注情感及强度的学习画面图像调整 CNN 各层的权重和偏值。本书将自主建设并且以进行情感标注的大规模学习画面图像数据库作为训练样本集对本章提出的 9 层 CNN 模型进行训练，然后使用准确率来验证笔者提出的学习画面情感识别方法。

一　实验环境与数据集

（一）实验环境

本书采用 Windows 10 下的 Matlab R2016a 软件作为实验环境，计算机 CPU 为 Intel Core i7 - 6700，内存为 24G，借助 Matlab 的深度学习工具箱 DeepLearn Toolbox 搭建 CNN。

1. Matlab 简介

Matlab 是由美国新墨西哥大学教授克利夫·莫勒在 20 世纪 70 年代中后期讲授线性代数课程时首创的，全名为 Matrix Laboratory，即矩阵实验室，简称 Matlab[①]。Matlab 自产生之日起，便得到国内外许多专家学者的关注、使用和开发。2006 年 MathWorks 公司开始发布 Matlab R 系列，软件性能得到极大提升。此后，每年的 3 月和 9 月 MathWorks 公司进行两次产品发布，并以"R + 年份 + 代码"的形式命名，其中代码包括 a 和 b，

---

① 蒋珉：《MATLAB 程序设计及应用》，北京邮电大学出版社 2015 年版，第 1 页。

用于区分上下半年。Matlab R2016a 即 MathWorks 公司 2016 年上半年推出的产品。

Matlab 具有不同于其他计算机编程语言的特点，被称为第四代计算机编程语言，又被称为"草稿纸式"的语言，具有以下显著特点：首先，Matlab 易学易用，其函数名和表达更接近书写计算公式的思维表达方式。使用 Matlab 编程犹如在草稿纸上排列公式和求解问题。其次，Matlab 提供了丰富的工具箱函数，便于科研工作者使用。目前，Matlab 提供了包括偏微分方程工具箱、神经网络工具箱、鲁棒控制工具箱、信号处理工具箱在内的几十个工具箱。再次，Matlab 与 C++、C#等编程语言有良好的接口。使用者可以在 C#、C++ 等编程语言中调用 Matlab 的函数或程序，以完成 Matlab 与他们的混合编程从而充分利用已有的 Matlab 资源。最后，Matlab 具有较强的开放性，除内部函数外，其他文件均可读可改。用户可通过对源程序的修改或增加构造新的专用工具箱。

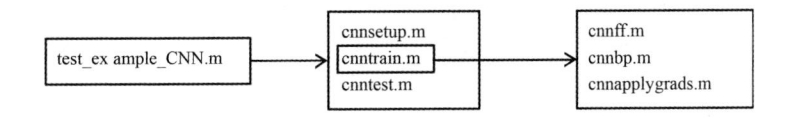

2. DeepLearn Toolbox 工具箱

DeepLearn Toolbox 是 Matlab 的深度学习工具箱，包含了 DBN、CNN、栈式自编码器（Stacked Auto-Encoder，SAE）、卷积自编码器（Convolutional Auto-Encoders，CAE）等深度学习模型的实现方法。DeepLearn Toolbox 操作简单，并且完全开源，用户可根据需求进行修改和完善。下载解压后，将文件复制到 Matlab 的 toolbox 文件夹中，例如：D：\ program Files \ Matlab \ R2012a \ toolbox \。然后在 Matlab 命令行中输入：addpath（genpath（'D：\ program Files \ Matlab \ R2012a \ toolbox \ DeepLearn-Toolbox-master'））。再后在 Matlab 命令行中输入 savepath 即可。DeepLearn Toolbox 工具箱中主要包括 7 个文件，分别为 cnnapplygrads. m、cnnbp. m、cnnff. m、cnnsetup. m、cnntest. m、cnntrain. m、test_example_CNN. m。他们之间的调用关系如图 4—2 所示。

图 4—2　DeepLearn Toolbox 工具箱中文件调用关系

test_ example_ CNN.m 文件用于设置 CNN 模型的结构参数，例如 CNN 模型的网络结构、卷积核的数量和尺寸、池化窗口的尺寸、学习率、批次大小、迭代次数等。cnnsetup.m 文件用于初始化 CNN 模型的参数，例如卷积层的权重和偏值、全连接层的权重和偏值等。cnntrain.m 文件用于训练 CNN 模型，生成随机序列，每次选取指定数量的样本进行批训练。批训练是指计算指定数量样本的梯度，求和后一次性更新到模型权重中。在批训练过程中将调用 cnnff.m 文件以实现前向传播过程，调用 cnnbp.m 文件以完成误差传递和梯度计算，即反向传播过程，调用 cnnapplygrads.m 文件把计算出来的梯度加到原始模型上去，完成权重修改，更新参数。cnntest.m 文件用于验证测试样本的识别准确率。

（二）实验数据集

目前用于图像情感识别研究的图像数据集主要包括拥有 1182 幅图像的国际情绪图片系统、包含 852 幅图像的中国情绪图片系统[①]、包含 730 幅图像的日内瓦情感图片数据集、包含 228 幅图像的 Abstract 数据集和包含 806 幅图像的 ArtPhoto 数据集等。已知的图像情感数据集包含的图像数量较少，并且多为自然景物图像和绘制类图像，难以满足本书的实际需求。因此笔者前期利用网络爬虫和自编程序采集学习画面图像，并对每幅图像的情感及强度进行人工标注，自主建设包含 17456 幅学习画面图像的大规模学习画面图像数据库。为了对 9 层 CNN 模型进行训练，随机选用其中的 10000 幅学习画面图像作为 CNN 的训练样本，2800 幅图像作为 CNN 的测试样本。

CNN 自身具有强大的表达能力，不过正因此模型需要大量甚至海量数据来驱动模型训练，否则便有可能陷入"过拟合"的窘境。可实际中，并不是所有数据集或真实任务都能提供如 ImageNet 数据集一般的海量训练样本。因此，实践中进行数据扩充成为 CNN 模型训练的第一步。有效的数据扩充不仅能扩充训练样本数量，还能增加训练样本的多样性，一方面可避免"过拟合"，另一方面又会带来模型性能的提升。因此，笔者对训练样本集进行数据扩充，扩增训练样本集的数量为原来的 5 倍，即

---

① 白露、马慧、黄宇霞等：《中国情绪图片系统的编制——在 46 名中国大学生中的试用》，《中国心理卫生杂志》2005 年第 11 期。

训练样本集图像的总数增加到 5 万。具体做法为取原图像的左上、右上、左下、右下以及原图像作为新的训练样本。

在机器学习中，对输入特征做归一化（normalization）预处理是常见的步骤。类似的，在图像处理中，同样可以将图像的每个像素信息看作一种特征。在实践中，对每个特征减去平均值来中心化数据是非常重要的，这种归一化处理方式被称作"中心式归一化"。CNN 中的数据预处理操作：通常是计算训练样本集图像像素均值后，在处理训练样本集、测试样本集图像时需要分别减去该均值①。笔者采用此种方法对图像进行预处理，并将训练样本集图像尺寸调整为 128×128 像素。但需要注意，在实际操作时，应首先划分好训练样本集、测试样本集，而该均值仅针对划分后的训练样本集计算，而不可直接在未划分的所有图像上计算均值。

二　实验结果与分析

CNN 的模型训练主要包括信号正向传播和误差反向传播两个过程。正向传播时，5 万训练样本从输入层输入，然后经过卷积层的卷积操作，池化层的池化操作，全连接层输出结果。输出结果将与标注的结果相比较，若不同则通过目标函数计算两者间的误差，并将误差逐层反向传播，以修正各隐层的权重和偏值。正向传播和反向传播反复循环，不断调整卷积层和池化层的权重与偏值，直到误差下降到可接受的范围或达到预设的迭代次数。训练结束后，测试样本仅进行正向传播，全连接层输出每幅学习画面图像 14 种情感的强度数值。本书将每幅学习画面图像 14 种情感中强度最高的情感作为该幅图像的情感类型，以便验证识别准确率。测试结果如表 4—2 所示。

如表 4—2 所示，学习画面情感的识别准确率要低于学习者情感的识别准确率，其原因：一是学习画面图像数据库中学习画面图像的数量相对较少，二是学习画面图像的低层视觉特征要比学习者表情图像更为复杂，并且学习画面的情感类型远多于学习者的学习情感。相对而言，温馨、欢快、活泼、枯燥、沉闷、繁乱的识别准确率较高，均超过 80%；

---

① 魏秀参：《解析深度学习：卷积神经网络原理与视觉实践》，电子工业出版社 2018 年版，第 83 页。

搞笑、夸张、幽默、有趣、凄凉、虚幻、惊险、恐怖的识别准确率较低，但也超过 70%。学前和小学阶段的学习画面多采用暖色调，资源类型多为动画和绘图，因此学前和小学阶段的学习画面情感多为温馨、欢快和活泼，使得训练样本集中具有这三种情感的图像数量最多，训练样本的数量对识别准确率有重要影响，所以温馨、欢快和活泼的识别准确率较高。中学和大学阶段的学习画面更加多样化，但资源类型以多媒体 PPT 为主，学习画面情感多为枯燥、沉闷和繁乱，使得训练样本集中具有这三种情感的图像数量较多，所以识别准确率较高。虽然学习画面情感的识别准确率低于学习者情感的识别准确率，但 14 种学习画面情感的识别准确率均高于 70%，说明本书设计的 9 层 CNN 模型能够较为准确地识别学习画面的情感，具有实际应用价值。与已有研究相比，平均识别准确率略高于传统机器学习方法，但 CNN 省略前期复杂的视觉特征提取过程，耗时明显比传统机器学习方法缩短。

表 4—2　　　　　　　　　　测试样本集识别结果

情感	温馨	欢快	活泼	搞笑	夸张	幽默	有趣
准确率（%）	85.25	82.32	83.76	79.63	77.65	78.85	78.29
情感	凄凉	枯燥	沉闷	繁乱	虚幻	惊险	恐怖
准确率（%）	77.26	85.63	84.96	80.15	76.25	76.83	74.62

为进一步验证基于 CNN 的学习画面情感识别方法的准确率，本书针对测试样本集，首先计算 9 层 CNN 模型输出的 14 种情感的强度平均值，然后与人工标注的 14 种情感的强度平均值进行比较。实验结果如图 4—3 所示。

9 层 CNN 模型输出的测试样本集 14 种情感的平均值与标注值的平均值较为接近，从侧面说明本书提出的基于 CNN 的学习画面情感识别方法能够较为准确地识别学习画面的情感，可用于对智慧学习环境中学习画面的情感进行识别或估计。

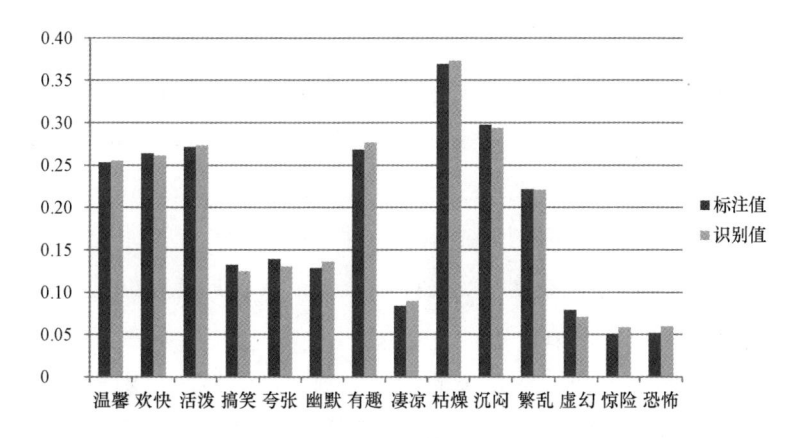

图4—3 测试样本集的情感强度平均值

第四节　学习画面情感自动评估系统的开发

学习画面的情感研究较为缺乏，并且目前图像情感识别多采用准确率低、算法复杂的传统机器学习方法，本书提出一种基于 CNN 的学习画面情感识别方法，并在自主建设的大规模学习画面图像数据库上进行了模型训练和验证实验。实验结果表明，该方法能够较为准确地识别学习画面的情感及强度。为方便智慧学习环境、学习管理系统研究者和开发者调用应用程序编程接口（Application Programming Interface，API），也为方便教育工作者检测自己或他人设计的学习画面的情感类型及强度，本书设计并开发了学习画面情感自动评估系统。

一　系统设计目标

学习画面情感自动评估系统的目的：其一，为教育工作者提供一个检测或评估学习画面情感的自测平台，使教育工作者能够了解自己或他人设计的学习画面的情感及强度，便于修改和完善，以激发学习者的学习兴趣和积极情感；其二，为智慧学习环境、学习管理系统研究者或开发者提供 API，便于他们调用、实现智慧学习环境或学习管理系统的学习画面情感识别功能，并据此适应调整学习画面的视觉特征，以促进学习者轻松、投入和有效地学习。根据设计目的，学习画面情感自动评估系统应达到以下目标。

第一，采用主流编程语言开发，具有较高兼容性，既可用于应用程序开发，也可用于网站开发。第二，系统能够兼容 JPG、JPEG、PNG、GIF、BMP、TIF 等常见图像格式。第三，系统能够调用 Matlab 编写的 CNN 模型，实现学习画面的情感识别，并且能以图片、文本、表格等形式呈现所提交图像的情感类型及强度。第四，系统具有较好的运行稳定性，容易操作，界面简洁清晰。

学习画面情感自动评估系统的设计原则为：能够满足用户需求，并具有较高稳定性、可扩展性和可靠性。首先，用户需求是系统设计和开发的出发点和落脚点，整个过程应紧紧围绕用户需求进行。其次，因为涉及学习画面版权，所以系统可靠性和稳定性显得尤为重要，应避免黑客和病毒攻击，以保证用户信息安全，使用户能够信赖该系统。最后，目前系统仅能识别 14 种学习画面情感，识别准确率仍有提升空间，并且用户需求是不断发展和变化的。因此，系统应具有可扩展性，以适应不断变化的需求。

二 开发工具及环境

（一）开发工具

学习画面情感自动评估系统由 Visual Studio 2010、Matlab R2012a 等软件开发，使用 C#、Matlab 等编程语言实现相关功能。

Visual Studio 是基于 .NET 框架设计的集成开发环境，可用于多种类型的程序开发，如基于 Web 的应用程序、基于 WPF 的应用程序、基于 Windows 的应用程序、控制台应用程序和移动应用程序等。

C# 是微软公司发布的面向对象的高级程序设计语言，并随着微软的 .NET 战略被开发人员所熟知[①]。C# 具有兼容性好、安全性强、语法简洁、支持多数 Web 标准等优点，既可用于开发数据库管理系统，也可用于开发集动画、音频、视频于一体的多媒体应用程序和网络应用程序。它在

---

① 明日科技：《C#从入门到精通》，清华大学出版社 2017 年版，第 3 页。

继承 C 和 C++ 强大功能的同时,也去掉了许多复杂性,并借鉴和修改了 Java 的许多特性,使其更加易于使用和不易出错。

(二)开发环境

学习画面情感自动评估系统是运用以下工具和平台开发的:操作系统为 Windows 7 32 位,开发平台为 Visual Studio 2010 和 Matlab R2012a,编程语言为 C#和 Matlab,数据库管理系统为 Access 2010。

三 系统核心功能的实现

笔者在开发环境下利用开发工具进行实际的系统开发。学习画面情感自动评估系统的核心功能主要体现在学习画面的情感识别和 C#对 Matlab 函数的调用。

(一)学习画面的情感识别

CNN 的模型训练分为前向传播和反向传播两个阶段,当训练完成后,参数将保存在 Mat 格式的文件中。由于 CNN 的模型训练由 Matlab 软件完成,因此学习画面情感的自动识别仍需 Matlab 软件实现。简言之,学习画面情感的自动识别仅由 CNN 的前向传播阶段完成,而不涉及 CNN 的反向传播,全连接层的输出即为最终的情感类型及强度。

Step1:读取图像,并根据图像后缀名判断图像是否是 JPG、JPEG 等常见格式,若是转向 Step3,否则执行 Step2。

Step2:图像若是 GIF、PNG 等特殊格式,则需要进行相应处理。

GIF 图像仅读取第一帧,方法为:imread(pathfilename 'frames',1)。PNG 图像则需要根据位深进行不同处理,若位深大于 24 位,读取方法为:imread(pathfilename,'BackgroundColor',[1 1 1]),否则读取方法为:imread(pathfilename,'BackgroundColor',[1])。

Step3:对图像进行预处理,若图像是灰度图像,则将图像转为 RGB 彩色图像。

Step4:载入训练好的 CNN 模型,并调用 DeepLearn Toolbox 工具箱中的 cnnff.m 文件进行情感识别,将返回该幅学习画面图像的情感及强度。

Step5:将该幅学习画面图像的情感及强度以文本、表格、图片等形式输出。

学习画面的情感识别算法如图4—4所示。

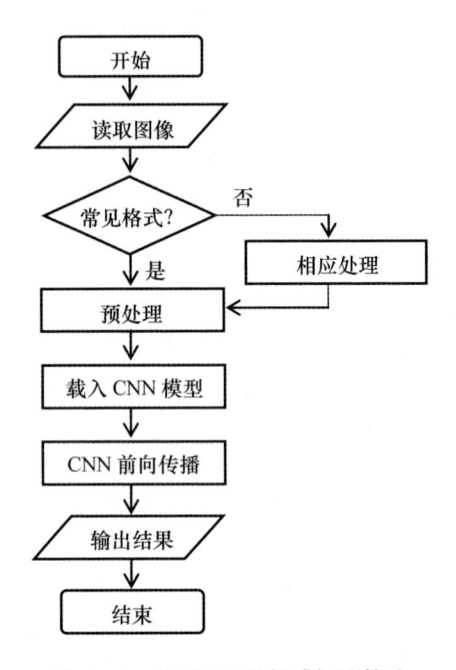

图4—4　学习画面的情感识别算法

（二）C#对 Matlab 函数的调用

学习画面情感的自动识别由 Matlab 软件实现，考虑到兼容性和可靠性，该系统由 C#语言编写。因此，需要将 Matlab 编写的学习画面情感识别函数封装，以便 C#语言调用。C#调用 Matlab 函数的具体方法如下。

Step1：建立 Matlab 与编译器间的连接。在 Matlab 工作区输入指令：mbuild-setup，然后选择编译器，例如本书选择 Microsoft Visual C + + 2010。

Step2：编写 Matlab 函数。本书根据学习画面情感识别算法编写相关函数。需注意，函数名与文件名应相同。

Step3：将 Matlab 函数封装成动态链接库（Dynamic Link Library, DLL）。首先，点击 File→New→Development Project，在弹出的对话框中 Name 输入工程名，Location 输入保存路径，Target 选择 .NET Assembly，需注意 Target 的选择，点击确定。其次，在 Matlab 主界面右侧出现的工具栏中点击 Add class，输入类的名字。点击 Add files，选择含有 Matlab

函数的文件。需注意,此处应将主函数调用的所有文件都选择进来。最后,点击左上角的 build 按钮,生成可供 C#调用的动态链接库文件。此处将生成一个文件夹和 .prj 文件。后面将用到 distrib 文件夹中与类名相同的动态链接库文件。

Step4:新建 C#Web 项目后,在解决方案资源管理器中有 properties、引用、Web. config 等选项。右击引用→添加引用→浏览,然后引用 Matlab 安装包中的 MWArray. dll 文件、Matlab 封装工程目录下与工程名同名的动态链接库文件。本书引用 MWArray. dll 和 emotionMatlab. dll 文件。

Step5:在 Default. aspx 文件中设计网页前台。在 Default. aspx. cs 文件中书写程序代码,为了能够顺利调用封装的 Matlab 函数,后台文件必须包含 using emotionMatlab 语句和 using MathWorks. MATLAB. NET. Arrays 语句。在需要调用封装函数的位置创建一个类,如 emotionClass test = new emotionClass ( ),其中 emotionClass 是在 Step3 中输入的类名。然后便可调用类中的函数,如 test. cnntestImage ( ),其中 cnntestImage 是在 Step3 中添加的函数。需要特别注意,Matlab 与 C#、C++等编程语言进行数据传递的数据类型为 MWArray,需要进行相应的数据类型转换。

学习画面情感自动评估系统的前台页面如图 4—5 所示。页面较为简单,由 Visual Studio 2010 软件和 C#语言实现相关功能,本书不再赘述其设计与开发过程。

图 4—5 学习画面情感自动评估系统

教师、学习者、教育管理者等用户可点击"浏览"按钮上传需要进行情感识别的学习画面图像，然后点击"提交"按钮。页面会立刻返回情感识别的结果。为方便用户浏览，系统返回的数据会以柱状图的形式呈现。如图4—6所示。

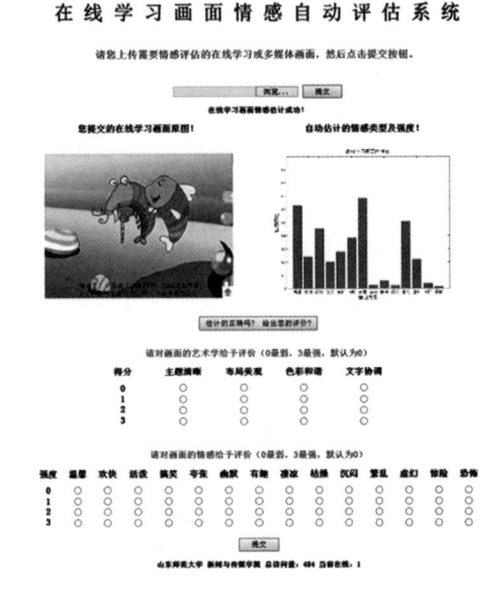

图4—6　学习画面的情感及强度呈现页面

页面左侧为用户提交的学习画面图像，右侧为系统返回的自动识别结果，识别结果将以柱状图的形式呈现给用户。用户点击左侧或者右侧图片，可将图片放大，以便观看。页面下方为用户纠正部分。因为目前识别准确率还无法达到100%，因此难免存在识别不准确的情况。用户可选择其认为正确的情感类型及强度，点击提交，便于我们完善系统，使之更好地为用户服务。

第五节　学习画面情感的大数据分析

实验证明，本书设计的9层CNN模型能够较为准确地识别学习画面的情感，可用其对任意一幅学习画面图像的情感及强度进行识别。为分析目前各学段、学科、资源类型学习画面图像的情感特点，本书对前期采集的189673幅学习画面图像的情感进行识别，并从学段、学科、资源类型3个维度对学习画面图像的情感进行分析。189673幅学习画面图像通过网络爬虫和屏幕截图程序采集，其中存在相同或相似的图像，并且部分图像与本书的研究无关，还有部分图像用于模型训练也需去除。经过3名研究生的粗略筛选，最终形成拥有134742幅学习画面图像的样本数据库，用于进行学习画面情感的大数据分析。每幅图像的命名规则仍为11位，其中学段1位，学科2位，资源类型2位，情感类型2位，图像编号4位，情感类型默认为00。各类学习画面图像的数量如表4—3所示。

表4—3　　　　　　　　各类学习画面图像的数量

学段	学前	小学	中学	大学	继续教育	总数
数量	23883	13852	65134	29961	1912	134742
学科	人文	理工	艺术	技能	素养	总数
数量	59004	61037	8442	3395	2864	134742
资源类型	多媒体PPT	图像绘画	动画	网络课程	其他类型	总数
数量	75814	22430	27039	4785	4674	134742

如表4—3所示，从学段的角度来看，中学和大学阶段的学习画面图像数量最多，继续教育阶段的学习画面图像数量相对较少。目前社会各界对在校教育的重视程度高于继续教育，并且在校教育涵盖的学段、学科较多，学习画面图像也较为容易采集。因此，学前、小学、中学、大学阶段的学习画面图像数量远高于继续教育阶段。从学科的角度来看，人文类、理工类学习画面图像的数量最多，艺术类、技能类和素养类学习画面图像的数量相对较少。目前，小学主要学习语文和数学，中学主要学习语文、英语、政治、历史等人文类课程以及数学、物理、化学、生物等理工类课程，其他课程占比较小。大学阶段哲学、教育学、文学等人文类专业，化学、物理、生物等理工类专业开设较多，其他专业相

对较少。这使得人文类、理工类学习画面图像的数量多于其他类型。从资源类型来看，多媒体 PPT、动画、图像或绘画、网络课程类型的学习画面图像数量较多，而其他类型则较少。这与目前常用的数字化学习资源类型有关，多媒体 PPT、动画、图像或绘画、网络课程是目前支持教师教和学生学的主要数字化学习资源。

笔者首先借助 Visual Studio 2010 软件使用 C#和 Matlab 编写学习画面情感自动识别程序。然后利用该程序识别每幅学习画面图像的情感及强度，并将识别结果存入数据库，识别程序将返回每幅学习画面图像 14 种情感的强度。最后利用分析程序对数据库中的所有数据进行分析，分析程序将计算各类学习画面图像各情感的强度平均值。

一 各学段学习画面的情感分析

不同年龄阶段的学习者拥有不同的心理成熟度，并且对学习画面的直观感受存在差异。因此，学习画面的设计与开发无疑要考虑学习者的年龄因素，这使得不同学段的学习画面情感有所差别。本书将学习画面按学段分为学前类、小学类、中学类、大学类和继续教育类，其中中学包括初中和高中，大学包括专科和本科，继续教育包括成人教育、职业教育和社会教育。各学段学习画面情感强度的平均值如表4—4所示。

表4—4　　　　　各学段学习画面情感强度的平均值

学段	温馨	欢快	活泼	搞笑	夸张	幽默	有趣
学前	0.437261	0.481223	0.499509	0.187402	0.190999	0.178043	0.421963
小学	0.229679	0.202067	0.226800	0.024437	0.036766	0.023773	0.205537
中学	0.158083	0.182187	0.160317	0.067108	0.075742	0.067203	0.200845
大学	0.130800	0.109884	0.124303	0.041419	0.051263	0.038597	0.139798
继续教育	0.071542	0.041406	0.044101	0.008943	0.009555	0.009310	0.040181
学段	凄凉	枯燥	沉闷	繁乱	虚幻	惊险	恐怖
学前	0.026043	0.139796	0.120157	0.189791	0.030358	0.001540	0.008251
小学	0.032189	0.322038	0.255445	0.207014	0.037652	0.003175	0.008416
中学	0.048266	0.451007	0.348501	0.206908	0.046487	0.016543	0.017277

续表

学段	凄凉	枯燥	沉闷	繁乱	虚幻	惊险	恐怖
大学	0.056632	0.497178	0.389302	0.249879	0.065164	0.021290	0.028319
继续教育	0.040059	0.535918	0.454027	0.302521	0.019968	0.002573	0.006738

为了更为直观地表现各学段各学习画面情感的差异和联系，笔者绘制如图4—7所示的柱状图。横坐标为温馨、欢快、活泼等14种学习画面情感，纵坐标为情感强度的平均值，并归一化到0—1。

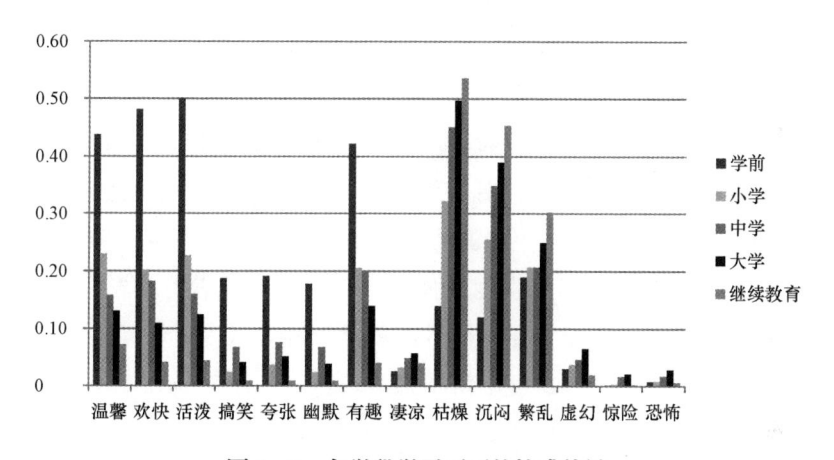

图4—7 各学段学习画面的情感差异

如表4—4和图4—7所示，从整体来说，温馨、欢快、活泼、有趣、枯燥、沉闷、繁乱7种情感的强度平均值较高，搞笑、夸张、幽默、凄凉、虚幻5种情感的强度平均值较低，惊险和恐怖的强度平均值最低。

从学习画面的情感角度来看，5个学段学习画面情感的强度平均值在部分情感维度上具有明显差异，而在部分情感维度上差别不大。在温馨、欢快、活泼和有趣方面，学前类学习画面的情感强度较高，其余依次为小学类、中学类、大学类和继续教育类。这是因为学前教育阶段学习者注意力较低，易受周围环境的影响，因此多采用Flash动画类型的数字化学习资源，并且背景多为暖色调，学习画面中的形象多是卡通人物。搞笑、夸张、幽默方面，仍然是学前类学习画面的情感强度较高，其余依次为中学类、大学类、小学类和继续教育类，但各情感的强度要明显弱于温馨、欢快和活泼。在凄凉、虚幻、惊险和恐怖方面，学前类、小学类、中学类、大学类、继续教育类学习画面的情感强度差异不明显，并且4种情感的强度均较低。在枯燥、沉闷和繁乱方面，学前类学习画面的情感强度较低，而小学类、中学类、大学类、继续教育类学习画面的情感强度较高，并且学段越高，强度越高。这是因为中学、大学、继续教育等阶段的学习者已经具备基本的自制力和自学能力，并且获取知识、提高能力是其主要的学习需求。因此多采用多媒体PPT和网络课程作为数字化学习资源，以传授知识为主。学习画面多采用黑色、白色、蓝色等纯色背景，并在学习画面中央直接呈现文本形式的学习内容。

从学段的角度来看，学前类学习画面的情感主要为温馨、欢快和活泼，而凄凉、虚幻、惊险、恐怖等情感的强度较低。小学类和中学类学习画面的情感强度差距不大，既有温馨、欢快、活泼等正向情感，也有枯燥、沉闷、繁乱等负向情感。但总的来说，搞笑、夸张、幽默、凄凉、虚幻、惊险、恐怖等情感的强度最低。大学类和继续教育类学习画面的情感强度则与学前类相反，在枯燥、沉闷、繁乱等维度上情感强度较高，而在温馨、欢快、活泼等维度上情感强度较低。与小学类和中学类相似，大学类和继续教育类学习画面在搞笑、夸张、幽默、凄凉、虚幻、惊险、恐怖等维度上情感强度最低。

二 各学科学习画面的情感分析

学习画面的核心功能是呈现学习内容，而学习内容又受学科的影响。由于各学科的教学目标在知识与技能、过程与方法、情感态度与价值观等维度上各有侧重，教育工作者在进行学习画面的设计与开发时需要考虑各学科的特点。因此，各学科学习画面的情感及强度也有所区别。本书将学习画面按学科分为人文类、理工类、艺术类、技能类和素养类，语文、历史、政治、教育学、法学等科目或专业的学习画面多为人文类；数学、物理、化学、生物、医学、农学、天文学、海洋科学等科目或专业的学习画面多为理工类；美术、音乐、舞蹈学、戏剧学、艺术设计等科目或专业的学习画面多为艺术类；通用技术、焊接、烹饪、汽修、美容、美发等科目或专业的学习画面多为技能类；仁、义、礼、智、信等传统文化教育，爱国、敬业、诚信、友善等社会主义核心价值观教育，所采用的学习画面多为素养类。各学科学习画面情感强度的平均值如表4—5所示。

表4—5　　　　　各学科学习画面情感强度的平均值

学科	温馨	欢快	活泼	搞笑	夸张	幽默	有趣
人文	0.333180	0.355387	0.361573	0.106098	0.107413	0.090238	0.253358
理工	0.134356	0.130122	0.145923	0.032336	0.045879	0.031947	0.146299
艺术	0.211732	0.227250	0.218622	0.072216	0.090143	0.066741	0.238336
技能	0.050463	0.050807	0.062479	0.013388	0.014075	0.009269	0.040508
素养	0.190666	0.148870	0.175159	0.030867	0.038547	0.031310	0.165116
学科	凄凉	枯燥	沉闷	繁乱	虚幻	惊险	恐怖
人文	0.019459	0.205000	0.253955	0.197444	0.016754	0.001400	0.009758
理工	0.036068	0.476080	0.383628	0.237368	0.040353	0.011529	0.015425
艺术	0.055990	0.288690	0.264159	0.180596	0.063029	0.016524	0.024072
技能	0.030209	0.528054	0.487127	0.251572	0.030209	0.002403	0.008582
素养	0.027765	0.324920	0.302909	0.219613	0.031015	0.012997	0.009747

为了更为直观地表现各学科各学习画面情感的差异和联系，笔者绘制如图4—8所示的柱状图。横坐标为温馨、欢快、活泼等14种学习画面情感，纵坐标为情感强度的平均值，并归一化到0—1。

如表4—5和图4—8所示，从整体来说，温馨、欢快、活泼、有趣、枯燥、沉闷、繁乱7种情感的强度平均值较高，搞笑、夸张、幽默、凄凉、虚幻5种情感的强度平均值较低，惊险和恐怖的强度平均值最低。

从学习画面的情感角度来看，5个学科学习画面情感强度的平均值在部分情感维度上具有明显差异，而在部分情感维度上差别不大。在温馨、欢快、活泼、有趣方面，人文类学习画面的情感强度较高，其余依次为艺术类、素养类、理工类和技能类。人文类、艺术类、素养类课程侧重教学目标中情感态度与价值观维度的培养，特别是素养类课程。因此教育工作者更为关注人文类、艺术类、素养类学习画面的情感设计，以吸引学习者的注意力，便于培养学习者的情感态度与价值观。搞笑、夸张和幽默方面，仍然是人文类学习画面的情感强度较高，其余依次为艺术类、素养类、理工类和技能类，但各情感的强度要明显弱于温馨、欢快和活泼。在凄凉、虚幻、惊险和恐怖方面，人文类、理工类、艺术类、技能类、素养类学习画面的情感强度差异不明显，并且4种情感的强度均较低。在枯燥、沉闷和繁乱方面，人文类、艺术类、素养类学习画面的情感强度较低，而理工类、技能类学习画面的情感强度较高。这是因为理工类和技能类课程所讲授的教学内容本身就较为枯燥和单调，多强调教学目标中知识与技能、过程与方法维度的培养，实际教学中也较难将学习画面的情感设计为搞笑和欢快。

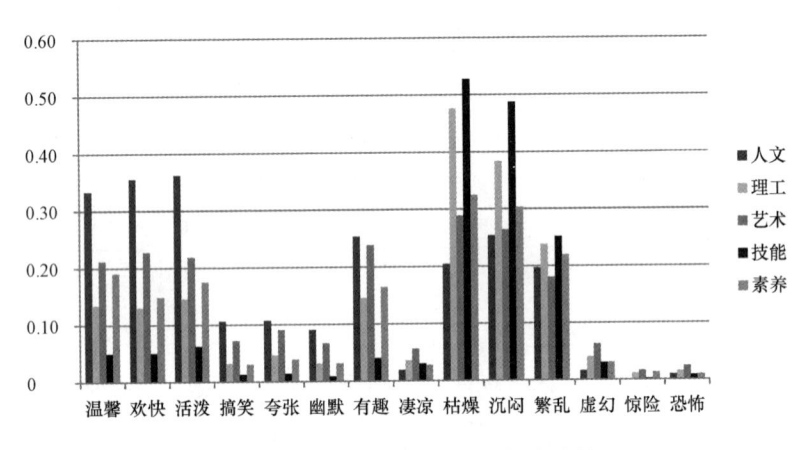

图 4—8　各学科学习画面的情感差异

从学科的角度来看，人文类学习画面在温馨、欢快、活泼、有趣等维度上情感强度较高，枯燥、沉闷、繁乱、搞笑、夸张、幽默等情感的强度较低，凄凉、虚幻、惊险、恐怖等情感的强度最低。理工类、技能类学习画面的情感多为枯燥、沉闷和繁乱，较少体现温馨、欢快、活泼、搞笑、夸张、凄凉等情感，基本没有幽默、虚幻、惊险、恐怖等情感。艺术类、素养类学习画面的情感既有温馨、欢快、活泼等正向情感、也有枯燥、沉闷、繁乱等负向情感，较少体现搞笑、夸张、幽默、凄凉、虚幻等情感，基本没有惊险和恐怖。

三 各资源类型学习画面的情感分析

学习画面是学习内容的信息呈现画面，学习内容多通过多媒体 PPT、网络课程、Flash 动画、图像或绘画等资源形式展现。多媒体 PPT 是教育教学中最常见的数字化学习资源形式，应用非常普遍，常由 PowerPoint 软件制作。Flash 动画具有色彩鲜艳、生动活泼、交互性强等特点，深受学前和小学阶段学习者喜爱。网络课程也是主要的学习资源形式，特别是随着 MOOC、微课、翻转课堂的发展，网络课程日益受到教育领域的重视。图像或绘画多出现于美术学、绘画、艺术设计等课程或专业，但同时也是其他课程或专业的重要辅助资源。从资源类型角度划分，学习画面的种类繁多，本书通过对样本数据库中各资源类型图像数量的统计，仅研究数量最多且最为常见的 4 种资源类型，即多媒体 PPT（简称 PPT）、网络课程、Flash 动画（简称动画）、图像或绘画（简称绘画）。各资源类型学习画面情感强度的平均值如表 4—6 所示。

表 4—6　　　　各资源类型学习画面情感强度的平均值

资源类型	温馨	欢快	活泼	搞笑	夸张	幽默	有趣
多媒体 PPT	0.263381	0.217038	0.212763	0.094185	0.091521	0.071078	0.309830
图像或绘画	0.183312	0.191860	0.215698	0.054048	0.076150	0.051856	0.222023
Flash 动画	0.322982	0.369246	0.407500	0.100319	0.138328	0.089790	0.416278
网络课程	0.092787	0.103785	0.111273	0.019796	0.019327	0.014136	0.084651
资源类型	凄凉	枯燥	沉闷	繁乱	虚幻	惊险	恐怖
多媒体 PPT	0.021799	0.365741	0.292107	0.189831	0.014355	0.010493	0.010288
图像或绘画	0.047676	0.346517	0.275027	0.249114	0.053718	0.015918	0.021175
Flash 动画	0.021354	0.111504	0.088332	0.082715	0.025727	0.011430	0.011267
网络课程	0.029937	0.433010	0.341355	0.138056	0.018341	0.003542	0.009397

为了更为直观地表现各资源类型各学习画面情感的区别和联系，笔者绘制如图 4—9 所示的柱状图。横坐标为温馨、欢快、活泼等 14 种学习

画面情感，纵坐标为情感强度的平均值，并归一化到0—1。

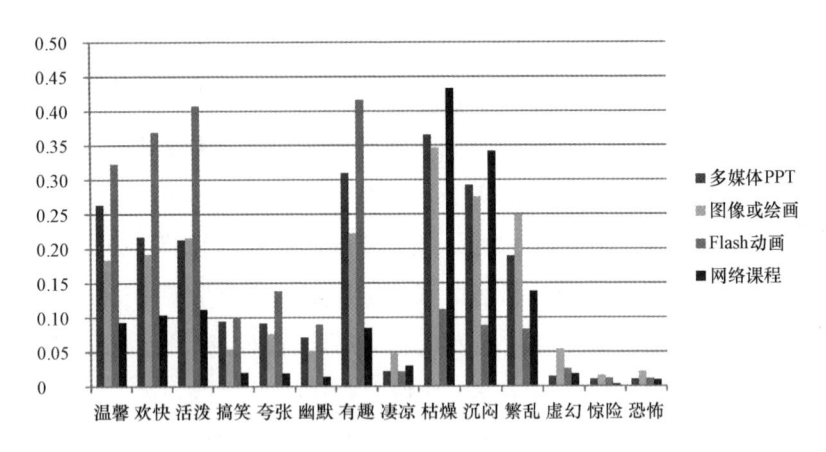

图4—9　各资源类型学习画面的情感差异

如表4—6和图4—9所示，从整体来说，温馨、欢快、活泼、有趣、枯燥、沉闷、繁乱7种情感的强度平均值较高，搞笑、夸张、幽默、凄凉、虚幻5种情感的强度平均值较低，惊险和恐怖的强度平均值最低。需要指出，网络课程指整个网络课程页面，既包括页面中央播放的教学视频或呈现的学习内容，也包括导航栏等其他区域，如图4—10所示。

图4—10　网络课程类型的学习画面

从学习画面的情感角度来看，4种资源类型学习画面情感强度的平均值在部分情感维度上具有明显差异，而在部分情感维度上差别不大。在温馨、欢快、活泼、有趣方面，动画类学习画面的情感强度较高，其余依次为PPT类、绘画类和网络课程类，其中PPT类和绘画类学习画面的情感强度较为接近，而网络课程类学习画面的情感强度最低。Flash动画是一种集形状、位图、文本、音频、按钮、视频等多种媒体元素构成的矢量化多媒体形式，具有色彩鲜艳、交互丰富、生动活泼等特点，并且主要面向学前、小学阶段学习者，仅在体现欢快、活泼、有趣等情感类型时，才能有效吸引学习者的注意力。此外，Flash动画多用于情境创设和趣味教学，以表现欢快、活泼、有趣等正向情感为主。而网络课程主要面向大学和继续教育阶段，学习者多为成年人，自制力强。教育工作者设计学习画面时多注重知识的传授，而对学习画面的情感考虑较少。搞笑、夸张和幽默方面，仍然是动画类学习画面的情感强度较高，其余依次为PPT类、绘画类和网络课程类，但各情感的强度要明显弱于温馨、欢快、活泼和有趣。在凄凉、虚幻、惊险和恐怖方面，PPT类、绘画类、动画类、网络课程类学习画面的情感强度差异不明显，并且情感强度均较低。在繁乱方面，绘画类学习画面的情感强度最高，其余依次为PPT类、网络课程类和动画类。绘画类学习画面颜色丰富、纹理复杂、线条众多，易使学习者产生繁乱的视觉感受。由于Flash动画需要通过控制鼠标去创建人物、动物和植物形象，较难做到特别精细，所以线条和纹理相对较少，使得繁乱强度较低。在枯燥和沉闷方面，动画类学习画面的情感强度较低，而网络课程类、PPT类、绘画类学习画面的情感强度较高。这是因为部分网络课程页面以白色或黑色为主色调，并且中央区域的视频仅是教师坐在镜头前讲授，这无疑使学习者感到厌烦。部分多媒体PPT仅以文本形式呈现学习内容，甚至有的多媒体PPT文字充满整个页面，而且背景单一、没有交互，这必然也使学习者感觉厌烦。

从资源类型的角度来看，PPT类学习画面既有温馨、欢快、活泼、有趣等正向情感，也有枯燥、沉闷、繁乱等负向情感，负向情感略高于正向情感，而较少拥有搞笑、夸张、幽默等情感，基本没有凄凉、虚幻、惊险、恐怖等情感。可以看出，PPT类学习画面既可呈现正向情感，也可呈现负向情感，关键在于教育工作者的设计。绘画类学习画面与PPT类相似，既有以温馨、欢快、活泼、有趣为代表的正向情感，也有以枯燥、沉闷、繁乱为代表的负向情感，而较少呈现搞笑、夸张、幽默等情感，基本没有凄凉、虚幻、惊险、恐怖等情感。动画类学习画面在各情感维度上具有明显差异，较多呈现以温馨、欢快、活泼等为代表的正向情感，而较少体现以枯燥、沉闷、繁乱为代表的负向情感，同样基本没有凄凉、虚幻、惊险、恐怖等情感。网络课程类学习画面与动画类恰好相反，多呈现以枯燥、沉闷、繁乱为代表的负向情感，而较少体现以温馨、欢快、活泼为代表的正向情感，基本没有搞笑、夸张、幽默、凄凉、虚幻、惊险、恐怖等情感。

四 对学习画面设计的启示

通过对各学段、学科、资源类型学习画面的情感分析，可以发现不同类型的学习画面在某些情感维度上具有明显差异，而在部分情感维度上差别不大。合理地选择资源类型，恰当地表达学习画面的情感，为学习者营造良好的学习体验环境，对充分发挥学习画面的教育教学效果具有积极意义。

（一）对资源类型选择的启示

智慧学习环境中多媒体PPT、网络课程、Flash动画、图像或绘画是主要的数字化学习资源形式，其中多媒体PPT最为常见。某些资源类型具有特定的情感属性，而某些资源类型则可表达更为多样的情感，应恰当选择以激发学习者的学习兴趣。5—7岁儿童聚精会神地注意某一事物的平均时间是15分钟左右，7—10岁是20分钟左右，10—12岁是25分钟左右，12岁以后是30分钟左右。可见，随着年龄的增长，注意的稳定性提高。教师或教育工作者应根据学段学科、教学内容、学生特点、教学方式等确定希望表达的情感并选择与之相符的资源类型。Flash动画多呈现温馨、欢快、活泼等正向情感，较适合应用于学前和小学阶段学习者。网络课程与Flash动画恰好相反，多呈现枯燥、沉闷、繁乱等负向情感，适合自制力较高的大学阶段或继续教育阶段学习者。多媒体PPT则更加灵活，更具有普适性，既可表达正向情感，也可表达负向情感，这可能也是多媒体 PPT 具有广泛影响力和较高普及率的重要原因。但也可看出，多媒体 PPT 所呈现的情感依赖于教育工作者的设计，因此教育工作者应尤其重视对多媒体 PPT 所表达情感的关注，充分考虑学段学科和教学内容等因素，使其较多体现正向情感，并尽量避免负向情感的出现。

（二）对学习画面设计的启示

教育工作者在设计学习画面时，多关注教学内容的呈现，而较少考虑色彩搭配、排版布局、背景纹理、配图质量、文本样式等影响学习画面情感的因素，特别是大学阶段和理工类课程。虽然，这可能与学科或学段的性质有关，但通过精心的画面设计仍能弥补或改善理工类课程教学内容所存在的枯燥和沉闷。大学阶段或理工类课程的学习画面应避免枯燥的纯文字描述和单调的黑白色搭配，应适当增加学习画面的趣味性和亲和力，创设温馨、和谐的学习环境。通过对学堂在线、慕课网、中国大学 MOOC、MOOC 中国等慕课平台的观察发现，课程页面中央的教学视频多经过精心拍摄和处理，但页面背景却较为单调，多为纯白或纯黑背景，MOOC 平台管理者可为教师提供更加多样化的选择，甚至教师可以根据自身课程特点或内容自由设计和制作课程页面的背景。另外，目前学习者也无法根据喜好选择或更换课程背景，黑色虽给浏览者深沉、神秘、寂静的心理感受，但同时也会带来悲哀、压抑的感觉。MOOC 平台管理者可设计主色调不同的页面背景以供学习者选择，以满足学习者的个性化需求。

本章小结

本章首先梳理了图像情感识别方法的相关研究，主要分为基于机器学习的图像情感识别方法和基于视觉认知的图像情感识别方法。其中基于视觉认知的图像情感识别方法是利用哲学、心理学和视觉认知等领域的知识，将图像的低层视觉特征根据某种规则或逻辑映射到高层情感语义中；基于传统机器学习的图像情感识别方法首先提取图像的颜色、纹理、形状等低层视觉特征，然后利用监督学习的方法训练分类器，以识别图像的情感。最后设计了一种 9 层 CNN 模型以实现学习画面的情感识别，该模型包括4个卷积层、4个池化层和1个全连接层，并在自主建设的大规模学习画面图像数据库上进行了模型训练和实验。实验结果表明，该模型能够较为准确地识别学习画面图像的情感。其次，设计开发了学习画面情感自动评估系统，并对该系统核心功能的实现进行了介绍。最后，利用训练后的CNN模型对134742幅学习画面图像的情感进行识别，并从学段、学科、资源类型三个维度对学习画面的情感进行了分析，给出了学习画面设计的情感启示，以期对智慧学习环境中学习画面的设计提供借鉴和参考。

第五章

智慧学习环境中学习者的情感识别

情感能够影响和调节学习者的注意、记忆、思维、语言等认知活动，学习者情感的准确识别是构建智慧学习环境和谐情感交互的基础，更是判断学习者学习状态的重要手段。学习者学习过程中的面部表情是其情感状态的重要表现，并且实际应用中，通过智能学习终端自带摄像头采集学习者的面部表情，进而识别学习者的情感状态，要比其他方法更加自然可行。传统学习者面部表情识别方法主要包括图像预处理、人脸检测、特征提取、特征选择、分类器构建等过程，存在准确率低、算法复杂、鲁棒性差等问题，并且容易丢失面部表情特征的关键信息。深度学习将图像特征提取与神经网络的模糊分类相结合，省略前期复杂的图像预处理和特征提取过程，使之不再依赖人工精心设计的显式特征提取方法，提高了效率和准确率的同时，也提高了识别方法的鲁棒性。因此，本书提出一种基于卷积神经网络的学习者情感识别方法，并在自主建设的大规模学习者表情图像数据库上进行了模型训练和实验。

第一节 面部表情识别方法概述

情感识别作为情感计算的重要内容，研究者主要围绕生理信号、心理测量数据、外显行为对其展开研究。其中基于外显行为的方法又分为基于面部表情的方法、基于语音声调的方法和基于身体姿势的方法等。通过对相关文献的梳理，发现研究者多采用基于传统机器学习的方法和基于深度学习的方法实现面部表情的有效识别。

一 基于传统机器学习的方法

传统机器学习方法主要包括图像采集、人脸检测、特征提取，表情分类等过程，既有人脸表情数据库已在第三章第四节中进行了详细介绍，本章不再赘述。表情编码包括描述性编码和判断性编码两种，其中描述性编码包括面部动作编码系统（Facial Action Coding System，FACS）、脸部动画参数、最大限度辨别面部肌肉运动编码系统等；判断性编码包括情绪面部动作编码系统（Emotional Facial Action Coding System，EM-FACS）、表情辨别整体判断系统等。人脸检测方法包括基于知识的方法、特征不变量方法、模板匹配的方法和基于外观的方法等。特征提取分为静态和动态两种，静态包括主成分分析法、主动形状模型、主动表观模型、独立分量分析法、尺度不变特征转换、Gabor 滤波器、局部二值模式等，动态包括光流法、特征点跟踪法、模型法等。表情分类也分为静态和动态两种，其中静态包括神经网络、贝叶斯网络分类器、支持向量机、K 近邻算法等，动态包括隐马尔科夫模型、可变状态潜在条件随机场等。

刘涛等研究者提出基于光流特征与高斯 LDA（Latent Dirichlet Allocation）的面部表情识别方法，该方法采用动态的光流特征来描述面部表情的变化差异，以提高面部表情的识别准确率[1]。首先，计算面部表情图像与中性表情图像之间的光流特征；然后，对传统的线性判断分析方法进行扩展，采用高斯 LDA 方法对光流特征进行映射，从而得到面部表情图像的特征向量；最后，设计多类支持向量机分类器，实现面部表情的分类与识别。侯小红等研究者针对 LBP 算法在提取全局特征时不具有针对性的缺点，提出一种基于 Harris-SIFT 特征点检测的 LBP 面部表情识别算法[2]。该算法引入 Harris 得到表情图像的角点，同时运用 SIFT 检测算法得到图像的局部最大最小值，通过 Harris 算法对 SIFT 特征点进行过滤，得到表情图像的准确感兴趣点；设计特征点最大区域选

---

[1] 刘涛、周先春、严锡君：《基于光流特征与高斯 LDA 的面部表情识别算法》，《计算机科学》2018 年第 10 期。

[2] 侯小红、郭敏：《一种基于 Harris-SIFT 特征点检测的 LBP 人脸表情识别算法》，《西北大学学报》（自然科学版）2017 年第 2 期。

取法和特征点周围领域选取法,将选取的区域作为 LBP 特征提取的输入图像;运用支持向量机多分类器得到每种表情的识别准确率。张良等研究者针对 LBP 不能描述纹理方向变化的问题,提出了一种融合梯度方向的 LBP-GD 算子[①]。LBP-GD 算子既保留了 LBP 自身的独特优点,还可以细致刻画纹理的方向信息。由于眉毛、眼睛、鼻子、嘴巴等所蕴含信息的差异性,设计了一种不规则的分块方式,把图像分为 9 个互不重叠的子块,并且设置不同的权重系数,然后提取每个子块的 LBP-GD 特征。最后,将 LBP-GD 特征与提升小波的低频分量特征加权融合,用 K 近邻算法进行分类。

二 基于深度学习的方法

随着计算机性能的显著提升和大数据时代的到来,深度学习成为人工智能领域的重要机器学习算法。深度学习将图像特征提取与神经网络的模糊分类相结合,省略前期复杂的图像预处理和特征提取过程,使之不再依赖人工精心设计的显式特征提取方法。目前,研究者多采用深度学习领域重要模型卷积神经网络识别人脸表情。翟懿奎等研究者提出一种基于迁移卷积神经网络的人脸表情识别方法,在训练得到人脸识别网络模型的基础上,采用迁移学习方法将所得人脸识别模型迁移到人脸表情识别任务上,并提出 Softmax-MSE 损失函数和双激活层结构,以提高模型的识别能力[②]。杨格兰等研究者提出基于深度时空域卷积神经网络的表情识别模型,采用数据驱动策略直接从表情视频中自动抽取时空域中的动、静态特征[③]。使用新颖的卷积滤波器响应积替代权重和,使得模型能同时抽取到动态特征和静态特征。引入深度学习的多层设计,使得模型能逐层学习到更抽象、更宏观的特征。采用端对端的有监督学习策略,使得所有参数在同一目标函数下进行优化。

[①] 张良、李玉、刘婷婷等:《融合小波和 LBP-GD 特征的人脸表情识别》,《电子科技大学学报》2018 年第 5 期。

[②] 翟懿奎、刘健:《面向人脸表情识别的迁移卷积神经网络研究》,《信号处理》2018 年第 6 期。

[③] 杨格兰、邓晓军、刘琮:《基于深度时空域卷积神经网络的表情识别模型》,《中南大学学报》(自然科学版)2016 年第 7 期。

传统机器学习方法虽取得不错的效果，但识别的准确率以及泛化能力依赖于所选取的特征，研究者聚焦于如何设计和获得更好的特征上。这无疑将消耗大量的时间和精力，并且需要研究者具有较强的专业知识。深度学习和传统机器学习有着显著区别，它能够自动从训练集中隐式地学习到特征，避免了复杂的特征提取和人工选择过程，具有较高准确率和鲁棒性。因此，本书采用深度学习领域的重要模型卷积神经网络识别学习者的学习表情，进而判断学习者的情感状态。

第二节　基于 Adaboost 算法的人脸检测

人脸检测是表情识别的首要步骤，只有准确检测出人脸，才能进行后续的表情识别。人脸检测方法主要包括基于知识的方法、基于外观的方法、特征不变量方法和模板匹配方法等。基于外观的方法是利用统计分析和机器学习的技术来寻找人脸和非人脸图像的有关特性。学习而来的特性总结成分布模型或者判别函数，再利用这些分布模型或者判别函数来检测人脸。本书采用基于 Haar 特征的 Adaboost 算法实现人脸检测，其属于基于外观的方法，基本思想为利用样本图像的 Haar 特征，基于 Adaboost 分类算法，进行分类器训练[1]。训练示意图如图 5—1 所示。

一　Haar 特征

Haar 特征由保罗·维奥拉等学者提出[2]，后经雷纳·林哈特等学者引入 45°倾斜特征。目前，Haar 特征主要分为 4 种类型：边缘特征、线性特征、中心特征和对角线特征，这些特征组合成特征模板。Haar 特征的定义如公式 5.1 所示。

---

[1] 王志良：《人工情感》，机械工业出版社 2009 年版，第 182 页。
[2] Paul Viola and Michael Jones, "Rapid Object Detection Using a Boosted Cascade of Simple Features", paper delivered to 2001 IEEE Computer Society Conference on Computer Vision and Pattern Recognition, sponsored by the IEEE, Kauai, Hawaiian Islands, December 8 – 14, 2001.

第五章 智慧学习环境中学习者的情感识别

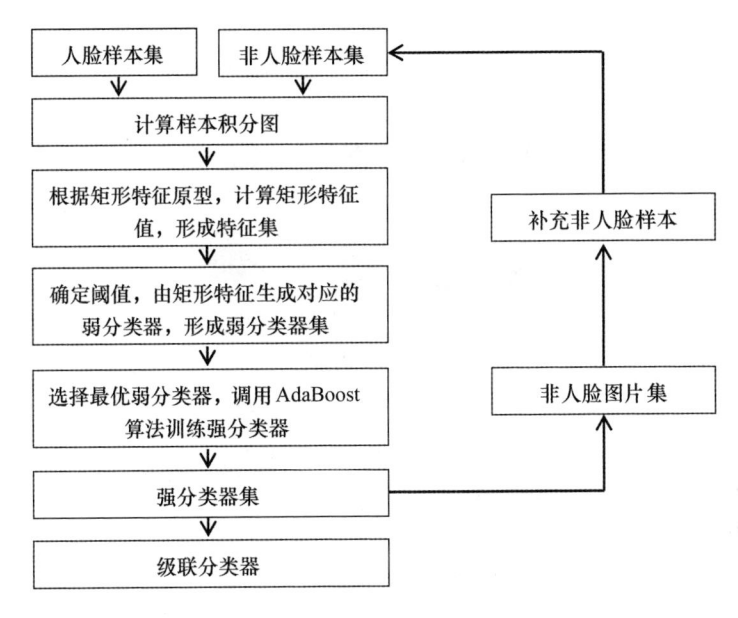

图 5—1 AdaBoost 算法训练流程示意

$$feature_k = \sum_{i \in (1,2\cdots,N)} \omega_i RctSum(r_i) \qquad (5.1)$$

公式 5.1 中，$\omega_i \in R$ 为矩形 r_i 的权重；$\omega_i RctSum(r_i)$ 为 r_i 所围图像的灰度积分；N 为组成 $feature_k$ 的区域个数。Haar 特征的提取简单来说就是通过不断改变模板的大小、位置和类型，白色矩形区域像素和减去黑色矩形区域像素和，以得到每种类型模板的大量子特征。Haar 原型仅有四种，如图 5—2 所示。

图 5—2 Haar 特征的 4 种原型

专家学者在此基础上进行扩展，形成 14 种 Haar 特征原型，如图 5—3 所示。

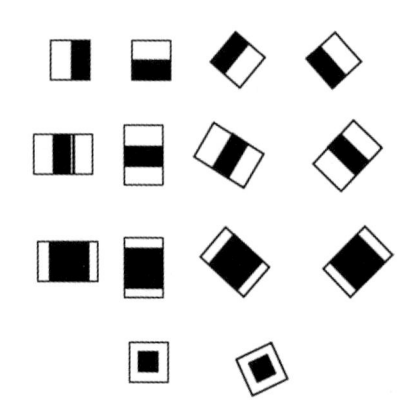

图 5—3 Haar 特征的 14 种原型

二 积分图像

计算 Haar 的特征值需要计算图像中封闭矩形区域的像素值之和，在不断改变模板大小和位置的情况下，需要计算大量的多重尺度区域，这可能会遍历每个矩形的每个像素值，并且同一个像素如果被包含在不同的矩形中会被重复遍历多次，这将导致大量的计算和高复杂度。因此，保罗·维奥拉提出一种被称为积分图像（Integral Image）的图像描述方法。利用积分图像的算法可以较为方便地提取图像的局部 Haar 特征。局部 Haar 特征的特点是计算方便，而且适用于多分辨率分析[①]。积分图像的计算方法如公式 5.2 所示。

$$I(x,y) = \sum_{i<x, j<y} g(i,j) \qquad (5.2)$$

公式 5.2 中，$g(i,j)$ 是原始的图像，$I(x,y)$ 是积分图像。(x,y) 点的数值等于左上角区域的所有像素总和。

如图 5—4 所示，I1 表示 A 区域灰度积分，I2 等于 A + B 区域灰度积分，I3 等于 A + C 区域灰度积分，I4 等于 A + B + C + D 区域灰度积分。若计算 D 区域的积分，则计算（I4 + I1） - （I2 + I3）即可。仅需计算一

---

① 王志良：《人工情感》，机械工业出版社 2009 年版，第 183 页。

次积分图像,图像上任意区域的积分,可以快速得到。

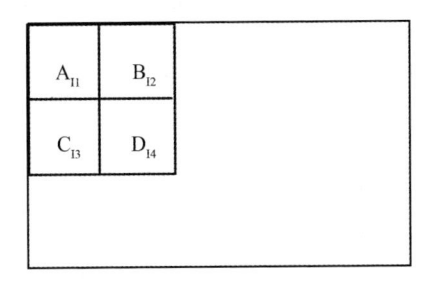

图5—4 积分图像

三 AdaBoost 学习算法

1988年,迈克尔·卡恩斯等学者提出 Boosting 理论的基本思想:在机器学习中,"弱的学习算法"可以应用一定的策略进行加强,从而得到任意精确的"强的学习算法"[1]。1997年,约夫·弗伦德等学者提出自适应增强算法(Adaptive Boosting, AdaBoost)[2]。最初,AdaBoost 并未引起人脸检测领域专家学者的注意。直到2001年,保罗·维奥拉等学者才首次将 AdaBoost 应用于人脸检测研究,此后人脸检测实现质的突破。

Boosting 算法中,弱分类器指简单的学习算法,为使弱分类的结果增强,需要进行一系列的学习。第一轮学习后,样本被重新计算权重,增强那些非正确分类的部分。最后,一个"强分类器"就形成了,它是弱分类器在取某个阈值后的加权组合。可用"贪婪的特征选择过程"来描述 AdaBoost 学习算法的学习过程。算法的关键是效果好的分类函数将给予高的权重,而效果差的分类函数将给予低的权重。实际应用中,使用 AdaBoost 的方法选择特征,就是将"弱分类器"加上一个限定,一个"弱分类器"对应一个矩形特征,在进行 Boosting 的过程中,每一次放大选择一个学习器,就是选择一个特征。这个学习器对正例和反例的区分

---

[1] Michael Kearns and Leslie G. Valiant, Learning Boolean Formulae or Factoring, 1988, Cambridge, Massachusetts: Havard University Aliken Computation Laboratory, TR – 14 – 88.

[2] Yoav Freund and Robert E. Schapire, "A Decision-Theoretic Generalization of On-Line Learning and an Application to Boosting", *Journal of Computer and System Sciences*, Vol. 55, No. 1, August 1997, pp. 119 – 139.

度达到最优。对每个特征,"弱分类器"使得每个分类函数的阈值达到最优。在这里的弱分类器指的是用 Haar 特征直接构成的分类器,AdaBoost 算法通过从大量的 Haar 特征中挑选出最优的特征,并将其转换成对应的弱分类器进行分类使用,从而达到对目标进行分类的目的。弱分类器的函数表达式如公式 5.3 所示。

$$h_j(x) = \begin{cases} 1 & p_j f_j(x) < p_j \theta_j \\ 0 & 其他 \end{cases} \quad (5.3)$$

公式 5.3 中,h_j 表示弱分类器的值,θ_j 表示阈值,p_j 用于控制不等值的方向,可以取值 +1 或 -1,$f_j(x)$ 表示矩形特征值。弱分类器所含信息量较少,不能用来直接分类。AdaBoost 算法的具体形式如下。

Step1:输入样本 (x_1, y_1),(x_2, y_2),…,(x_n, y_n),共 N 个。其中 x 表示实例,y 表示标识,y_i 取值为 1 或 0,表示正负样本。

Step2:初始化权重值 $w_{1,i}$,方法如公式 5.4 所示。

$$w_{1,i} = \begin{cases} \dfrac{1}{m} & y_i = 0 \\ \dfrac{1}{n} & y_i = 1 \end{cases} \quad (5.4)$$

Step3:开始迭代循环 $t = 1$。

Step4:归一化权重,方法如公式 5.5 所示。

$$w_{t,i} = \dfrac{w_{t,i}}{\sum_{j=1}^{n} w_{t,j}} \quad (5.5)$$

Step5:对每个特征 j,训练一个只使用某一个单一特征的分类器 h_j。然后得到本次分类的误差,误差计算如公式 5.6 所示。

$$e_j = \sum_i w_i |h_j(x_i) - y_i| \quad (5.6)$$

Step6:选择误差 e_j 最小的分类器,并更新权重。权重计算方法如公式 5.7 所示。

$$w_{t+1,i} = w_{t,i} \beta_t^{1-e_i} \quad (5.7)$$

$e_i = 0$ 表示分类正确,$e_i = 1$ 表示分类错误,$\beta_t = e_t/(1-e_t)$。

Step7:$t = t + 1$。

Step8:若 $t < T$ 则转向 Step4。

Step9：得到最终的分类器，如公式 5.8 所示。

$$h(x) = \begin{cases} 1 & \sum_{t=1}^{T} \alpha_t h_t(x) \geq \frac{1}{2} \\ 0 & \text{其他} \end{cases} \quad \sum_{t=1}^{T} \alpha_t, \alpha_t = \log \frac{1}{\beta_t} \quad (5.8)$$

此算法训练过程中，每个样本拥有一个初始权值，表示该样本被某个弱分类器选中的概率。如果某个样本被正确分类，构造下一个训练集时，降低其权值，反之增加其权值。通过此算法每一轮都会增强那些使分类错误的"困难"样本上，每一轮选出一个最优弱分类器，这些弱分类器线性组合而成强分类器[1]。AdaBoost 算法构造的特征最后大概 200 个，能够较好地应用于目标检测。

总之，AdaBoost 算法人脸检测是一种基于积分图、AdaBoost 算法和级联检测器的方法，该方法包括三部分：使用 Haar 特征表示人脸，使用积分图实现特征数值的快速计算；使用 AdaBoost 算法挑选代表人脸的矩形特征（弱分类器），按照加权投票的方法将弱分类器构造成强分类器；将训练得到的若干强分类器串联组成一个级联结构层叠分类器，级联结构能够有效地提高分类器的检测速度。AdaBoost 算法将强分类器串联形成级联分类器，使人脸依次通过分类器，从第一层分类器出来的正确结果触发第二层分类器，以此类推。相反地，从任何结点输出的被否定结果会使这个子窗口的检测立即停止。

第三节 卷积神经网络的结构设计

CNN 的结构需要根据实际情况进行设计，并不存在通用于所有任务的 CNN 结构。学习者的学习表情图像相对于学习画面图像来说，低层视觉特征较为简单，并且学习者的学习情感数量少于学习画面的视觉情感数量，因此用于识别学习者情感的 CNN 模型并不复杂，仅包括 3 个卷积层、3 个池化层和 1 个全连接层。

---

[1] 王志良：《人工情感》，机械工业出版社 2009 年版，第 185 页。

一　卷积神经网络的结构

如第四章第二节所述，CNN 的结构设计需要综合考虑识别准确率、训练速度和内存消耗等因素。大尺寸的卷积核能够带来更大的局部感受野，但无疑也需要训练更多的参数。研究表明，小卷积核通过多层叠加可以取得与大卷积核同等规模的感受野。此外，采用小卷积核可增加网络深度，并减少参数个数[①]。通常卷积核大小设置为 3×3 或 5×5，步长设置为 1，笔者设置所有卷积核的大小为 5×5，步长为 1。

卷积核的数量决定了特征图的数量，一个卷积核的卷积操作会生成一个特征图，卷积核越多，生成的特征图就越多，提取的高维特征也就越多，但也会使训练的参数成倍地增加，导致训练时间过长的同时，也对计算机的性能提出更高的要求[②]。笔者根据具体任务设置卷积核的数量依次为 6 个、12 个和 24 个。

第二章第三节已对激活函数进行介绍，激活函数主要有 Sigmoid 函数、tanh 函数、ReLU 函数、Linear 函数和 Ramp 函数等，其中 Sigmoid 函数是有界可微的实函数，处处连续，便于求导，并且输出范围有限，可使数据在传递过程中不易发散。因此，笔者仍选择 Sigmoid 函数为激活函数。目标函数为均方误差，即 L2 损失函数。

池化是将图像按窗口大小划分成不重叠的区域，然后对一个区域内的元素进行聚合。一般采用 2×2 大小的窗口，处理完图像长和宽都是原图像的一半。笔者将所有池化窗口的大小设置为 2×2，并且池化方式均为平均值池化。

网络层数过低会导致信息表达能力不足，增加网络的层数会使特征信息表达能力逐步增强，但层数过多也会使网络结构过于复杂，训练时间增加，易出现"过拟合"现象。在保证识别准确率的情况下，为尽量减少训练时间，设计恰当的网络层数显得尤为重要。输入图像尺寸、卷

[①] 彭清、季桂树、谢林江等：《卷积神经网络在车辆识别中的应用》，计算机科学与探索 2018 年第 2 期。

[②] 高扬：《基于卷积神经网络的高分辨率遥感影像建筑物提取》，硕士学位论文，南京大学，2018 年，第 64 页。

积核大小，池化窗口大小等共同决定网络层数。笔者根据模型训练所使用计算机的性能和学习者表情图像的特点，设计了一种 7 层的 CNN 结构，其中包括 3 个卷积层，3 个池化层和 1 个全连接层，结构如图 5—5 所示。

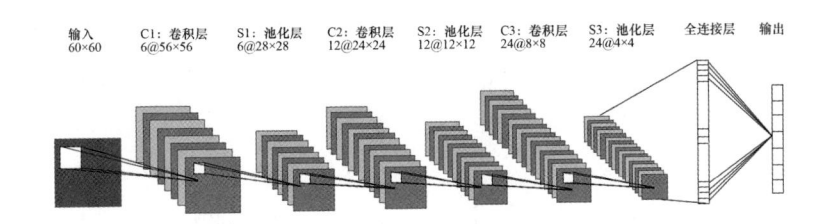

图 5—5　7 层卷积神经网络的结构

7 层卷积神经网络的结构描述如表 5—1 所示。

表 5—1　　　　　　7 层卷积神经网络的结构描述

序号	操作类型	参数信息	输入数据	输出数据
1	卷积操作	$f=5$；$s=1$；$d=6$	60×60	56×56
2	激活函数	Sigmoid	56×56	56×56
3	池化操作	$f=2$；$s=1$；$p=\text{AVG}$	56×56	28×28
4	卷积操作	$f=5$；$s=1$；$d=12$	28×28	24×24
5	激活函数	Sigmoid	24×24	24×24
6	池化操作	$f=2$；$s=1$；$p=\text{AVG}$	24×24	12×12
7	卷积操作	$f=5$；$s=1$；$d=24$	12×12	8×8
8	激活函数	Sigmoid	8×8	8×8
9	池化操作	$f=2$；$s=1$；$p=\text{AVG}$	8×8	4×4
13	全连接层	$f=4$；$s=1$	4×4	1×1
14	损失函数	MSE	1×1	—

其中，f 为卷积核或池化窗口的大小，s 为步长，d 为该层卷积核的个数，p 为池化操作的类型，AVG 为平均值池化，MSE（Mean-Square Error）为均方误差，即 L2 损失函数。

（1）输入为 60×60 像素的学习者表情图像。

（2）在 C1 层（卷积层）用 6 个 5×5 的卷积核对输入图像进行卷积操作，步长为 1，激活函数为 Sigmoid 函数。此时，C1 层包含 6 个特征图，特征图的尺寸为 56×56 像素。

（3）在 S1 层（池化层）用 2×2 的池化窗口对 C1 层的特征图进行池化操作，池化方式为平均值池化，步长为 1。此时，S1 层仍包含 6 个特征图，特征图尺寸为 28×28 像素。

（4）在 C2 层（卷积层）用 12 个 5×5 的卷积核对 S1 层的特征图进行卷积操作，步长为 1，激活函数为 Sigmoid 函数。此时，C2 层包含 12 个特征图，特征图的尺寸为 24×24 像素。

（5）在 S2 层（池化层）用 2×2 的池化窗口对 C2 层的特征图进行池化操作，池化方式为平均值池化，步长为 1。此时，S2 层仍包含 12 个特征图，特征图尺寸为 12×12 像素。

（6）在 C3 层（卷积层）用 24 个 5×5 的卷积核对 S2 层的特征图进行卷积操作，步长为 1，激活函数为 Sigmoid 函数。此时，C3 层包含 24 个特征图，特征图的尺寸为 8×8 像素。

（7）在 S3 层（池化层）用 2×2 的池化窗口对 C3 层的特征图进行池化操作，池化方式为平均值池化，步长为 1。此时，S2 层仍包含 24 个特征图，特征图尺寸为 4×4 像素。

（8）全连接层的每个神经元与 S3 层的特征图进行全连接，输出层将输出该幅学习者面部表情图像 7 种情感的强度。

二　卷积神经网络的参数

如第四章第二节所述，权重的初始化对于模型训练来说非常重要，不好的初始化权重会导致梯度传播问题，降低训练速度，而好的初始化权重能够加速收敛，并且更可能找到最优解。权重初始化通常采用随机初始化的方式，随机初始化又包括 Gaussian、Xavier、MSRA 等方法。为了使网络中的信息更好地传播，每一层输出的方差应该尽量相等，Xavier 便是较为理想的初始化方法。因此，用于识别学习者情感的 7 层 CNN 模型的权重初始化仍采用 Xavier 方法，若 n^l 是第 l 层神经元的个数，n^{l-1} 是

第 $l-1$ 层神经元的个数，那么权重将从 $\left[-\sqrt{\dfrac{6}{n^{l-1}+n^l}}, \sqrt{\dfrac{6}{n^{l-1}+n^l}}\right]$ 均匀分布中随机产生。各层的偏值均初始化为 0。

CNN 还需要设置初始学习率和批次大小，学习率越小，计算越精细，但训练速度会变慢，并且可能会造成局部最优，得到错误的训练结果。而学习率越大，训练速度加快的同时，可能会出现无法收敛的情况，笔者设置学习率为 0.01。批次大小指训练一次所需样本图像的数量，需要综合考虑识别准确率和训练周期两个因素，笔者设置每次批处理 50 张图像，即每训练 50 个样本调整一次权重，所有图像循环处理 2800 次。

第四节　模型训练与结果分析

模型训练是指通过训练样本集调整 CNN 的内部参数，对于本章来说，就是利用已标注情感及强度的学习者表情图像调整 CNN 各层的权重和偏值。笔者将自主建设的大规模学习者表情图像数据库作为训练样本集对本章提出的 7 层 CNN 模型进行训练，然后使用准确率来验证本书提出的学习者情感识别方法。

一　实验环境与数据集

（一）实验环境

笔者采用 Windows 10 下的 Matlab R2016a 软件作为实验环境，计算机 CPU 为 Intel Core i7-6700，内存为 24G，仍使用 Matlab 的深度学习工具箱 DeepLean Toolbox 进行模型训练。训练过程为首先执行 test_example_CNN.m 文件，以设置 CNN 模型的网络结构、卷积核的数量和尺寸、池化窗口的尺寸、学习率、批训练样本的数量、迭代次数等基本参数；然后调用 cnnsetup.m、cnntrain.m、cnntest.m 三个文件，cnnsetup.m 文件用于初始化 CNN 模型的参数，cnntrain.m 文件用于训练 CNN 模型，cnntest.m 文件用于验证测试样本的识别准确率；再后 cnntrain.m 将调用 cnnff.m、cnnbp.m、cnnapplygrads.m 三个文件，其中 cnnff.m 文件实现 CNN 的前向传播过程，cnnbp.m 文件实现 CNN 的误差反向传播过程，cnnapplygrads. m 文件实现 CNN 的参数更新。第四章第三节已对深度学习工具箱 DeepLean Toolbox 进行详细介绍，本章不再赘述。

（二）实验数据集

由于外国人的人脸及表情特征与中国人的人脸及表情特征具有显著差异，用外国人的人脸表情数据库进行训练，训练结果较难应用于中国。其次，目前已知的人脸表情数据库样本数量较少且被试多为成人，难以满足深度学习和实际应用的需求。最后，由于隐私保护等原因，也较难获得其他机构或单位的人脸表情数据库。因此，笔者前期利用摄像头和网络爬虫采集学习者的学习表情图像，自主建设大规模学习者表情图像数据库。为进行 CNN 模型训练，随机选用其中的 70000 幅面部表情图像作为 CNN 的训练样本，10500 幅图像作为 CNN 的测试样本。

为避免训练过程中出现"过拟合"的问题，也为增加训练样本的多样性，本书仍采用数据扩充方法，扩增训练样本集的数量为原来的 5 倍，即训练样本集图像的总数增加到 35 万。具体做法为取原图像的左上、右上、左下、右下以及原图像作为新的训练样本。

通常默认图像是一类平稳的数据分布，从每个样本减去数据的统计平均值（逐样本计算）可以移除共同部分，凸显个体差异。因此，在模型训练前，笔者仍采用中心式归一化（mean normalization）处理方式对数据进行预处理。操作方法为：首先计算训练样本集图像像素均值，然后在处理训练样本集和测试样本集时分别减去该均值，最后将原图调整为 60×60 像素的图像，并将其作为 CNN 模型的输入数据。

二　实验结果与分析

（一）CNN 训练实验

CNN 的模型训练主要包括信号正向传播和误差反向传播两个过程。其中正向传播时，训练样本从输入层输入，经过卷积层、池化层等隐层的操作，全连接层会输出结果。若输出的结果与标注值或真实值不同，则通过目标函数计算预测值与标注值间的误差，并将误差反向传播，误差将分摊给各隐层，以便修正各隐层的权重和偏值。正向传播和反向传播迭代循环，利用训练样本不断调整各层的权重、偏值等参数，直到误差下降到可接受的范围即模型收敛或者达到预定的迭代次数。CNN 模型训练完成后，将利用正向传播过程对测试样本集中的学习者面部表情图像进行情感识别，并返回每幅图像 7 种情感的强度。为验证识别准确率，本书将每幅图像 7 种情感中强度最高的情感作为该幅图像的学习情感类型。测试结果如表 5—2 所示。

表 5—2　　　　　　　　　测试样本集识别结果

情感	常态	高兴	愤怒	悲伤	惊恐	专注	走神
准确率（%）	91.27	96.72	87.32	85.56	93.63	87.37	86.50

由表 5—2 可知，高兴、常态、惊恐的识别准确率较高，均超过 90%，愤怒、悲伤、专注、走神的识别准确率较低，但也超过 85%。高兴、常态等情感的面部表情图像视觉特征明显，并且训练样本较多，因此识别准确率较高。而专注与常态、走神与悲伤的面部表情图像视觉特征相似，并且训练样本相对较少，给识别带来难度，因此准确率相对较低。但 7 种学习情感的识别准确率均高于 85%，说明本书基于 CNN 提出的学习者情感识别方法能够较为准确地识别学习者的学习表情，进而判断学习者的情感状态，具有实际应用价值。与已有研究相比，平均识别准确率比传统机器学习识别算法略高或持平，但 CNN 省略前期复杂的特征提取过程，耗时明显比传统机器学习算法缩短。经实验测试，能无延迟地实时识别学习者的学习情感，现已初步实际应用于基于学习者情感的学习画面情感自适应调整系统。

（二）The Extended Cohn-Kanade Dataset（CK+）实验

2010 年卡内基梅隆大学在 CK 人脸表情数据库基础上发布 CK+人脸表情数据库。CK+数据库内图像数量远多于 JAFFE 数据库，并且可以免费获取。其中包括 123 名被试的 593 个图像序列，每个序列至少由 6 帧图像组成。为验证本书设计的 7 层 CNN 模型的有效性，笔者选择 CK+面部表情数据库进行实验。CK+数据库中共包括常态、愤怒、厌恶、恐惧、高兴、惊讶、悲伤 7 种表情，其中厌恶不在本书的研究范围内。笔者从中随机选用 500 幅图像，包括常态（100 幅）、高兴（100 幅）、愤怒

（100 幅）、悲伤（100 幅）、惊恐（100 幅）5 种表情。由于 CK+ 数据库中缺少表现专注和走神的面部表情图像，笔者从搜狗实验室互联网图片库（2012 年版）中选择 150 幅表现专注的人脸表情图像，150 幅表现走神的人脸表情图像，然后由实验室成员从中随机各选择 100 幅图像。搜狗实验室互联网图片库（2012 年版）来自 Sogou 图片搜索所索引的部分数据，其中包括人物、动物、风景等类别，图像总数高达 2836535 幅。两者结合形成拥有 700 幅面部表情图像的实验数据集。然后采用本书提出的 7 层 CNN 模型进行实验。实验结果如表 5—3 所示。

表 5—3　　　　　　　　CK + 数据集实验结果

情感	常态	高兴	愤怒	悲伤	惊恐	专注	走神
准确率（%）	85	89	77	74	86	81	79

如表 5—3 所示，高兴、惊恐、常态、专注的识别准确率较高，超过 80%，走神、悲伤、愤怒的识别准确率相对较低，但也超过 70%，这与测试样本集的实验结果基本相符。由于训练样本集和测试样本集中学习者表情图像采集于同一批学习者，因此测试样本集的识别准确率整体较高，而 CK+ 数据库中被试均为外国人，人脸及表情特征与训练样本存在差异，并且 CK+ 数据库和搜狗图片库中图像均未参与 CNN 模型训练，因此识别准确率较低，但更为真实。总的来看，平均识别准确率为 81.57%，说明本书提出的基于 CNN 的学习者情感识别方法能够较为准确地识别学习者的学习情感，可用于对智慧学习环境中学习者的学习情感进行识别或判断。

三　学习者情感的识别应用

（一）完善智慧学习环境中的学习者模型

学习者模型是学习者特征在虚拟学习环境中的抽象表示，代表着学习环境所能认识和理解的学习者，并实时更新学习者的特征信息，是智慧学习环境实施智慧化、个性化的重要依据。因此，构建完善的学习者模型是为学习者提供智慧学习服务的前提和基础。目前，学习者模型领域已建立 IEEE PAPI、IMSLIP 等标准，研究者也从不同角度对其进行了研究。但已有研究多关注学习者基本信息和认知层面的属性特征，如性别、年龄、知识水平、认知能力等，忽视或轻视学习者的情境、偏好、情感等因素。学习者模型既要涵盖学习者的基本信息、学业信息、关系信息、知识状态，还要涉及情境特征、情感状态等。本书的研究将有助于构建融合情感特征的智慧学习环境学习者模型。该模型主要包括基本信息、学习者偏好、知识状态、情境特征、情感状态等。其中，基本信息主要包括姓名、性别、年龄、年级、联系方式等；学习者偏好包括学习风格、内容偏好、交互偏好、媒体偏好等；知识状态包括知识基础、领域知识、掌握程度等；情境特征包括社会情境、认知情境、技术情境等；情感状态则包括情感类型及强度等，情感类型及强度将由本书提出的学习者情感识别方法实时识别后获得，以便及时更新完善学习者模型。

（二）实现智慧学习环境中的情感交互

目前，智慧学习环境研究多关注根据学习者的知识水平提供适应性的学习内容，即强调智慧学习环境中认知层面的自适应交互，较少考虑学习者情感的自适应交互。智慧学习环境需要提供比信息化、数字化更加个性化、智慧化的学习服务，要提供更智慧化的学习服务，学习环境与学习者间的情感自适应交互必不可少，而学习者情感快速、准确地实时识别是实现智慧学习环境情感自适应交互的基础。智慧学习环境中，学习者主要通过观看学习内容的信息呈现画面即学习画面进行学习，学习画面是学习者学习的主要环境，并且是学习者与学习内容间信息交互的主通道，对学习效果有着至关重要的影响。学习画面所隐含的情感对学习者的学习兴趣、认知负荷、情感状态都有潜在影响，智慧学习环境中的学习画面情感是其情感特征的重要表现。本书的研究将有助于实现智慧学习环境中的和谐情感交互，根据学习者观看学习画面的面部表情，识别、判断学习者的情感状态，结合学习者对学习画面的视觉情感偏好，自动调整学习画面的关键视觉情感特征，包括调整界面背景颜色与纹理、增强显示学习兴趣点区域或重点学习内容、增添隐现趣味动画等，而且快速、实时，不影响学习者正常在线学习，使学习者始终保持积极、良好的情感状态。

(三) 挖掘智慧学习环境中的学习行为

学习行为泛指学习者在某种动机引导下，为实现一定学习目标而与周围环境进行的双向交互活动的总和。挖掘智慧学习环境中的学习行为，能够发现和理解数据背后隐藏的信息，既能够准确把握学习者的学习状态，以做出客观、有效的评价和建议，又能够自适应推送符合学习者需求的资源和内容，并为教师或管理者的决策提供支持。目前，研究者主要通过学习者的论坛交流、键鼠交互、文本输入、测验提交、观看记录等挖掘学习者的学习行为，而学习者情感状态的识别为智慧学习环境中的学习行为分析开辟了新的途径。智慧学习环境可根据学习者的情感状态为其推送交互程度、资源类型、难易程度恰当的学习资源。学习者学习过程中，实时识别学习者情感，连续时间内，若学习者多为消极情感时，可自适应推送较低难度的学习内容或任务，也可推送交互性或趣味性较强的资源类型；若学习者多为积极情感，则可自适应推送难度较高的学习内容或任务。对于学习过程中的情感状态，在课后将以仪表盘或分析报告的形式呈现给学习者或教师，便于学习者调整学习状态，也有利于教师掌握学习者的学习状态和对学习内容的理解程度，以便及时调整学习内容的难易程度以及呈现类型。通过一段时间内学习者情感数据的收集和分析，可挖掘学习者的学习风格、内容偏好、交互偏好、资源类型偏好等关键信息。

第五节 学习者情感自动识别系统的开发

本书针对基于面部表情的传统学习者情感识别方法所存在的准确率低、算法复杂、鲁棒性差等问题，设计了一种 7 层 CNN 模型以实现学习者情感识别，并在自主建设的大规模学习者表情图像数据库上进行了模型训练和验证实验，实验结果表明该方法能够快速且较为准确地识别学习者的学习情感。为方便智慧学习环境、学习管理系统研究者和开发者调用 API，也为方便教育工作者检测或识别学习者的学习情感，本书设计并开发了学习者情感自动识别系统。

一 系统设计目标

学习者情感自动识别系统的目的：其一，为教育工作者提供一个检测或识别学习者情感的自测平台，使教育工作者了解学习者的学习情感或状态，然后据此调整教学策略或教学方法；其二，为智慧学习环境、学习管理系统研究者或开发者提供 API，便于他们调用，实现智慧学习环境或学习管理系统的学习者情感识别功能，进而对学习者的学习状态和认知能力进行判断，以便调整自适应推送的内容或任务的难度。根据设计目的，学习者情感自动识别系统应达到以下目标。

第一，采用主流编程语言开发，具有较高兼容性，既可用于应用程序开发，也可用于网站开发。第二，系统能够兼容 JPG、JPEG、PNG、GIF、BMP、TIF 等常见图像格式。第三，系统能够调用 Matlab 编写的 CNN 模型，实现人脸检测和情感识别，并能以图片、文本、表格等形式返回所提交图像中学习者的情感及强度。第四，系统具有较好的运行稳定性，容易操作，界面简洁清晰。

学习者情感自动识别系统的设计原则为能够满足用户需求，并具有较高稳定性、可扩展性和可靠性。首先，用户需求是系统设计和开发的出发点和落脚点，整个过程应紧紧围绕用户需求进行。其次，因为涉及学习者的面部表情图像，所以系统可靠性和稳定性显得尤为重要，应避免黑客和病毒攻击，以保证用户信息安全，使用户能够信赖该系统。再次，目前该系统仅能识别 7 种学习情感，后期可能将会增加，并且用户需求是不断发展和变化的。因此，系统应具有可扩展性，以便适应不断变化的需求。

二 开发工具及环境

学习者情感自动识别系统仍采用 Visual Studio 2010、Matlab R2012a 等软件开发，使用 C#、Matlab 等编程语言实现相关功能。C#、Matlab、Visual Studio 2010 已在第四章第四节中进行介绍，本章不再赘述。

学习者情感自动识别系统是运用以下工具和平台开发的：操作系统为 Windows 7 32 位，开发平台为 Visual Studio 2010 和 Matlab R2012a，编程语言为 C#和 Matlab，数据库管理系统为 Access 2010。

三　系统核心功能的实现

笔者在开发环境下利用开发工具进行实际的系统开发。学习者情感自动识别系统的核心功能主要体现在学习者的情感识别和C#对Matlab函数的调用。

（一）学习者的情感识别

CNN的模型训练分为前向传播和反向传播两个阶段，当训练完成后，参数将保存在Mat格式的文件中。由于CNN的模型训练由Matlab软件完成，因此学习者的情感识别仍需Matlab软件实现。简言之，学习者的情感识别仅由CNN的前向传播阶段完成，全连接层的输出即为最终的情感类型及强度。

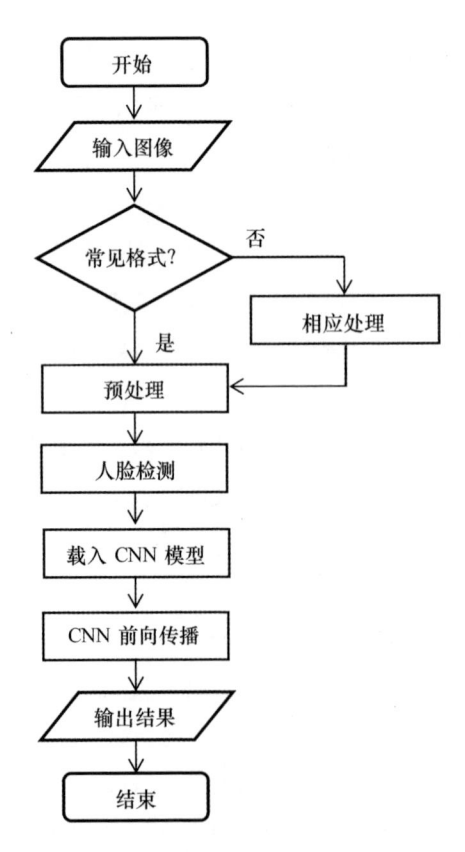

图5—6　学习者的情感识别算法

Step1：输入图像，并判断图像是否是 JPG、JPEG 等常见格式，若是转向 Step3，否则执行 Step2。

Step2：图像若是 GIF、PNG 等特殊格式，则进行相应处理。

Step3：对图像进行预处理，若图像是灰度图像，则将图像转为彩色图像。

Step4：利用基于 Haar 特征的 Adaboost 算法进行人脸检测，提取该幅图像中的人脸区域。若没有检测到人脸区域，则提示用户重新提交图像。

Step5：载入训练好的 CNN 模型，并调用 DeepLearn Toolbox 工具箱中的 cnnff.m 文件进行情感识别，将返回该幅图像中学习者的学习情感及强度。

Step6：将学习者的学习情感及强度以文本、表格、图片等形式输出。学习者的情感识别算法如图 5—6 所示。

（二）C#对 Matlab 函数的调用

Matlab 多应用于数据分析、工程与科学绘图、语音处理、图像与数字信号处理、建模与仿真等领域，较少用于开发应用程序。C#既可用于开发应用程序，也可用于开发 Web 网站，应用范围较 Matlab 更广。此外，学习者情感自动识别系统考虑到兼容性和可靠性，由 C#编写。因此，需将 Matlab 编写的学习者情感识别函数封装，以便 C#语言调用。C#调用 Matlab 函数的具体方法如下。

Step1：建立 Matlab 与编译器间的连接。在 Matlab 工作区输入指令：mbuild – setup，然后选择编译器，例如本书选择 Microsoft Visual C + + 2010。

Step2：编写 Matlab 函数。本书根据学习者的情感识别算法编写相关函数。需注意，函数名与文件名应相同。

Step3：将 Matlab 函数封装成动态链接库（Dynamic Link Library, DLL）。首先，点击 File→New→Development Project，在弹出的对话框中 Name 输入工程名，Location 输入保存路径，Target 选择 . NET Assembly，需注意 Target 的选择，点击确定。然后，在 Matlab 主界面右侧出现的工具栏中点击 Add class，输入类的名字。点击 Add files，选择含有 Matlab 函数的文件。需注意，此处应将主函数调用的所有文件都选择进来。最后，点击左上角的 build 按钮，生成可供 C#调用的动态链接库文件。此处将生成一个文件夹和 .prj 文件。后面将用到 distrib 文件夹中与类名相同的动态链接库文件。

Step4：新建 C#Web 项目后，在解决方案资源管理器中有 properties、引用、Web.config 等选项。右击引用→添加引用→浏览，然后引用 Matlab 安装包中的 MWArray.dll 文件、Matlab 封装工程目录下与工程名同名的动态链接库文件。本书引用 MWArray.dll 和 FaceMatlab.dll 文件。

Step5：在 Default.aspx 文件中设计网页前台，在 Default.aspx.cs 文件中书写程序代码，为能顺利调用封装的 Matlab 函数，后台文件必须包含 using FaceMatlab 语句和 using MathWorks.MATLAB.NET.Arrays 语句。在需要调用封装函数的位置创建一个类，如 FaceClass test = new FaceClass( )，其中 FaceClass 是在 Step3 中输入的类名。然后便可调用类中的函数，如 test.FaceExpression( )，其中 FaceExpression 是在 Step3 中添加的函数。需要特别注意，Matlab 与 C#、C++等语言进行数据传递的数据类型为 MWArray，需要进行相应的数据类型转换。

学习者情感自动识别系统的前台页面如图 5—7 所示。页面较为简单，由 Visual Studio 2010 软件和 C#语言实现相关功能，本书不再赘述其设计与开发过程。

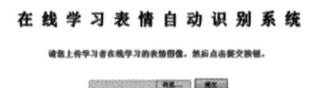

图 5—7　学习者情感自动识别系统

教师、学习者、教育管理者等用户可点击"浏览"按钮上传需要进行情感识别的图像，然后点击"提交"按钮。页面会立刻返回情感识别的结果。为方便用户浏览，系统返回的数据将以柱状图的形式进行呈现，如图 5—8 所示。

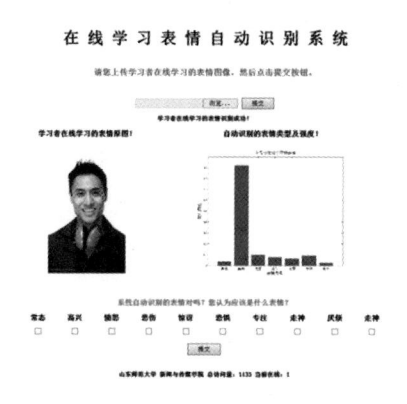

图 5—8　学习者的情感及强度呈现页面

页面左侧为用户提交的学习者面部表情原图，右侧为系统返回的自动识别结果，识别结果将以柱状图的形式呈现给用户。用户点击左侧或右侧图片，可将图片放大，便于观看。页面下方为用户纠错部分。由于目前识别准确率还无法达到 100%，因此难免存在识别不准确的情况，用户可选择其认为正确的情感类型及强度，点击提交，数据将保存到服务器端的数据库中，便于我们完善系统，使之更好地为用户服务。

本章小结

本章首先梳理了基于面部表情的学习者情感识别方法的相关研究，主要分为基于传统机器学习的方法和基于深度学习的方法，其中传统机器学习方法包括图像采集、人脸检测、特征提取、分类器构建等过程，深度学习方法则将图像特征提取与神经网络的模糊分类相结合，省略前期复杂的特征提取过程。其次简要介绍了基于 Haar 特征的 Adaboost 算法，以实现人脸检测。再后设计了一种 7 层 CNN 模型以实现学习者的情感识别，该模型包括 3 个卷积层、3 个池化层和 1 个全连接层，并在自主建设的大规模学习者表情图像数据库上进行了模型训练和实验。实验结果表明，该方法能够快速且较为准确地识别学习者的学习表情，进而判断学习者的学习情感。最后，设计开发了学习者情感自动识别系统，并对该系统核心功能的实现进行介绍。

第 六 章

学习画面情感对学习者情感的影响

　　学习画面的色彩搭配、排版布局、背景纹理、文本样式等能够影响学习内容的表现形式和学习画面的情感，进而影响学习者的学习体验。视觉特征以内隐的方式影响学习者的学习情感和认知活动，在学习画面设计中具有较高的能动性。美国学者简·普拉斯等指出多媒体学习画面的色彩和形状与学习者的情感状态和认知过程存在重要联系，良好的情感设计可以引起学习者积极的情感体验，从而促进学习者对学习内容更好地理解和迁移[1]。目前，智慧学习环境研究多关注认知层面，但对于学习画面直观的视觉特征以及隐含的艺术特征能够调节学习者的学习情感，激发学习者的内在动机和学习兴趣等方面则较少涉及，对学习画面的情感功能缺乏重视。既有学习画面的情感功能研究多采用思辨的方法从宏观视角论述学习画面情感对学习者情感的影响，而未通过实证研究阐释两者间的具体联系和作用机理。学习画面种类繁多、形式多样，更是具有 14 种情感类型，不同的学习画面情感会给学习者带来不同的内心体验。笔者借助自主开发的学习画面与学习者表情同步采集系统采集学习画面图像和学习者表情图像，建立学习画面图像及其对应学习者表情图像的大型图像库，其中包括不同学段、学科、资源类型、知识类型的学习画面图像以及与其对应的不同性别、年龄、学习风格的学习者表情图像。然后通过对学习画面情感与学习者情感相关性的大数据分析，探究

---

[1] Jan L. Plass, Steffi Heidig, Elizabeth O. Hayward, et al., "Emotional Design in Multimedia Learning: Effects of Shape and Color on Affect and Learning", *Learning and Instruction*, Vol. 29, February 2014, pp. 128–140.

学习画面情感对学习者情感的影响及作用机制。

第一节　实验设计

一　实验目的

学习画面情感指学习画面的视觉情感，是学习者接受学习画面的视觉刺激后所产生的直观感受。不可否认，学习画面中的学习内容对学习者的认知和情感具有直接影响，但学习画面的颜色、形状、纹理等直观的视觉特征以及色彩搭配、排版布局、文本样式等隐含的艺术特征对学习者的学习兴趣、认知负荷、情感状态等具有潜在的影响。

本书设计该实验的目的：第一，通过对学习画面情感与学习者情感相关性的大数据分析，探究学习画面的 14 种视觉情感对学习者 7 种学习情感的影响以及两者间的具体联系，为学习画面情感自适应调整以及学习画面情感设计提供理论依据；第二，通过对学习画面图像及其对应学习者表情图像的分析，挖掘学习画面视觉特征中对学习者情感影响较大，并且能够在线实时调整的关键视觉特征，以便后续研究能够根据学习者的情感、视觉情感偏好和学习画面情感对其进行自适应调整，使学习者保持积极、良好的情感状态，并激发学习者的学习兴趣。

二　实验对象

本书选取的实验对象为济南市某九年一贯制学校 7 年级的 2 个班级和 8 年级的 1 个班级，其中 7 年级 1 班 32 名学生，7 年级 2 班 30 名学生，平均年龄 13 岁；8 年级 36 名学生，平均年龄 14 岁。本书选择该学校以及 7、8 年级学生作为实验对象，基于以下三点考虑：第一，该学校基础设施齐全，教师认真负责，学生生源较好，信息技术教室计算机配置较高，能够满足实验所需的软硬件条件和环境；第二，7、8 年级学生平均年龄为 13 岁和 14 岁，在学习过程中能够较为真实地表达学习情感，并且表情相对来说较为丰富；第三，该学校所有年级的学生日常均使用科大讯飞的"畅言智慧课堂"进行学习，对智慧学习和智慧学习环境具有初步认识。

三　教学内容

该学校 7、8 年级学生每周两节信息技术课，2018 年 9 月 1 日到 2018 年 12 月 23 日，一节课讲授信息技术教材内容，另一节课讲授 Scratch 创意编程内容。2018 年 12 月 24 日后，两节课均讲授信息技术教材内容。学习画面情感对学习者情感的影响实验起止时间为 2018 年 9 月 10 日至 2018 年 12 月 23 日，共持续 15 周的时间。7 年级使用教材为山东教育出版社 2018 年版《信息技术》初中第 1 册，8 年级使用教材为山东教育出版社 2010 年版《初中信息技术（三、四年制通用）》第 5 册。《信息技术》第 1 册主要分为两个单元，分别是深入探究计算机、网络与信息交流，主要讲授计算机软硬件系统和计算机网络的基础内容，多属于事实知识和原理知识。《初中信息技术（三、四年制通用）》第 5 册分为 7 课，主要讲授 Photoshop 图像处理，属于技能知识。Scratch 创意编程没有指定教材，由于该课程属于新设课程，因此 7 年级和 8 年级所学内容一致。整个课程分为两个模块，模块一以引导学生了解编程、激发编程兴趣为目的，在该模块学生可以自己设计游戏、制作动画，创作属于自己的音乐和绘画作品，学习编程的基本逻辑思维，提高学生发现问题和解决问题的能力；模块二以提高学生编程的综合能力为主要目的，设计更加完整、综合的游戏、动画作品，并让学生在课堂上了解自动驾驶、自动搜寻机器人、人工智能等技术的基本原理。

为不影响学校的正常教学，也为保证实验的真实性和有效性，每节课的具体教学内容按照教学进度，由授课教师决定。但为了使实验结果更具有代表性和可扩展性，笔者协助教师进行教学设计和资源设计，使教学资源的画面尽量包含 14 种情感。从课程内容来看，包括技能和理工类学习画面；从资源类型来看，包括文本、多媒体 PPT、视频和动画类学习画面；从知识类型来看，包括事实知识、原理知识和技能知识类学习画面。

四　实验变量

（一）自变量

自变量是研究者主动操纵，而引起因变量发生变化的因素或条件。

该实验中自变量为不同资源类型、知识类型和情感类型的学习画面图像。

(二) 因变量

因变量是指由自变量发生变化而产生相应变化的结果因素。该实验中因变量为学生的学习情感，主要通过学习者在学习过程中表现出的面部表情进行判断。

(三) 干扰变量

干扰变量是指除实验因素外所有影响实验结果的变量。该实验中干扰变量主要有两个，一是教师在教学过程中的肢体语言、有声语言和教学风格等，二是学生的学习风格、气质类型以及所在班级的班风和学风等。

五 实验假设

积极情感（情绪）是临床心理学和积极心理学的研究重点，虽然研究者和普通群众频繁使用该词语，但对于积极情感的概念尚未有一致的看法。詹姆斯·罗素等认为积极情感是"当事情进展顺利时，你想微笑时产生那种好的感受"[1]。乔建中认为积极情感是与某种需要的满足相联系，通常伴随着愉悦的主观体验，并能提高人的积极性和活动能力[2]。情感的认知理论则认为积极情感就是在目标实现过程中取得进步或得到他人积极评价时所产生的感受[3]。西尔凡·汤姆金斯认为积极情感包括兴趣和高兴[4]。克雷格·史密斯等认为积极情感包括愉快、自豪、希望和爱[5]。董妍和喻国良将学业情绪确定为积极高唤醒、积极低唤醒、消极高唤醒、

---

[1] James A. Russell and Lisa Feldman Barrett, "Core Affect, Prototypical Emotional Episodes, and Other Things Called Emotion: Dissecting the Elephant", *Journal of Personality and Social Psychology*, Vol. 76, No. 5, May 1999, pp. 805 – 819.

[2] 乔建中：《情绪研究：理论与方法》，南京师范大学出版社 2003 年版，第 11 页。

[3] Craig A. Smith and Richard S. Lazarus, "Emotion and Adaptation", in Lawrence A. Pervin, ed. *Handbook of Personality: Theory and Research*, New York, US: The Guilford Press, 1990, pp. 609 – 637.

[4] Silvan S. Tomkins, *Affect, Imagery, Consciousness, Vol. 1: The Positive Affects*, New York, US: Springer, 1962, p. 331.

[5] Craig A. Smith and Richard S. Lazarus, "Emotion and Adaptation", in Lawrence A. Pervin, ed. *Handbook of Personality: Theory and Research*, New York, US: The Guilford Press, 1990, pp. 609 – 637.

消极低唤醒，其中积极高唤醒包括高兴、愉快、自豪、羡慕和希望；积极低唤醒包括放松、满意和平静；消极高唤醒包括生气、焦虑和羞愧；消极低唤醒包括厌倦、无助、沮丧和难过[①]。雷因哈德·佩克伦等则认为积极高唤醒包括高兴、希望和自豪，积极低唤醒包括放松，消极高唤醒包括气愤、焦虑和内疚，消极低唤醒包括无助和无聊[②]。

由于学习画面的 14 种视觉情感与学习者的 7 种学习情感两两分析并论述，所占篇幅较长，并且存在较多重复内容。因此本书通过对既有文献的梳理和总结，将学习者的 7 种学习情感分为积极情感和消极情感两类，其中积极情感包括常态、高兴和专注。消极情感包括愤怒、悲伤、惊恐和走神。该实验的实验假设为学习画面的 4 种艺术特征和 14 种视觉情感能够影响学习者的 7 种学习情感，学习画面的 4 种艺术特征和 14 种视觉情感与学习者的 7 种学习情感存在相关关系，具体表述为：

H1：学习画面艺术特征中的主题清晰、布局美观、色彩和谐和文字协调能够激发学习者积极的学习情感，并避免学习者出现消极的学习情感。

H2：学习画面视觉情感中的温馨、欢快、活泼、搞笑、夸张、幽默和有趣能够激发学习者积极的学习情感，并避免学习者出现消极的学习情感。

H3：学习画面视觉情感中的凄凉、枯燥、沉闷、繁乱、虚幻、惊险和恐怖能够引起学习者消极的学习情感，并难以激发学习者积极的学习情感。

六 实验方案

该实验属于教育技术实验研究中的判断性实验，即通过实验判断某一现象是否存在，某一种关系是否成立，某个因素是否起作用，着重探讨研究对象具有怎样的性质和结构。该实验无须随机安排被试，运用济

---

① 董妍、俞国良：《青少年学业情绪问卷的编制及应用》，《心理学报》2007 年第 5 期。
② Reinhard Pekrun, Thomas Goetz, Wolfram Titz, et al., "Academic Emotions in Students' Self-Regulated Learning and Achievement: A Program of Qualitative and Quantitative Research", *Educational Psychologist*, Vol. 37, No. 2, June 2002, pp. 91–105.

南市某九年一贯制学校7、8年级原始自然班作为被试群体，在自然真实的教学环境中进行实验。具体的实验方案为：首先，协助任课教师进行教学设计和资源设计；然后采用具有不同情感的学习画面进行实际教学，并同时采集学习画面图像及其对应的学习者表情图像；最后整理实验所采集的图像数据并进行数据分析，验证实验假设，得出实验结论。

第二节　同步采集系统的开发

为探究学习画面情感与学习者情感间的相关关系，需同时采集学习画面图像及其对应的学习者面部表情图像。因此，笔者设计并开发学习画面与学习者表情同步采集系统（简称：同步采集系统），以便通过对学习画面图像及其对应学习者表情图像的大数据分析验证研究假设。

一　系统设计目标

学习画面与学习者表情同步采集系统的目的是采集学习画面图像以及与其对应的学习者表情图像，以便建立学习画面图像及其对应学习者表情图像的大型图像库。根据设计目的，该系统应达到以下目标：第一，采用面向对象编程语言开发，具有较高兼容性，可以在主流操作系统上稳定运行；第二，系统能够同步采集学习画面图像和学习者的学习表情图像；第三，系统能够将采集的图像保存到计算机硬盘中，并自动命名；第四，系统具有较好的运行稳定性，容易操作，界面简洁清晰。

学习画面与学习者表情同步采集系统的设计原则为能够满足实验需求，并具有较高稳定性和运行速度。首先，该系统的核心功能是采集学习画面图像及其对应的学习者表情图像，并将采集的图像保存到硬盘中。因此，整个开发过程应紧紧围绕实验需求进行。其次，为使该系统所采集的学习画面图像及其对应的学习者表情图像达到实际应用价值，每秒至少要采集一幅学习画面图像和一幅学习者表情图像，并且两者需要一一对应，这无疑使得该系统的稳定性显得尤为重要。再次，采集学习画面图像及其对应的学习者表情图像运行速度较快，消耗内存较少。但将采集的图像保存到硬盘中，则运行速度较慢，消耗内存较高。若采集速度远高于存储速度，将造成内存堆积，程序崩溃。因此，该系统应采取切实措施保障运行速度。

二 开发工具及环境

（一）开发工具

学习画面与学习者表情同步采集系统由 Visual Studio 2010 软件开发，使用编程语言 C++ 和 OpenCV 库实现相关功能。Visual Studio 2010 已在第四章第四节中进行介绍，本章不再赘述。

1. C++ 语言

C++ 语言是在 C 语言基础上发展起来的。为编写 UNIX 操作系统，1972 年贝尔实验室的丹尼斯·里奇等学者在 B 语言基础上开发出 C 语言。随着 UNIX 操作系统的广泛使用，C 语言也被人们认知和接受。1989 年美国国家标准协会（American National Standard Institute，ANSI）制定了 C 语言标准。C 语言具有以下特点：首先，C 语言简洁紧凑，仅有 32 个关键词和 9 种控制语句，并且书写形式自由；其次，用 C 语言编写的程序编译后所生成的目标代码质量好，程序的执行效率高；再次，丰富的数据类型，不仅有基本类型，而且还有组合类型、指针类型等，能够用来实现各种复杂的数据结构；复次，丰富的运算符，C 语言运算符相当多，许多操作都可以用运算符表示；最后，C 语言能直接访问物理地址，具有"位"操作的功能，可以直接对硬件进行操作[1]。

1979 年美国 AT&T 公司贝尔实验室的本贾尼·斯特劳斯特卢普及其同事对 C 语言进行了改进和扩充。最初的成果称为"带类的 C"，而后称为"新 C"。1983 年由瑞克·马西蒂提议正式命名为 C++。因为在 C 语言中，运算符"++"是对变量进行增值运算，所以 C++ 的喻义是对 C 语言进行"增值"。1994 年 ANSI 制定了 ANSI C++ 草案。经过不断发展和完善，成为目前的 C++。在 TIOBE 世界编程语言排行榜中，Java、C、C++ 常年占据前三位。

---

[1] 吴乃陵、况迎辉：《C++ 程序设计》，高等教育出版社 2006 年版，第 1 页。

2. OpenCV

OpenCV 的全称为 Open Source Computer Vision Library，通常译为开源计算机视觉库。OpenCV 于 1999 年由 Intel 建立，如今由 Willow Garage 提供支持。它是一个基于开源发行的跨平台计算机视觉库，采用优化的 C 或 C++编写，可以运行在 Linux、Windows、Android 等操作系统上，并能够充分利用多核处理器的优势。除支持 C、C++进行开发和使用外，还支持使用 C#、Ruby、Ch 等编程语言，同时提供了对 Python、Ruby、Matlab 等语言的接口，具有良好的可移植性，实现了图像处理和计算机视觉方面的很多通用算法[①]。

OpenCV 的目标是为基本的视觉应用提供开放且优化的源代码，以促进视觉研究的发展，并且通过提供一个通用的架构来传播视觉知识，开发者可以在这个架构上继续开展工作，所以 OpenCV 的代码是非常容易理解并且容易改写的。OpenCV 执行速度高，主要关注实时应用。1999 年 1 月 Intel 启动 CVL（Computer Vision Library）项目，并在 2000 年 6 月召开的计算机视觉与模式识别会议（IEEE Conference on Computer Vision and Pattern Recognition，CVPR）上发布 OpenCV 预览版，随后又陆续发布 5 个测试版本。OpenCV 1.0 于 2006 年正式发布。2009 年 10 月发布 OpenCV 2.0，该版本的更新主要包括 C++接口，更容易、更安全的模式，新的函数，以及对现有实现代码的优化。目前，约定每 6 个月就会有一个官方的 OpenCV 版本发布。自从 OpenCV 发布以来，它就被各领域广泛应用，具体包括人机交互、人脸识别、物体识别、动作识别、运动跟踪等。

（二）开发环境

学习画面与学习者表情同步采集系统是运用以下工具和平台开发的：操作系统为 Windows 7 32 位，开发平台为 Visual Studio 2010，编程语言为 C++。

三　系统设计思路

通过对 3 所高校、2 所中学和 1 所小学的实地观察，智慧学习环境中学

[①] 毛星云、冷雪飞：《OpenCV3 编程入门》，电子工业出版社 2015 年版，第 6 页。

习者的学习内容通常由教师将课堂教学内容通过屏幕广播同步发送到学习者的智能学习终端。因此，学习画面与学习者表情同步采集系统应在屏幕广播的同时采集学习画面图像及其对应的学习者表情图像。该系统分为教师端和学生端，教师端用于设置采集的参数，并发送给学生端。学生端接收参数后执行采集命令，采集学习画面图像及其对应的学习者表情图像。

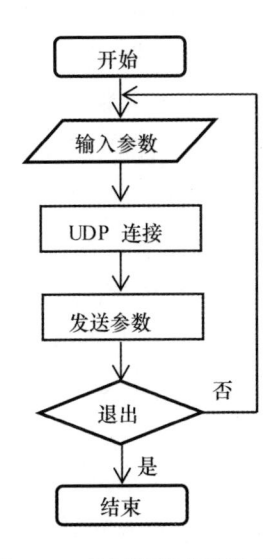

（一）教师端程序设计思路

教师端程序设计思路如图6—1所示。

图6—1 教师端程序设计思路

教师端的主要功能是设置采集的必要参数并发送，因此教师端的设计思路为：首先，教师输入学段、学科、资源类型、知识类型、采集频率和采集数量等参数并点击确定；然后，建立用户数据报协议（User Datagram Protocol，UDP）连接，并将参数通过UDP通信传送给学生端。此时，教师端"开始采集"按钮的状态将变为不可用，直到完成本次采集，便于教师判断采集是否结束。

（二）学生端程序设计思路

学生端的主要功能为接收教师端传递的参数并根据参数采集学习画面图像及其对应的学习者表情图像，采集完成后，再次等待接收教师端参数。学生端程序启动后自动隐藏到屏幕右下角托盘,并且屏蔽左键、右键和双击,以防止学生退出程序。

  学生端的设计思路为:首先,学生输入账号和密码,账号为学生学号,用于文件夹命名。然后,执行线程1,并将程序最小化到屏幕右下角托盘,以避免遮挡屏幕内容,也防止学生退出。线程1实时接收教师端参数,并同时开启线程2和线程3。线程2首先判断摄像头是否正常,若正常则采集学习者的学习表情图像,并增加到队列A末端;然后采集学习画面图像,并增加到队列B的末端。根据教师端设置的采集帧频和采集数量,循环执行该过程,直到采集完成。线程3首先根据教师端发送的参数新建文件夹并隐藏,以防止学生误删;然后判断队列A是否为空,若不为空则访问队首数据,根据命名规则将学习者的学习表情图像保存到硬盘指定文件夹中,并删除队首数据;再后判断队列B是否为空,若不为空则访问队首数据,根据命名规则将学习画面图像保存到硬盘指定文件夹中,并删除队首数据。循环执行,直到将采集的图像数据都保存到硬盘中。采集完成后,学生端程序并不退出,而是再次等待教师端发送的参数。为提高该系统的运行速度,并防止内存堆积,笔者采用了线程和队列相结合的方法。

  学生端程序设计思路如图6—2所示。图6—2中BFun为布尔型变量,教师端发送采集命令后,若在学生端未完成采集的情况下再次发送采集命令,会影响学生端的正常采集,BFun变量可防止出现此情况。每秒采集的帧数可由教师设置,若每秒采集5帧,即每隔200毫秒采集1幅学习画面图像和1幅与其对应的学习者表情图像,这无疑对时间精度提出较高要求,GetTickCount( )函数会返回从操作系统启动到现在所经过(elapsed)的毫秒数,返回值为DWORD类型,其精度高于其他计时函数。DtItv为double类型变量,表示采集的时间间隔,用于控制采集的帧频。MExp、MImg为OpenCV的Mat格式,MExp表示学习者的学习表情图像,MImg表示学习画面图像。push( )函数会将需要存放的数据插入队列的尾部,即入队操作;pop( )函数会将位于队列首端的数据删除,即出队操作。front( )函数会返回位于队列首端的数据。N表示学生端需要采集的图像总数。

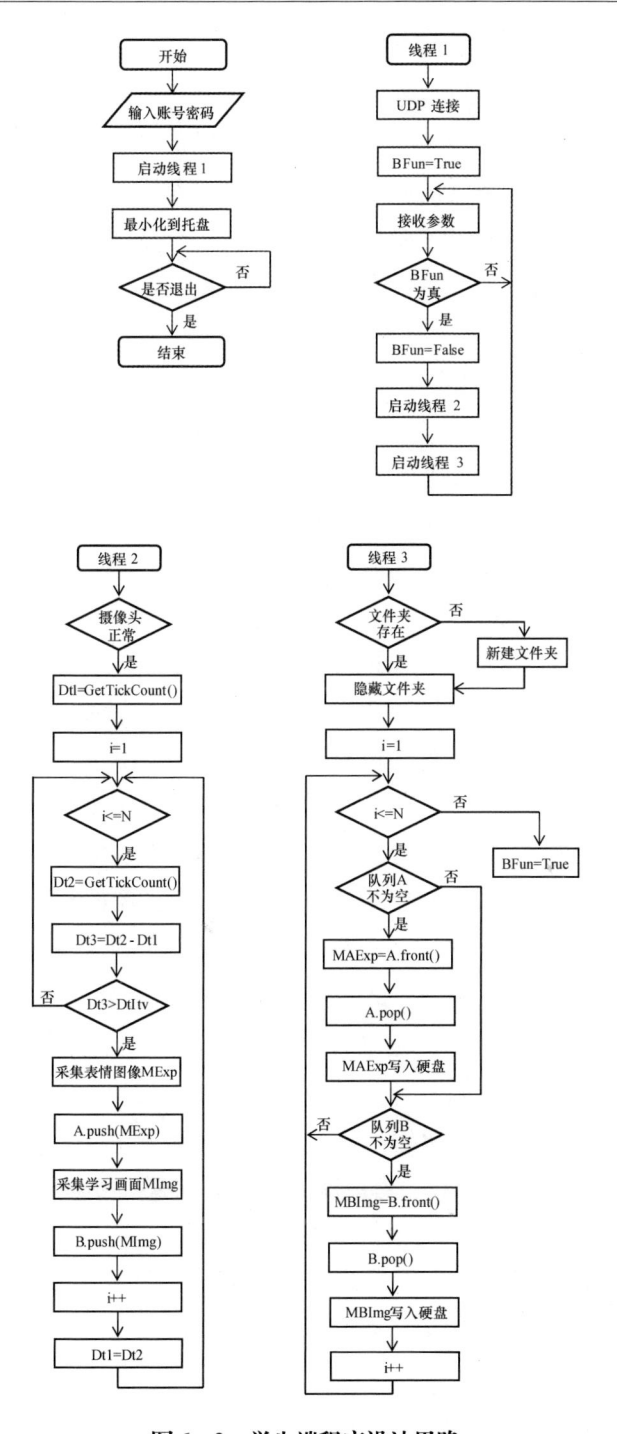

第六章　学习画面情感对学习者情感的影响　　169

图6—2　学生端程序设计思路

四 系统核心功能的实现

笔者在开发环境下利用开发工具进行实际的系统开发。学习画面与学习者表情同步采集系统的核心功能主要体现在学习画面图像采集、学习者表情图像采集、UDP 通信传递参数、队列处理和最小化到托盘执行等。其中学习画面图像采集和学习者表情图像采集较为简单且容易实现，本书不再赘述。

（一）UDP 通信传递参数

传输控制协议/因特网互联协议（Transmission Control Protocol/Internet Protocol，TCP/IP），是网络互联技术经过多年的发展形成的互联网协议。TCP/IP 网络主要由 4 层构成，自上至下依次为应用层、传输层、网络层和网络接口层。为适应不同的通信子网和不同的应用要求，传输层提供了面向连接的传输控制协议 TCP 和无连接的传输控制协议 UDP（User Datagram Protocol）。TCP 和 UDP 同为传输层协议，但具有明显差别，TCP 是基于连接的协议，UDP 是面向非连接的协议。也就是说，TCP 在正式收发数据前，必须和对方建立可靠的连接。一个 TCP 连接必须要经过 3 次"对话"才能建立起来。UDP 是与 TCP 相对应的协议，它是面向非连接的协议，不与对方建立连接，直接就把数据包发送过去。从可靠性来看，TCP 的可靠性优于 UDP；从传输速度来看，TCP 的传输速度要比 UDP 的传输速度慢；从应用场合来看，TCP 适合传送大量数据，而 UDP 适合传送少量数据；从协议开销来看，TCP 的协议开销远大于 UDP[1]。综合考虑，笔者选择使用 UDP 通信传递参数。UDP 通信分为客户端和服务器端，该系统中服务器端指教师端，客户端指学生端。教师端建立 UDP 连接并传递参数的具体方法如下。

Step1：定义 WSADATA 类型变量和 SOCKET 类型变量。

Step2：初始化 Socket 对象，并创建套接字。

Step3：设置教师端地址，并绑定套接字。

Step4：设置该套接字为广播类型。

---

[1] 吴阳波、廖发孝：《计算机网络原理与应用》，北京理工大学出版社 2017 年版，第 60 页。

Step5：向学生端发送数据。具体代码为：

int nSendSize = sendto（connect_socket, buff, strlen（buff）, 0,（SOCKADDR *）&sin, sizeof（SOCKADDR））;

其中第一个参数指定套接字（Socket）的描述字，第二个参数表示包含待发送数据的缓冲区，第三个参数表示待发送数据缓冲区中数据的长度，第四个参数表示调用方式标志位，第五个参数表示指针（Pointer），指向目的套接字的地址，第六个参数表示目的套接字地址的长度。

学生端建立 UDP 连接并接收参数的具体方法如下所示。

Step1：定义 WSADATA 类型和 SOCKET 类型变量。

Step2：初始化 Socket 对象，并创建套接字。

Step3：设置学生端地址，并绑定套接字。

Step4：通过 recvfrom（）函数从教师端接收数据。

（二）队列处理

采集学习画面图像及其对应的学习者表情图像运行速度较快，而将采集的图像保存到硬盘中则运行速度较慢，可能会造成内存堆积，程序崩溃。笔者采用多线程和队列处理的方法解决此问题。具体方法如下。

Step1：图像采集和图像保存分为两个线程，线程 2 采集图像，线程 3 保存图像，线程 2 和线程 3 同时运行。

Step2：定义 queue 类型变量 A 和 B。具体代码为：

std:: queue < cv:: Mat > A;

std:: queue < cv:: Mat > B;

Step3：线程 2 采集的学习者表情图像插入队列 A，采集的学习画面图像插入队列 B。

Step4：线程 3 读取队列 A 中的队首数据保存到硬盘中的指定文件夹，并删除队列 A 队首数据；然后读取队列 B 中的队首数据保存到硬盘中的指定文件夹，并删除队列 B 队首数据。循环执行，直到将采集的学习画面图像和学习者表情图像都保存到硬盘中。

（三）最小化到托盘执行

智慧教室中教师多通过屏幕广播将课堂教学内容发送到学生的智能学习终端，并全屏显示。为防止学生端程序遮挡教学内容，也防止学生退出，最大限度保证教学的正常开展和程序的稳定运行，笔者设置学生端程序运行时自动最小化到桌面右下角托盘执行。具体方法如下。

Step1：在程序开始部分增加如下代码：

#define WM_ SHOWTASK（WM_ USER +1）

Step2：定义 NOTIFYICONDATA 类型变量 nid。

Step3：设置 nid 的参数。

Step4：设置信息提示条所显示的内容。

Step5：在托盘区添加图标。

Step6：隐藏主窗口。

（四）原型系统的设计与实现

基于上述内容，笔者设计并开发了学习画面与学习者表情同步采集系统的原型系统，以支持本章实验的顺利进行。该系统使用 Visual Studio 2010 软件，利用 C++语言开发。该系统分为教师端和学生端，教师端功能较为简单，但界面较为复杂，并且需要输入的参数较多，如图 6—3 所示。

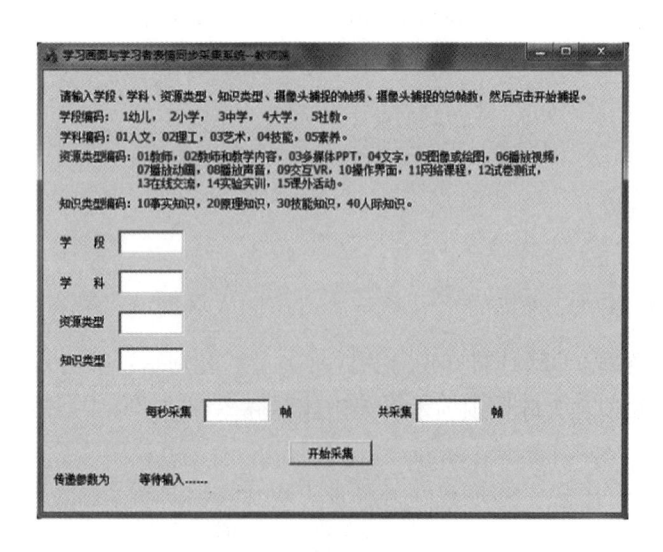

图 6—3　教师端程序界面

教师首先根据授课内容输入学段、学科、资源类型和知识类型的编码，然后输入需要采集的帧频和总帧数，输入完成后点击"开始采集"。

学生端则较为简单，如图6—4所示。

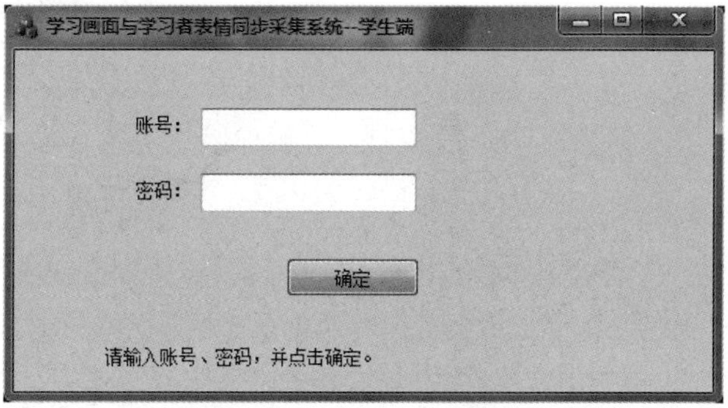

图6—4　学生端程序界面

学生首先输入账号和密码，由于账号仅用于文件夹命名，因此账号和密码均为学生学号。然后点击"确定"，程序将自动隐藏到桌面右下角托盘。采集的图像将保存到 F 盘的 SDNUXZG 文件夹，文件夹会自动隐藏，以防止学生误删。学习画面图像和学习者表情图像将分别存放。学习画面图像文件夹命名规则为：Sc 账号_ 学习画面编码_ 年月日时分秒_ 帧频，文件夹内学习画面图像命名规则为：Sc 账号_ 学习画面编码_ 年月日时分秒_ 帧频_ 图像编号.jpg。学习者表情图像文件夹命名规则为：账号_ 学习画面编码_ 年月日时分秒_ 帧频，文件夹内学习者表情图像命名规则为：账号_ 学习画面编码_ 年月日时分秒_ 帧频_ 图像编号.jpg。学习画面编码由教师输入的参数决定，如3020310，第一位表示学段，第二、三位表示学科，第四、五位表示资源类型，第六、七位表示知识类型。OECD 将知识分为四种类型，分别是：事实知识、原理知识、技能知识和人际知识，本书采用此种分类方法。

第三节　实验的实施

在明确了实验目的、实验对象、实验方案，并开发了学习画面与学习者表情同步采集系统后，实验过程的科学性就显得尤为重要。为了保证实验的顺利开展和有效进行，在实验开展前，笔者与学校负责领导、信息技术课教师、Scratch 创意编程课教师认真沟通，确定了本次实验开展的时间和环境。该学校的开学时间为 2018 年 9 月 1 日，实验开展的起止时间为 2018 年 9 月 10 日至 2018 年 12 月 23 日，共持续 15 周的时间，每周每班级两节信息技术课，一节课讲授信息技术教材内容，另一节课讲授 Scratch 创意编程内容，每节课的时间为 45 分钟。实验环境为该校信息技术教室，该教室计算机在一年内购置，配置较高，能够满足本次实验开展的要求。

一 准备阶段

首先安装硬件设备。在该实验正式开始前，需要做相关准备工作，以保证实验的顺利进行。该学校信息技术教室共有 40 台计算机，均为台式机，并且没有安装摄像头。因此，笔者购置 40 个 USB 接口摄像头，摄像头可上下、左右移动和手动调焦，分辨率为 640×480 像素，并且免驱动安装，即插即用。摄像头安装在显示器正上方，以便采集学习者的学习表情图像，如图 6—5 所示。摄像头安装完成后，根据学生身高和坐姿调整摄像头的位置和高度，保证其能采集到学生的整个面部表情图像。摄像头补光灯仅在安装、调试摄像头以及阴雨天气时打开，以免给学生造成心理负担和影响其正常学习。

图 6—5 摄像头安装示意

其次安装学习画面与学习者表情同步采集系统。在教师机调试教师端程序，在一台学生机调试学生端程序。学生机调试好后，通过"联想硬盘保护系统"中的网络同传功能将操作系统同传到其他学生机。这样效率较高，仅需 30 分钟便可完成其他学生机学生端的安装和调试，并能最大限度保证所有学生机可以正常运行该系统学生端程序。

最后讲解学习画面与学习者表情同步采集系统的操作方法。为任课教师讲解该系统教师端的操作方法，为学生讲解学生端的操作方法，以防由于教师或学生操作不当造成不必要的麻烦和误差。实验实施阶段，笔者难以每节课都随堂解决可能出现的问题，因此为教室管理者详细讲解该系统教师端和学生端的工作原理和操作方法，以便教室管理者能在研究者不在场的情况下解决出现的各种问题。

二 实施阶段

该实验的实施阶段，以周为单位，每周分为课前、课中和课后三个小阶段。课前协助信息技术教师和 Scratch 创意编程教师进行教学设计和资源设计，课中采集学习画面图像及其对应的学习者表情图像，课后逐台计算机拷贝采集的图像数据。

通过对信息技术课和 Scratch 创意编程课的观察，课堂教学主要包括教师讲授和学生练习两个环节。教师讲授阶段，教师通过极域电子教室的屏幕广播功能控制学生屏幕，讲授教学内容或演示操作方法。学生练习阶段，教师不再控制学生计算机，学生可自由练习教师所讲授的教学内容或操作方法。为保障实验顺利进行并使实验结果更具有代表性，每周实验前，笔者协助教师进行教学设计和资源设计。根据教学目标和教学重难点，选择或设计恰当的教学资源并合理规划教学过程和时间分配。选择或设计教学资源时，充分考虑情感因素，使学习画面能够尽量体现14 种情感类型。

每节课开始时，学生输入账号和密码，登录学习画面与学习者表情同步采集系统学生端程序，程序将自动隐藏到桌面右下角托盘，以准备接收教师端的采集命令。教师则在教师机运行教师端程序和教室自带的电子教室软件，课堂教学通常包括组织教学、复习提问、导入新课、学习新课、课堂小结、布置作业等环节。信息技术课和 Scratch 创意编程课的学习新课主要包括教师讲授和学生练习两个环节。笔者仅在教师讲授环节采集学习画面图像及其对应的学习者表情图像，其他环节教师和学生互动较多，学生的学习情感易受教师有声语言和肢体语言的影响，因此不采集，以避免影响实验结果。

当教师准备通过屏幕广播讲授教学内容时，教师在教师端程序界面输入采集参数，并点击"开始采集"按钮。学生端接收到教师端的采集命令后将自动采集学习画面图像及其对应的学习者表情图像。该学校每节课 45 分钟，教师一般讲授 2—4 次，学生练习 2—4 次。教师讲授时使用的资源类型主要为多媒体 PPT、视频、动画和文本，其中以多媒体 PPT 为主，知识类型涉及事实知识、原理知识和技能知识。需特别指出，教师在讲授教学内容时的有声语言和肢体语言也是对学习者的学习情感产生影响的重要因素，笔者协助教师进行教学设计时，充分考虑此类影响因素，以避免其影响实验结果。

由于管理和维护需要，教室计算机均安装"联想硬盘保护系统"，其中 C 盘、D 盘、E 盘具有硬盘还原保护，因此学生端程序采集的学习画面图像及其对应的学习者表情图像将保存在 F 盘 SDNUXZG 文件夹中。为防止学生误删，文件夹和采集的图像会自动隐藏。每节课后笔者会逐台计算机剪切图像数据保存到移动硬盘中。若两个班级或多个班级连着上课，将在最后一节课后拷贝图像数据。拷贝数据的同时，会逐台检查摄像头是否能正常运行并调整摄像头的高度和位置。学生位置相对固定，但若摄像头出现损坏，学生将更换到其他摄像头正常的位置。

三 完成阶段

整个实施阶段共持续 15 周的时间，每周每班级两节课，因国庆节放假等原因，实验共采集 3 个班级的 78 节课。实验实施阶段，学习画面与学习者表情同步采集系统的学生端会采集学习画面图像及其对应的学习者表情图像，采集的帧频根据计算机性能和实验需要设置为每秒 2 帧，即每秒采集两幅学习画面图像以及与其对应的两幅学习者表情图像。每次采集的时间由教师根据讲授时间自行设定，每次为 5—10 分钟，至少为

5分钟。若教师讲授5分钟,则采集5分钟学习者的学习表情图像,每名学习者会形成拥有 $5 \times 2 \times 60$ 共600幅图像的面部表情图像序列。

每幅学习者表情图像的命名规范为:账号_ 学习画面编码_ 采集日期_ 帧率_ 图像编号,学习画面图像的命名规范为:Sc账号_ 学习画面编码_ 采集日期_ 帧率_ 图像编号。每次采集每名学生会形成两个文件夹,分别用于存放学习画面图像以及与其对应的学习者表情图像。实验结束后,对每周采集的图像数据进行整理。经过统计,共得到14956人次学习画面图像及其对应的学习者表情图像,即14956对文件夹,每个文件夹内至少有600幅图像。由于图像数据较多,将采集的所有成对文件夹放在一起,较为混乱,并且不易于后续研究。为便于进一步分析,笔者根据采集时间整理图像数据,即新建文件夹,将单次采集的整个班级的学习者表情图像和学习画面图像放到新文件夹内,并用学习画面编码和采集时间命名该文件夹。新文件夹内将存放单次采集的所有图像数据。

第四节 数据分析与结果讨论

一 数据分析

经过粗略查看,发现部分文件夹内图像并不完整或存在问题无法显示。因此,需要删除图像数量或图像质量存在问题的图像数据。笔者请3名研究生和3名本科生逐一查看所采集的图像数据,删除存在问题的成对文件夹,最终获得9725人次图像数据。为探究学习画面情感对学习者情感的影响,本书计算学习画面14种视觉情感与学习者7种学习情感的相关系数。相关系数计算方法如公式6.1所示。

$$r_{(X_i, Y_j)} = \frac{\sum_{t=1}^{n}(X_{it} - \bar{X}_i)(Y_{jt} - \bar{Y}_j)}{\sqrt{\sum_{t=1}^{n}(X_{it} - \bar{X}_i)^2} \sqrt{\sum_{t=1}^{n}(Y_{jt} - \bar{Y}_j)^2}} \quad (6.1)$$

公式6.1中,X_i 表示第 i 种学习画面情感,$1 \leq i \leq 14$;Y_j 表示第 j 种学习者情感,$1 \leq j \leq 7$;$r_{(X_i, Y_j)}$ 表示第 i 种学习画面情感与第 j 种学习者情感的相关系数;$\bar{X}_i$ 表示第 i 种学习画面情感的平均值;$\bar{Y}_j$ 表示第 j 种学习者情感的平均值；X_{it} 表示第 t 幅学习画面图像第 i 种情感的强度，Y_{jt} 表示第 t 幅学习者表情图像第 j 种表情的强度，n 表示图像总数。

（一）图像数据分析方法与工具

该实验共采集有效图像数据 9725 人次，即 9725 对文件夹，每个文件夹内至少有 600 幅图像，数据量巨大，较难用 SPSS、Excel、SAS、Stata 等统计分析软件进行直接分析。因此，本书的分析方法为：首先计算每人次学习画面情感与学习者情感的相关系数，并存为 Excel 文件；然后将所有数据文件合并到一起，并为其创建索引数组；再后根据索引数组计算各相关系数平均值。索引数组记录账号、学段、学科、资源类型、知识类型、采集时间和频率。根据索引数组既可从整体出发分析学习画面情感与学习者情感间的相关系数，也可从学段、学科、资源类型、知识类型任意组合出发分析两者间的相关系数。

由于学习画面的情感识别和学习者的学习情感识别均由 Matlab 软件实现，并且 Matlab 具有较强的数学计算能力。因此，笔者根据分析方法，利用 Matlab R2012a 软件编写两个 Matlab 程序，以实现对图像数据的分析。第一个程序的设计思路为：首先计算每人次学习画面图像文件夹内所有图像 14 种视觉情感的强度，然后计算与其对应的学习者表情图像文件夹内所有图像 7 种学习情感的强度，最后根据相关系数公式计算每人次学习画面情感与学习者情感间的相关系数，并将相关系数存为 Excel 表格形式。程序编写完成后，随机选取 10 组图像数据，分别用笔者编写的 Matlab 程序和 SPSS 23.0 软件计算相关系数，两者结果一致，说明笔者编写的 Matlab 程序能够较为准确地计算相关系数。第二个程序的设计思路为：首先将所有 Excel 表格合并到一起，并为其创建索引数组；然后设置检索条件，检索符合条件的相关系数数据；最后计算符合条件的相关系数的平均值，并将结果存为 Excel 表格形式。

（二）学习画面情感对学习者情感的影响

笔者通过自主编写的两个 Matlab 程序分析实验所采集的 9725 人次图像数据，探究学习画面情感对学习者情感的影响，其中学习画面情感主要包括温馨、欢快、活泼、搞笑、夸张、幽默、有趣、凄凉、枯燥、沉闷、繁乱、虚幻、惊险、恐怖 14 种类型，学习者情感基于学习者的学习表情进行判断,主要包括常态、高兴、愤怒、悲伤、惊恐、专注、走神7种类型。通过对有效图像数据的分析,学习画面14种视觉情感与学习者7种学习情感的相关系数如表6—1所示。

表6—1　　　　　学习画面情感与学习者情感的相关系数

画面情感＼学习情感	常态	高兴	愤怒	悲伤	惊恐	专注	走神
温馨	0.581483	0.380215	-0.374390	-0.405516	-0.259077	0.514954	-0.460736
欢快	0.334895	0.611880	-0.325118	-0.635350	-0.229862	0.478652	-0.584785
活泼	0.429193	0.465860	-0.241994	-0.513681	-0.232853	0.567155	-0.524530
搞笑	0.310415	0.713412	-0.333086	-0.602799	-0.212006	0.425309	-0.526412
夸张	-0.324303	0.330330	-0.221682	-0.283177	0.415023	0.348010	-0.456279
幽默	0.363300	0.534753	-0.235355	-0.375101	-0.115650	0.425887	-0.426508
有趣	0.346595	0.642982	-0.327210	-0.524478	-0.248058	0.528131	-0.597826
凄凉	-0.335745	-0.425302	0.214702	0.510193	0.206261	-0.384508	0.372993
枯燥	-0.406779	-0.522393	0.342262	0.242813	0.232428	-0.537174	0.725133
沉闷	-0.378491	-0.448213	0.334970	0.322908	0.138330	-0.476108	0.542908
繁乱	-0.417891	-0.517073	0.504723	0.241006	0.220613	-0.413256	0.437250
虚幻	0.314302	0.228063	0.109112	0.135057	0.375824	0.207073	-0.268719
惊险	-0.424574	-0.315615	0.227819	-0.143942	0.638009	-0.429758	-0.344944
恐怖	-0.537253	-0.321934	0.216667	-0.251180	0.762909	-0.464228	-0.545776

为了更为直观地表现学习画面情感与学习者情感间的联系,笔者借助 Matlab 软件绘制如图6—6所示的三维柱形图。

如图6—6所示,X轴为学习者的7种学习情感,Y轴为学习画面的14种视觉情感,Z轴为学习画面情感与学习者情感的相关系数。相关系数的绝对值越大,相关性越强,即相关系数越接近于1或-1,相关度越强,相关系数越接近于0,相关度越弱。相关系数为正,则为正相关,为负则为负相关。通常判断的标准是:0 < |r| < 0.3 称为微弱相关,0.3 ≤ |r| < 0.5 称为低度相关,0.5 ≤ |r| < 0.8 称为显著相关,0.8 ≤ |r| < 1 称

为高度相关或强相关①。

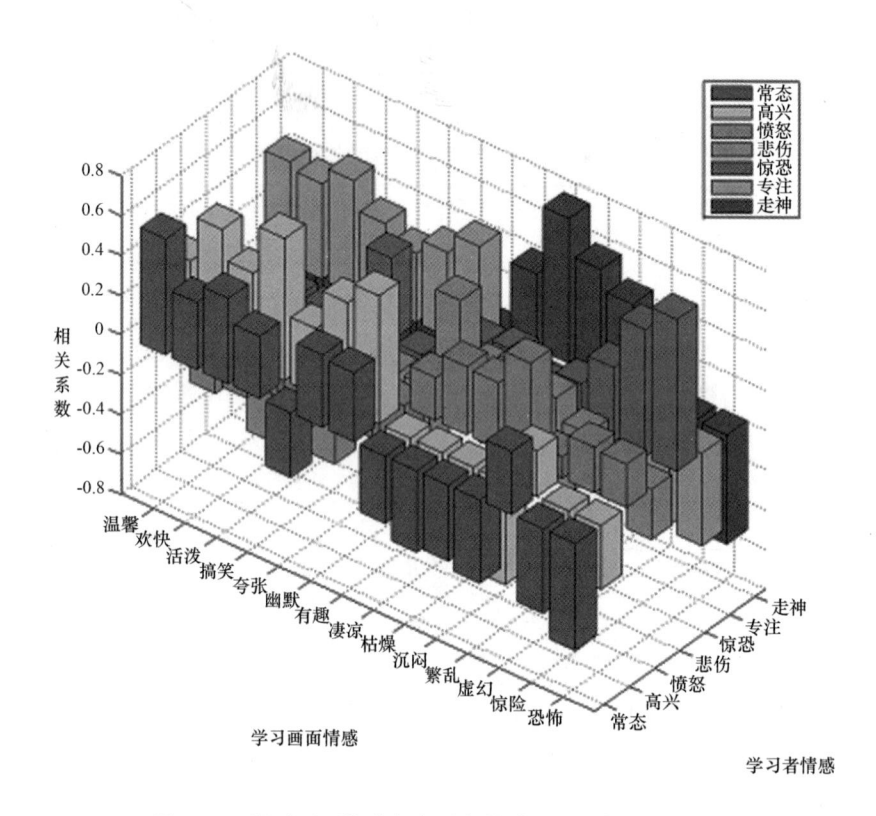

图 6—6 学习画面情感与学习者情感相关系数三维柱形图

如表 6—1 和图 6—6 所示，从宏观来说，学习画面情感与学习者情感的相关系数在 -0.7—0.8，部分学习画面情感与学习者情感存在较强的相关关系，也有部分学习画面情感与学习者情感存在较弱的相关关系，甚至不存在相关关系。相关系数绝对值没有大于0.8的，即学习画面情感与学习者情感间不存在极强相关。这从侧面说明学习画面情感是影响学习者情感的重要因素，但并非是决定因素，学习者的学习情感还受其他因素的影响。

从学习画面情感角度来看，学习画面情感中的温馨、欢快、活泼、

---

① 陈珍珍、罗乐勤：《统计学》，厦门大学出版社2002年版，第149—150页。

搞笑、幽默、有趣与常态、高兴、专注等积极情感存在正相关（$r>0$），与愤怒、悲伤、惊恐、走神等消极情感存在负相关（$r<0$），其中温馨与常态、专注存在显著相关（$0.5 \leqslant |r| < 0.8$），与高兴、愤怒、悲伤、走神存在低度相关（$0.3 \leqslant |r| < 0.5$），与惊恐存在微弱相关（$0 < |r| < 0.3$）；欢快与高兴、悲伤、走神存在显著相关，与常态、愤怒、专注存在低度相关，与惊恐存在微弱相关；活泼与悲伤、专注、走神存在显著相关，与常态、高兴存在低度相关，与愤怒、惊恐存在微弱相关；搞笑与高兴、悲伤、走神存在显著相关，与常态、愤怒、专注存在低度相关，与惊恐存在微弱相关；幽默与高兴存在显著相关，与常态、悲伤、专注、走神存在低度相关，与愤怒、惊恐存在微弱相关；有趣与高兴、悲伤、专注、走神存在显著相关，与常态、愤怒存在低度相关，与惊恐存在微弱相关。

学习画面情感中的夸张与高兴、惊恐、专注存在正相关，与常态、愤怒、悲伤、走神存在负相关，其中与常态、高兴、惊恐、专注、走神存在低度相关，与愤怒、悲伤存在微弱相关。

学习画面情感中的凄凉、枯燥、沉闷、繁乱与愤怒、悲伤、惊恐、走神等消极情感存在正相关，而与常态、高兴、专注等积极情感存在负相关，其中凄凉与悲伤存在显著相关，与常态、高兴、专注、走神存在低度相关，与愤怒、惊恐存在微弱相关；枯燥与高兴、专注、走神存在显著相关，与常态、愤怒存在低度相关，与悲伤、惊恐存在微弱相关；沉闷与走神存在显著相关，与常态、高兴、愤怒、悲伤、专注存在低度相关，与惊恐存在微弱相关；繁乱与高兴、愤怒存在显著相关，与常态、专注、走神存在低度相关，与悲伤、惊恐存在微弱相关。

学习画面情感中的虚幻与走神存在负相关，而与其他学习者情感存在正相关，其中与常态、惊恐存在低度相关，与高兴、愤怒、悲伤、专注、走神存在微弱相关。

学习画面情感中的惊险、恐怖与愤怒、惊恐存在正相关，与其他学习者情感存在负相关，其中惊险与惊恐存在显著相关，与常态、高兴、专注、走神存在低度相关，与愤怒、悲伤存在微弱相关；恐怖与常态、惊恐、走神存在显著相关，与高兴、专注存在低度相关，与愤怒、悲伤存在微弱相关。

从学习者情感角度来看，学习者情感中的常态最容易被温馨引起，相关系数为 0.58；高兴最容易被搞笑引起，相关系数为 0.71；愤怒最容易被繁乱引起，相关系数为 0.50；悲伤最容易被凄凉引起，相关系数为 0.51；惊恐最容易被恐怖引起，相关系数为 0.76；专注最容易被活泼引起，相关系数为 0.56；走神最容易被枯燥引起，相关系数为 0.73。

（三）学习画面艺术特征对学习者情感的影响

标注者在对学习画面情感及强度进行标注的同时，也对学习画面的 4 种艺术特征及强度进行标注，因此训练后的 9 层 CNN 模型既可对学习画面的情感进行识别，也可对学习画面的艺术特征进行评价。笔者仍通过自主编写的 Matlab 程序分析实验所采集的图像数据，探究学习画面 4 种艺术特征对学习者情感的影响，其中学习画面的艺术特征主要包括主题清晰、布局美观、色彩和谐、文字协调。通过对有效图像数据的分析，学习画面 4 种艺术特征与学习者 7 种学习情感的相关系数如表 6—2 所示。

表 6—2　　　　学习画面艺术特征与学习者情感的相关系数

画面情感＼学习情感	常态	高兴	愤怒	悲伤	惊恐	专注	走神
主题清晰	0.408222	0.360229	-0.428163	-0.237908	-0.192946	0.503228	-0.423227
布局美观	0.518151	0.383678	-0.447500	-0.212057	-0.105822	0.682759	-0.529241
色彩和谐	0.652241	0.373063	-0.494094	-0.283289	-0.178029	0.721534	-0.615218
文字协调	0.475919	0.215630	-0.305933	-0.264872	-0.118636	0.556050	-0.451303

为了更为直观地表现学习画面艺术特征与学习者情感间的联系，笔者仍借助 Matlab 软件绘制如图 6—7 所示的三维柱形图。

如图 6—7 所示，X 轴为学习者的 7 种学习情感，Y 轴为学习画面的 4 种艺术特征，Z 轴为学习画面艺术特征与学习者情感的相关系数。

如表 6—2 和图 6—7 所示，从宏观看来，学习画面艺术特征与学习者情感的相关系数在 -0.7 至 0.8 之间，部分学习画面艺术特征与学习者情感存在较强的相关关系，也有部分学习画面艺术特征与学习者情感存在较弱的相关关系，甚至不存在相关关系。其中色彩和谐与专注的相关性最强，相关系数绝对值为 0.72，布局美观和惊恐的相关性最弱，相关系数绝对值为 0.11。相关系数绝对值仍没有大于 0.8 的，即学习画面艺术特征与学习者情感也不存在极强相关。

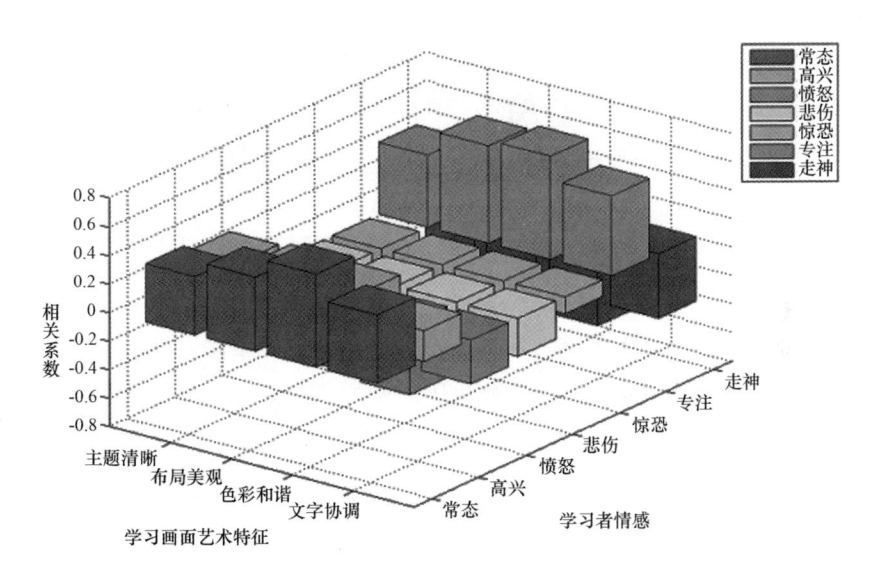

图 6—7　学习画面艺术特征与学习者情感相关系数三维柱形图

从学习画面艺术特征角度来看，4 种艺术特征与常态、高兴、专注等积极情感存在正相关，与愤怒、悲伤、惊恐、走神等消极情感存在负相关，其中主题清晰与专注存在显著相关，与常态、高兴、愤怒、走神存在低度相关，与悲伤、惊恐存在微弱相关；布局美观与常态、专注、走神存在显著相关，与高兴、愤怒存在低度相关，与悲伤、愤怒存在微弱相关；色彩和谐与常态、专注、走神存在显著相关，与高兴、愤怒存在低度相关，与悲伤、惊恐存在微弱相关；文字协调与专注存在显著相关，与常态、愤怒、走神存在低度相关，与高兴、愤怒、悲伤、惊恐存在微弱相关。

从学习者情感角度来看，学习者情感中的常态最容易被色彩和谐的学习画面引起，相关系数为 0.65；高兴最容易被布局美观的学习画面引起，相关系数为 0.38；愤怒最容易被色彩不和谐的学习画面引起，相关

系数为 -0.49；悲伤、愤怒不容易被四种艺术特征引起；专注最容易被色彩和谐的学习画面引起，相关系数为 0.72；走神最容易被色彩不和谐的学习画面引起，相关系数为 -0.61。

二 结果讨论

本书将济南市某九年一贯制学校三个班级的学生作为实验对象，探索了学习画面的 14 种视觉情感和 4 种艺术特征对学习者 7 种学习情感的影响。通过对实验数据的分析，发现学习画面的 14 种视觉情感、4 种艺术特征与学习者的 7 种学习情感既存在正相关，也存在负相关，相关系数在 -0.7 至 0.8 之间，实验假设部分成立，也有部分不成立。

（一）实验假设 H1 成立

该实验的假设 H1 为学习画面艺术特征中的主题清晰、布局美观、色彩和谐和文字协调能够激发学习者积极的学习情感，并避免学习者出现消极的学习情感。实验结果显示 4 种艺术特征与常态、高兴、专注等积极情感存在正相关，与愤怒、悲伤、惊恐、走神等消极情感存在负相关。学习画面的 4 种艺术特征中，主题清晰最容易引起学习者的专注（$r > 0.5$），并避免学习者出现愤怒和走神（$r < -0.4$）；布局美观最容易引起学习者的常态和专注，并避免学习者出现愤怒和走神；色彩和谐最容易引起学习者的常态和专注，并避免学习者出现愤怒和走神；文字协调最容易引起学习者的专注，并避免学习者出现走神。因此，该实验的假设 H1 成立。

（二）实验假设 H2 部分成立

该实验的假设 H2 为学习画面视觉情感中的温馨、欢快、活泼、搞笑、夸张、幽默和有趣能够激发学习者积极的学习情感，并避免学习者出现消极的学习情感。实验结果显示，学习画面情感中的温馨、欢快、活泼、搞笑、幽默、有趣与常态、高兴、专注等积极情感存在正相关，与愤怒、悲伤、惊恐、走神等消极情感存在负相关。学习画面的这 6 种正向情感中，温馨最易引起学习者常态和专注的情感状态（$r > 0.5$）；欢快最易引起学习者高兴的情感状态，并避免学习者出现悲伤和走神（$r < -0.5$）；活泼最易引起学习者专注的情感状态，并避免学习者出现悲伤

和走神；搞笑最易引起学习者高兴的情感状态，并避免学习者出现悲伤和走神；幽默最易引起学习者高兴的情感状态；有趣最易引起学习者高兴和专注的情感状态，并避免学习者出现悲伤和走神。

实验结果显示，学习画面情感中的夸张既与高兴、专注等积极情感存在正相关，但也与常态存在负相关；既与愤怒、悲伤、走神等消极情感存在负相关，但也与惊恐存在正相关。从相关系数绝对值来看，夸张仅会避免学习者出现走神，而对其他学习者情感影响较小。因此，该实验的假设 H2 部分成立，即学习画面视觉情感中的温馨、欢快、活泼、搞笑、幽默和有趣能够激发学习者积极的学习情感，并避免学习者出现消极的学习情感。

（三）实验假设 H3 部分成立

该实验的假设 H3 为学习画面视觉情感中的凄凉、枯燥、沉闷、繁乱、虚幻、惊险和恐怖能够引起学习者消极的学习情感，并难以激发学习者积极的学习情感。实验结果显示，学习画面情感中的凄凉、枯燥、沉闷、繁乱与愤怒、悲伤、惊恐、走神等消极情感存在正相关，与常态、高兴、专注等积极情感存在负相关。学习画面的这 4 种负向情感中凄凉容易引起学习者悲伤的情感状态；枯燥容易引起学习者走神的情感状态，而不易激发学习者的高兴和专注；沉闷容易引起学习者走神的情感状态；繁乱容易激发学习者愤怒的情感状态，而不易激发学习者的高兴。

实验结果显示，学习画面情感中的虚幻仅与走神存在负相关，而与其他学习情感存在正相关，并且相关系数均维持在较低的水平。学习画面情感中的惊恐和恐怖既不会引起学习者常态、高兴、专注等积极情感，也不会引起学习者的悲伤和走神，而是会引起学习者的愤怒和惊恐，其中与恐惧存在显著相关。因此，该实验的实验假设 H3 部分成立，即学习画面视觉情感中的凄凉、枯燥、沉闷和繁乱能够引起学习者消极的学习情感，并难以激发学习者积极的学习情感。

（四）学习画面情感对学习者情感的影响机制

学习画面情感由视觉刺激引发，学习画面刺激视觉神经，视网膜将收集到的视觉刺激传送到视觉神经，视觉神经再将这些信息传送到大脑视觉皮层。根据视觉经验、长时记忆对信息进行加工，将这些神经刺激翻译成人们自身的意识并激活人的各种心理状态，从而形成对事物的感觉和认知。该过程包括两个转化：从物理过程到神经过程的转化，从神经过程到心理过程的转化。张海波等学者基于颜色和纹理实现对图像情感的识别[1]，刘增荣等学者融合颜色、纹理、形状等视觉特征并用SVM算法来实现图像综合特征空间到情感空间的映射[2]，王伟凝等学者指出图像的形状、色彩、纹理等视觉特征在知觉的作用下会使人产生不同的心理反应[3]，汤丽萍等学者通过对图像情感分类相关文献的梳理，指出现有的图像情感分析多基于图像的颜色、形状、纹理等低层视觉特征进行研究[4]。故从产生原理和既有研究看，学习画面情感通常受颜色、纹理、形状等低层视觉特征的影响。

美术理论家约翰内斯·伊顿在其著作《色彩艺术》中提出不同的颜色组合会产生相异的图像情感[5]，李海芳等学者通过调查总结出颜色搭配与图像情感间的对应关系[6]，毛峡等学者的研究也证实不同颜色组合可以激发人们不同的情感[7]，卢鑫等学者基于图像的颜色、纹理以及构图布局实现对图像情感的识别[8]。实验实施阶段，笔者协助教师进行学习画面的设计与制作，在此过程中发现色彩搭配、排版布局、文本样式等能够在较大程度上影响学习画面的情感，并且教师也多通过色彩搭配、排版布局、背景纹理等使学习画面呈现各种视觉情感。通过既有研究和实验观

---

[1] 张海波、黄铁军、修毅等：《基于颜色和纹理特征的面料图像情感语义分析》，《天津工业大学学报》2013年第4期。

[2] 刘增荣、余雪丽、李志：《基于特征融合的图像情感语义识别研究》，《太原理工大学学报》2012年第5期。

[3] 王伟凝、余英林：《图像的情感语义研究进展》，《电路与系统学报》2003年第5期。

[4] 汤丽萍、陈芬：《基于情感的图像分类研究进展》，《情报理论与实践》2018年第6期。

[5] ［瑞士］约翰内斯·伊顿：《色彩艺术：色彩的主观经验与客观原理》，杜定宇译，上海教育出版社1978年版，第98—105页。

[6] 李海芳、焦丽鹏、贺静：《多特征综合的图像模糊情感注释方法研究》，《中国图象图形学报》2009年第3期。

[7] 毛峡、丁玉宽、［日］牟田一弥：《图像的情感特征分析及其和谐感评价》，《电子学报》2001年第S1期。

[8] Xin Lu, Neela Sawant, Michelle G. Newman, et al., "Identifying Emotions Aroused from Paintings", paper delivered to 14th European Conference on Computer Vision, sponsored by the University of Amsterdam, Amsterdam, Netherlands, October 8–16, 2016.

察可以推断，色彩搭配、排版布局、文本样式等艺术特征能够影响学习画面的视觉情感。

简·普拉斯、伊丽莎白·乌鲁克鲁图、加夫列拉·佩里等学者的研究和本章实验的实验结果均证实学习画面的视觉情感和艺术特征与学习者的学习情感存在重要联系，学习画面的温馨、欢快、活泼等情感可以激发学习者积极的情感状态，而枯燥、沉闷、繁乱等情感则会给学习者带来消极的情感体验。综上，笔者绘制如图 6—8 所示影响机制图。

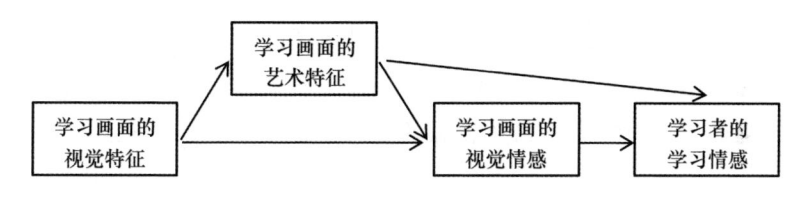

图 6—8　学习画面情感对学习者情感的影响机制

如图 6—8 所示，学习画面的颜色、纹理、形状和空间关系等视觉特征会影响学习画面的色彩搭配、排版布局和文本样式等艺术特征，直观的视觉特征和隐含的艺术特征使学习画面表现出不同的情感类型，进而影响学习者的学习情感。

三　启示与建议

本书通过实验证实学习者的学习情感易受学习画面情感的影响，积极的情感设计能够引起学习者积极的情感体验和更好的理解，因此学习画面情感对促进学习者的智慧学习具有重要意义。学习画面多属于计算机生成或合成图像，通常由文本、图形、图像、动画、视频等媒体形式组合而成，其情感主要通过颜色、纹理、形状等视觉特征和色彩搭配、排版布局、文本样式等艺术特征体现。区别于自然图像，学习画面直观的视觉特征和隐含的艺术特征可通过自主设计以体现不同情感属性，具有较高能动性。这无疑要求教师或教育工作者在进行学习画面设计时，注重其美学功能、情感功能和认知功能的协调与平衡，充分发挥学习画面对学习者智慧学习的正面作用。

根据学习画面14种视觉情感与学习者7种学习情感的相关性，可将学习画面情感大致归为三类：其一为正向情感，包括温馨、欢快、活泼、搞笑、幽默和有趣，他们会引起学习者积极地学习情感，有助于激发学习动机、培养学习兴趣，促进认知活动；其二为负向情感，包括凄凉、枯燥、沉闷和繁乱，他们会引起学习者消极的学习情感，影响耐心度、注意力，阻碍认知活动；其三为特殊情感，包括夸张、虚幻、惊险和恐怖，他们与学习者情感间的关系较为复杂，并且通过对学习画面情感的大数据分析，发现此类情感较少出现。教师在进行学习画面的设计时，应较多体现学习画面的正向情感，特别是与专注的相关系数较高的学习画面情感，例如温馨、欢快、活泼、搞笑和有趣；同时避免体现负向情感，特别是与走神的相关系数较高的学习画面情感，例如枯燥、沉闷和繁乱。

由于学习画面主要通过直观的视觉特征和隐含的艺术特征体现情感属性，因此教师可从色彩搭配、排版布局、背景纹理、配图质量和文本样式等方面考虑学习画面的情感设计，以便进一步影响学习者的学习情感和认知效果。智能学习终端屏幕尺寸相对较小，呈现空间有限，需要对学习画面的整体布局进行精心设计。学习画面的整体布局应避免杂乱无章，要做到结构清晰、功能明确、主次分明、比例合理和图文并茂，既不可太满，也不可太空，恰用留白。版面编排既要考虑学习者认识事物的心理顺序和思维活动的逻辑顺序，还要考虑学习者的视线流动顺序，在有限的屏幕范围内，为学习者提供内容体系完整、满足学习需求的学习内容。

美国学者卡罗琳·布鲁墨在其著作《视觉原理》中指出：色彩能够唤起各种情绪，表达感情，甚至影响我们正常的心理感受[①]。学习画面的色彩搭配可考虑三种方法：一是使用单色，虽然学习画面应避免采用单一色彩，但可通过调整透明度或者饱和度产生变化，使学习画面具有层次感；二是使用对比色，对比色可以突出重点，产生强烈的视觉效果，

---

① [美]卡罗琳·布鲁墨:《视觉原理》，张功钤译，北京大学出版社1987年版，第129页。

使学习画面形成鲜明的视觉对比；三是使用同一色系，可使学习画面色彩统一。暖色调多给人们带来温暖热烈、生动活泼和积极有力的视觉感受，学习画面应多用红、橙、黄等暖色调，并且色彩的总数应控制在2—4种。学习画面的背景纹理应采用素淡清雅的色彩或图像，避免采用花纹复杂的图像或纯度较高的色彩，同时要符合教学内容的意境，并要与文字的颜色对比强烈。

图形或图像是学习画面中最直观、最形象的表现要素，好的配图能给学习者丰富的联想，并使其注意力集中。配图要注意"质"和"量"，其中"质"体现在三个方面：第一，学习画面的配图首先要切合讲授主题，图形或图像素材应围绕教学内容的主题进行选取；第二，要切合学习者的年龄阶段，各年龄阶段学习者具有不同的身心发展特点，学前或小学阶段的学习画面应多采用形象生动、活泼夸张、色彩鲜艳的图形或图像；第三，要选择高质量图形或图像，以保证清晰度。"量"则体现在学习画面中的图形或图像数量并非越多越好，而是应根据实际情况进行确定，尽量控制在合理范围以内。通过设计合理的学习画面可以对学习者的学习情感产生积极影响，给学习者带来良好学习体验的同时，能够缓解因智能学习终端屏幕过小而带来的视觉疲劳。

本章小结

本书为探索学习画面情感对学习者情感的影响以及两者的相关性，进行了准实验研究。首先，进行实验设计，明确实验目的、实验对象、教学内容、实验变量、实验假设、实验方案，实验对象为济南市某学校7、8年级的98名学生，教学内容包括信息技术教材内容和Scratch创意编程内容。然后设计开发学习画面与学习者表情同步采集系统，以支持实验的顺利开展，并对核心功能的实现进行介绍。再后进行实验，整个实验共持续15周的时间，包括准备阶段、实施阶段和完成阶段。最后，分析数据得出结论。具有温馨、欢快、活泼、搞笑、幽默和有趣等正向情感的学习画面能够激发学习者的高兴、常态、专注等积极情感，并避免愤怒、悲伤、惊恐和走神等消极情感的出现。具有凄凉、枯燥、沉闷、繁乱等负向情感的学习画面能够引起学习者的消极情感，而不易激发学习者的积极情感。具有夸张、虚幻、惊险、恐怖等情感的学习画面则具有特殊性，需要具体分析。

第七章

学习画面情感自适应调整对学习者情感的影响

  智慧学习环境中学习画面的情感与学习者的认知活动、学习情感存在着密不可分的联系，并且学习画面的情感、学习者的学习情感以及两者的匹配程度，即人机的情感状态对学习者的学习效果具有不可忽视的影响。作为数字学习环境高端形态的智慧学习环境应有足够智慧满足学习者的智慧学习需求，除为学习者提供个性化的学习内容和学习路径，实现认知层面的自适应交互外，还应为学习者提供符合其情感状态和视觉情感偏好的学习画面，以实现情感层面的自适应交互。第六章已通过实验证实学习画面情感能够影响学习者的学习情感，可根据智慧学习环境中学习者对学习画面的表情反应，判断学习者的情感状态，结合学习画面的情感和视觉特征以及学习者对学习画面的视觉情感偏好，调整学习画面的视觉特征，进而实现对学习画面情感的调整，是否能调节学习者的情感状态并激发学习者的学习兴趣，实现智慧学习环境中的和谐情感交互，本书对此进行实验研究。为保证实验的顺利进行，笔者设计并开发基于学习者情感的学习画面情感自适应调整系统。该系统能够根据学习者的学习情感和视觉情感偏好以及学习画面的情感和视觉特征，自适应调整学习画面情感。通过实验所采集的图像数据和调查问卷所收集的问卷数据验证实验假设，以期为智慧学习环境中的和谐情感交互提供新的思路与方法。

第一节　实验设计

一　实验目的

　　学习者的学习情感能够影响和调节学习者的注意、记忆、思维、语言和想象等认知活动，而实验表明学习画面情感能够影响学习者的学习情感。该实验的目的是探讨智慧学习环境中根据学习者的学习情感和视觉情感偏好以及学习画面的情感和视觉特征，自适应调整学习画面情感，是否能调节学习者的学习情感，激发学习者的学习兴趣，实现智慧学习环境中的和谐情感交互。

二　实验对象

　　本书选取的实验对象仍是济南市某九年一贯制学校7年级的2个班级和8年级的1个班级，其中7年级1班32名学生，7年级2班30名学生，平均年龄为13岁；8年级36名学生，平均年龄为14岁。为避免班风、学风等因素影响实验结果，本书采用测量配对法将每个班级的学生分为人数相同的两组，其中一组为实验组，另一组为对照组。分组方法为：首先按照最近一次考试成绩将学生进行排列，然后再按顺序位置，以如下方式把学生分派到两组去。

　　成绩排列顺序 01，02，03，04，05，06，07……
　　甲组：01，04，05，08，09，12，13，16……
　　乙组：02，03，06，07，10，11，14，15……

　　这样的分组，不会使某一组占有特别的优势，也克服了对象选择的干扰。分组完成后，7年级1班实验组和对照组均为16人，7年级2班实验组和对照组均为15人，8年级实验组和对照组均为18人。从整个实验来看实验组共49人，对照组共49人。实验组观看根据学习者的学习情感和视觉情感偏好以及学习画面的情感和视觉特征自适应调整后的学习画面进行学习，而对照组观看未经过自适应调整的学习画面即原学习画面进行学习。

三 教学内容

该学校 7、8 年级学生每周两节信息技术课，2018 年 12 月 24 日前，一节课讲授信息技术教材内容，另一节课讲授 Scratch 创意编程内容。2018 年 12 月 24 日后，每周两节课均讲授信息技术教材内容。学习画面情感自适应调整对学习者情感的影响实验起止时间为 2018 年 12 月 24 日至 2019 年 1 月 6 日，两周时间，均讲授信息技术教材内容。7 年级使用教材为山东教育出版社 2018 年版《信息技术》初中第 1 册，8 年级使用教材为山东教育出版社 2010 年版《初中信息技术（三、四年制通用）》第 5 册。教材内容已在第六章第一节中进行介绍，该实验 7 年级主要讲授第 11 课，课程名为"天涯咫尺一线连"，教学目标是使学习者了解常见的网络交流方式并掌握电子邮件的收发。8 年级主要讲授第 7 课的第 2 部分，课程名为"照片的修饰"，教学目标是使学习者掌握 Photoshop 的模糊工具、涂抹工具、减淡工具、加深工具和海绵工具。为了不影响实验学校的正常教学，也为保证实验的真实性和有效性，每节课的具体教学内容按照教学进度，由授课教师决定。教学资源根据教学需要也由授课教师自行选择和设计。

四 实验变量

（一）自变量

自变量也被称为实验变量，是由实验者设计安排的，人为操纵的，有计划地变化的实验情境或条件因素[①]。该实验中自变量为根据学习者的学习情感和视觉情感偏好以及学习画面的情感和视觉特征自适应调整后的学习画面。该实验过程中实验组观看自适应调整后的学习画面进行学习，对照组观看未经调整的原学习画面进行学习。

（二）因变量

因变量也被称为反应变量，是随着自变量的变化而变化的，是实验者需要观察、测量和计算的变化因素。该实验中因变量为学习者的学习

---

① 李克东：《教育技术学研究方法》，北京师范大学出版社 2003 年版，第 176 页。

情感，主要通过学习者在学习过程中表现出的面部表情进行判断。

（三）干扰变量

干扰变量也被称为无关变量，是除实验者操纵控制而有计划变化的实验变量之外，另外一些影响反应变量变化的其他干扰因素。该实验中干扰变量主要为学生的学习风格、气质类型以及实验实施过程中学生对学习画面情感自适应调整系统的接受度与使用度等。实验组与对照组学生总体情况相同，开展的教学环境相同，本书对实验过程中的其他因素能够较好地控制。

五 实验假设

该实验的实验假设为：

H1：学习画面情感自适应调整能够提高专注等积极情感所占的比例；

H2：学习画面情感自适应调整能够提高专注等积极情感的平均值；

H3：学习画面情感自适应调整能够激发学习者的学习兴趣。

六 测量工具

假设1、假设2可通过学习画面与学习者表情同步采集系统所采集的图像数据进行验证，无须再开发专门的测量工具，假设3则需要通过问卷调查获取数据进行验证。因此，笔者编制学习画面情感自适应调整效果调查问卷，以引导实验组学生表达对学习画面情感自适应调整效果的多方面意见，从而了解学生的满意度情况。

调查问卷主要包括3部分内容：其一，学生的基本信息，包括性别、年级、网龄、对智慧学习环境的认知等，共6个题目；其二，对学习画面情感自适应调整的效果评价，此部分采用李克特五点量表，从非常不同意到非常同意，问卷题目根据弗雷德·戴维斯提出的技术接受模型（Technology Acceptance Model，TAM）进行设计，包括感知有用性、感知易用性、使用态度、行为意向等，共12个题目；其三，学习画面情感自适应调整的优缺点，共2个题目，并且为开放题。1989年弗雷德·戴维斯基于理性行为理论（Theory of Reasoned Action，TRA）提出TAM，用于解释和预测用户对信息技术的接受和使用情况[1]。TAM 如图 7—1 所示。

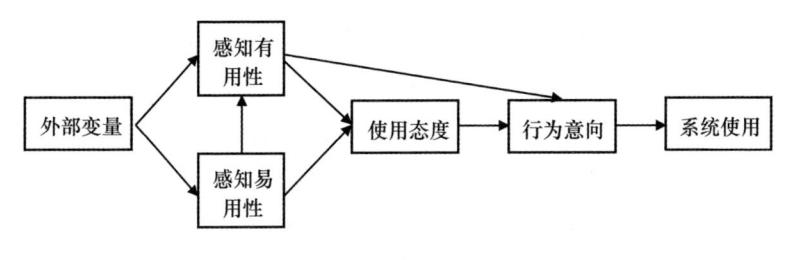

图 7—1 技术接受模型

为避免自编问卷中可能存在的内容贴切性和代表性较低等问题，笔者请有关专家学者对问卷题目与原来的内容范围是否相符进行分析，做出判断，并根据专家学者的建议进行修改。在正式开展调查前，本书还进行了小范围的试测，并对试测对象进行访谈，对问卷中不恰当或有歧义的地方进行了修改，形成最终的调查问卷。

七　实验方案

该实验属于教育技术实验研究中的对比性实验，即通过实验对不同时间或不同条件下的两个不同群体进行差异性比较[2]。该实验通过测量配对法对被试进行分组，在自然真实的教学环境中进行实验，采用实验组对照组后测的准实验研究，设计方案如表 7—1 所示。

表 7—1　　　　　实验组对照组后测准实验设计方案

组别	实验对象	实验因素	实验操作	实验后状态
对照组	O_1	X_1	$X_1 O_1$	Y_1
实验组	O_2	X_2	$X_2 O_2$	Y_2
条件	$O_1 = O_2$	$X_1 \neq X_2$	/	/

---

[1] Fred D. Davis, "Perceived Usefulness, Perceived Ease of Use, and User Acceptance of Information Technology", *Mis Quarterly*, Vol. 13, No. 3, September 1989, pp. 319 – 340.

[2] 李克东：《教育技术学研究方法》，北京师范大学出版社 2003 年版，第 175 页。

表 7—1 中，O_1 表示对照组被试，O_2 表示实验组被试；X_1 表示未经调整的原学习画面，X_2 表示自适应调整后的学习画面；X_1O_1 表示对照组进行的实验处理，即学习者观看原学习画面进行学习，X_2O_2 表示实验组进行的实验处理，即学习者观看自适应调整后的学习画面进行学习；Y_1 表示对照组被试的学习情感，Y_2 表示实验组被试的学习情感，两者通过被试的学习表情进行判断。等组实验最重要的条件是各组必须尽量相等，即要符合 $O_1 = O_2$ 的条件。相等的含义是指除实验因素外，所有能影响实验的其他因素以及实验对象的原有水平必须基本相同或相等。该实验总的实验步骤为：首先安装、调试基于学习者情感的学习画面情感自适应调整系统，在任课教师协助下对被试进行分组和培训；然后实验组观看自适应调整后的学习画面进行学习，对照组观看未经调整的原学习画面进行学习；最后整理实验数据并进行数据分析，验证实验假设，得出实验结论。

第二节　学习画面情感自适应调整模型的构建

学习画面是学习者与学习环境间传递和交换信息的媒介，是智慧学习环境中学习内容的信息呈现画面，学习者主要通过学习画面来接收和获得信息。它包括学习内容的呈现模式和感觉效果，呈现模式是画面设计的物理层面，也是学习者直接面对的实体；感觉效果是学习者感知画面所获得的情感认识，作用于心理层面。学习画面以直观的视觉特征和隐含的艺术特征影响学习者的学习情感，进而影响学习者的学习效果。本书基于人工智能、情感计算、大数据等新兴技术，根据智慧学习环境中学习者对学习画面的表情反应，判断学习者的情感状态，结合学习画面的情感和视觉特征以及学习者对学习画面的视觉情感偏好，调整学习画面的视觉特征，进而实现学习画面情感的调整，并不断完善学习者对学习画面的视觉情感偏好模型，实现智慧学习环境中情感层面的自适应交互。智慧学习环境中基于学习者情感的学习画面情感自适应调整模型如图 7—2 所示。

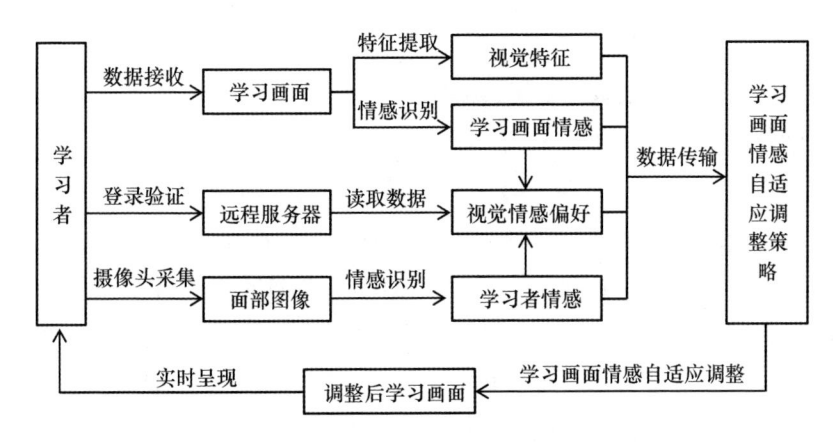

图7—2 学习画面情感自适应调整模型

该模型是在现有智慧学习环境中增加学习画面情感自适应调整功能，使其更加具有智慧性和友好性，通过学习画面情感的自适应调整实现对学习者学习状态和学习情感的调节，促使学习者深度学习（教育领域）的出现。该模型强调学习者积极的情感状态对培养创新能力、问题求解能力、决策力和批判性思维能力等高阶思维能力的重要性，以适应学习者的智慧学习需求。该模型主要分为学习画面情感识别模块、学习画面视觉特征提取模块、学习者情感识别模块、学习画面情感自适应调整模块和学习者视觉情感偏好完善模块。

一 学习画面情感识别模块

智慧学习环境中学习者的学习内容通常由学习管理系统根据学习者的认知能力和学习风格自适应推送，或者由教师将课堂教学内容通过屏幕广播同步发送到学习者的智能学习终端，抑或由学习者根据学习需求或兴趣自主选择。学习画面情感识别模块由学习画面接收（采集）和学习画面情感识别两部分组成，是学习画面情感自适应调整的重要依据。学习者开始学习的同时，学习画面情感识别模块将实时接收教师端通过屏幕广播同步传输的学习画面图像或者采集学习者自主选择的学习画面图像。然后，利用训练好的9层CNN模型识别学习画面的14种视觉情感及强度。识别后的学习画面情感数据将传给学习画面情感自适应调整模块。

二 学习画面视觉特征提取模块

学习画面与自然图像不同，通常有明确的主题表达，多由计算机生成或合成。学习画面中的学习内容对学习者的学习情感有直接的影响，而学习画面的视觉情感则对学习者的学习兴趣、认知负荷、学习情感有间接或潜在的影响。通过对各情感类型学习画面的视觉特征进行分析，发现学习画面的情感与颜色、纹理、形状等直观的视觉特征存在联系，并且较大程度上由色彩搭配、排版布局、文本样式等隐含的艺术特征决定，学习画面情感自适应调整其实质是根据学习者的学习情感和视觉情感偏好以及学习画面的情感和视觉特征自适应调整学习画面的关键视觉特征，进而改变学习画面的情感。因此，学习画面视觉特征提取是学习画面情感自适应调整的前提。学习画面视觉特征提取主要提取颜色、纹理、形状等直观的视觉特征和色彩搭配、文本样式、排版布局等隐含的艺术特征。计算基于颜色的视觉特征（如平均颜色、主色调、颜色数、强度、饱和度等）、基于形状和边线的视觉特征（如物体位置、布局、边缘方向性等）、基于纹理的视觉特征（如边缘密度及均匀性、颜色分布及均匀性、主体清晰度、背景模糊度、背景 Gabor 变换等）等。提取的学习画面视觉特征数据将传给学习画面情感自适应调整模块。

三 学习者情感识别模块

学习者在学习过程中的情感状态即学习情感表现在多个方面，如面部表情、头部姿态、生理反应等。艾伯特·梅拉比安、保罗·埃克曼等学者的研究表明面部表情是情感的重要表现形式，并且通过智能学习终端自带摄像头采集学习者面部表情，进而识别学习者的学习情感要比其他方法更加自然可行。学习者情感识别模块由面部表情图像采集和学习者情感识别两部分组成，情感识别结果将直接决定是否调整以及如何调整学习画面的情感，也是对学习画面情感自适应调整效果的检验。学习者开始学习的同时，智能学习终端的前置摄像头将同步开启，实时采集学习者的面部表情图像。然后，采用基于 Haar 矩形特征的 Adaboost 方法提取图像中的人脸区域,并利用训练好的 7 层 CNN 模型识别学习者的 7 种学习情感及强度。识别后的学习者情感数据将传给学习画面情感自适应调整模块。

四 学习画面情感自适应调整模块

学习画面直观的视觉特征和隐含的艺术特征根据学习者的学习情感、视觉情感偏好以及学习画面的情感、视觉特征进行自适应调整,使学习者保持积极的情感状态是本书的出发点和落脚点。学习画面情感自适应调整模块由学习画面情感自适应调整和调整后学习画面实时显示两部分组成,是实现学习画面情感自适应调整的关键。该模块将根据学习画面情感识别模块、学习画面视觉特征提取模块、学习者情感识别模块的数据,并结合学习者的视觉情感偏好,自动调整学习画面中与学习画面情感、学习者情感关系比较密切的视觉特征,如调整学习画面的明暗度、鲜艳度、色彩搭配、背景图像或颜色、增强显示重点学习内容、叠加隐现趣味动画等,尽量为学习者提供适应性和个性化的学习画面,对学习者的学习情感实时检测和诱导,激发学习者的学习兴趣,提升学习者的学习效果。

五 学习者视觉情感偏好完善模块

色彩、图形具有独特的情感属性,红色会给人兴奋、快乐的感受,产生温暖、喜庆的联想;蓝色则给人宁静、理智的感受,产生对万里晴空、碧波海洋的联想。学习者对学习画面的色彩搭配、背景纹理、文本样式等有自己的个人偏好。例如学习画面主色调,有的学习者偏爱橙色,有的学习者偏爱绿色;学习画面配图,有的学习者喜欢动物,有的学习者喜欢植物。该模块是学习画面情感自适应调整的依据,也是学习画面情感自适应调整个性化的体现。本书通过学习画面情感对学习者情感的影响实验,采集学习者表情图像及其对应的学习画面图像,挖掘学习画面情感和学习者情感的相关性,并结合对学习者的问卷调查,预先建立学习者视觉情感偏好模型。学习者注册登录时,可根据自己的喜好对模型进行修正和完善。学习者学习过程中,学习者情感识别模块和学习画面情感识别模块的数据会实时传输到该模块。该模块会实时计算一定时间内学习者的学习情感与学习画面情感、学习画面视觉特征的相关系数，当专注、高兴、常态等积极情感的强度最大且持续到一定时间时，将相关度最高的学习画面情感、可调整的视觉特征以及相关系数存入数据库中，以便完善学习者的视觉情感偏好模型。

第三节　学习画面情感自适应调整系统的开发

教育领域特别是 E-Learning 系统研究中关于情感自适应交互的理论阐述和模型构建较多，而具体的开发与应用相对较少。现有的情感自适应交互研究主要是基于文本信息的情感交互和利用二维或三维虚拟教师动画的情感交互，而没有基于学习画面的情感自适应交互研究。本书提出根据学习者的学习情感和视觉情感偏好以及学习画面的情感和视觉特征自适应调整学习画面情感能够调节学习者的学习情感，激发学习者的学习兴趣的假设，并对此进行实验研究。为保证实验的顺利开展，本书构建了基于学习者情感的学习画面情感自适应调整模型，并在此基础上开发了原型系统。

一　系统设计目标

基于学习者情感的学习画面情感自适应调整系统的目的是为学习者提供符合其情感状态和视觉情感偏好的学习画面，以便调节学习者的学习情感，激发学习者的学习兴趣，借此解决智慧学习环境中的情感自适应交互问题。根据设计目的，基于学习者情感的学习画面情感自适应调整系统应达到以下目标。

第一，采用面向对象编程语言开发，具有较高兼容性，可在主流操作系统上稳定运行。第二，系统能够实时识别学习者的学习情感。第三，系统能够实时识别学习画面的情感和提取视觉特征。第四，系统能够根据学习者的学习情感和视觉情感偏好以及学习画面的情感和视觉特征自适应调整学习画面的情感。第五，系统能够将调整后的学习画面实时呈现给学习者，并且没有抖动、模糊、混色、拖尾、时延等负面效果。第

六、系统具有较好的运行稳定性，容易操作，界面简洁清晰。

基于学习者情感的学习画面情感自适应调整系统的设计原则为能够满足学习者的需求，并具有较高稳定性、可扩展性和可靠性。首先，为学习者提供符合其情感状态和视觉情感偏好的学习画面，以促进学习者的智慧学习是该系统设计与开发的出发点和落脚点，整个过程应紧紧围绕学习者需求进行。其次，因为需要实时采集学习者面部表情图像和学习画面图像，这无疑涉及学习者隐私和学习画面版权，所以系统可靠性和稳定性显得尤为重要，应避免黑客和病毒攻击，以保证学习者和教育工作者的信息安全，使学习者和教育工作者能够信赖该系统。再次，目前该系统仅能识别 7 种学习者情感、14 种学习画面情感，并且仅能从 6 个方面调整学习画面的视觉特征，学习者情感和学习画面情感的识别准确率仍有提升空间，学习画面情感的自适应调整方法和策略也有待完善。因此，该系统应具有可扩展性，以适应不断变化的需求。

二　开发工具及环境

（一）开发工具

基于学习者情感的学习画面情感自适应调整系统由 Visual Studio 2010、Matlab R2012a、Dreamweaver CS6 等软件开发，使用 C＋＋、Matlab 等编程语言和 OpenCV 库实现相关功能。由于学习者填写的个人信息和选择的视觉情感偏好信息需要保存在数据库中，并且学习者登录时需要远程验证账号和密码，因此综合考虑，本书最终选择 SQL Server 2008 作为数据库管理平台。C＋＋、OpenCV 已在第六章第二节中进行介绍，本章不再赘述。

SQL Server 是美国微软公司推出的数据库产品，是基于客户机/服务器模式的关系型数据库管理系统[1]。1995 年，SQL Server 6.0 发布，随后的 SQL Server 6.5 取得巨大成功，被广泛应用。2008 年，微软公司发布 SQL Server 2008，共包括 6 个版本，分别为企业版、标准版、开发版、工作组版、网络版和学习版。

---

[1] 王生春、支侃买：《SQL Server 数据库设计与应用》，北京理工大学出版社 2016 年版，第 22—23 页。

SQL Server 2008 扩展了 SQL Server 2005 的可靠性、可用性、可编程性和易用性，其主要特点是系统在安全性、智能性、易管理性和可扩展性等方面有了更多的改进和提高，使用户能以较高的安全性、可靠性来运行关键任务的应用程序，并且可以降低开发和管理数据基础设施的时间和成本，为用户的数据存储和应用需求提供了更多支持和便利[①]。

（二）开发环境

基于学习者情感的学习画面情感自适应调整系统是运用以下工具和平台开发的：操作系统为 Windows 7 32 位，开发平台为 Visual Studio 2010、Matlab R2012a 和 Dreamweaver CS6，编程语言为 C++、Matlab 和 ASP，数据库管理系统为 SQL Server 2008。

三 系统设计思路

基于学习者情感的学习画面情感自适应调整系统分为教师端和学生端。教师端将课堂教学内容通过屏幕广播的形式同步发送到学习者的智能学习终端，学生端接收教师端发送的学习画面的同时，实时识别学习者的学习情感和学习画面的情感，并提取学习画面的视觉特征；然后根据学习者的学习情感和视觉情感偏好以及学习画面的情感和视觉特征自适应调整学习画面情感，并将调整后的学习画面实时呈现给学习者。

教师端的设计思路为：首先，建立 UDP 连接，然后捕捉教师端屏幕图像，并通过 UDP 通信传送给学生端，学生端将全屏显示接收的画面图像。为避免遮挡教学内容，教师端程序启动后将自动隐藏到屏幕右下角托盘。当教师点击暂停时，暂停屏幕广播，学生端退出全屏显示，学生可控制计算机进行操作或练习。

学生端的设计思路为：首先，学习者点击注册按钮，通过注册页面注册账号和密码，并选择喜欢的颜色和 GIF 动画。然后学习者便可通过登录窗口输入账号和密码登录系统。如果账号和密码不正确，则弹出提醒对话框，学习者重新输入账号和密码。如果账号和密码正确，读取数据库中保存的该学生喜欢的颜色和 GIF 动画并分别赋值给变量 StrColor、

[①] 库波、郭俐:《数据库技术及应用：SQL Server》，北京理工大学出版社 2013 年版，第 8—9 页。

StrGif，并且同时开启四个线程。线程 1 实时接收教师端发送的学习画面并赋值给变量 MatImage；线程 2 首先判断摄像头是否正常，若正常则采集学习者面部表情图像，然后识别学习者的学习情感并赋值给变量 IntFaceEm；线程 3 首先判断 MatImage 是否为空，若不为空则识别学习画面的情感并赋值给变量 IntImageEm，然后提取学习画面的颜色、纹理、形状等视觉特征；线程 4 首先采用"深度赋值"的方式将变量 MatImage 赋值给变量 MatOldImage，然后根据变量 StrColor、StrGif、IntFaceEm、IntImageEm 的值以及学习画面的视觉特征，调整变量 MatOldImage 并将调整后的结果赋值给变量 MatNewImage，最后将变量 MatNewImage 全屏显示。4 个线程循环执行，直到教师端点击暂停。

需要特别指出，为保护学习者隐私和系统运行速度，该系统在学习者的面部表情图像采集、学习情感识别和学习画面的接收、视觉情感识别过程中并不借助硬盘或云盘进行读写操作，而是采用接收或采集 Mat 格式图像后，直接转换为 Matlab 支持的 mwArray 格式，并作为参数提供给相应的识别函数，识别函数将返回识别的结果，以达到隐私保护的目的。

四 系统核心功能的实现

笔者在开发环境下利用开发工具进行实际的系统开发。基于学习者情感的学习画面情感自适应调整系统的核心功能主要体现在 C++ 对 Matlab 函数的调用、学习画面的情感识别、学习者的情感识别、利用 UDP 通信实现屏幕广播、远程连接服务器验证账号和密码、学习画面情感的自适应调整等。

（一） C++ 对 Matlab 函数的调用

Matlab 具有极强的数学计算能力，而 C++ 拥有较好的编程能力，并且由于学习画面的情感识别、学习者的学习情感识别均由 Matlab 软件实现，因此仍需将 Matlab 编写的学习画面情感识别函数和学习者情感识别函数封装，以便 C++ 语言调用。第四章第四节介绍了 C#对 Matlab 函数的调用方法，C++ 对 Matlab 函数的调用方法与 C#对 Matlab 函数的调用方法有所不同。C++ 可以通过调用动态链接库、Matlab 引擎、COM 组件、.NET 配件等多种方法实现 C++ 与 Matlab 的混合编程，本书采用调用动态链接库的形式。C++ 调用 Matlab 函数的具体方法如下。

Step1：建立 Matlab 与编译器间的连接。首先，在 Matlab 工作区输入指令：mex – setup，选择已安装的编译器，例如本书选择 Microsoft Visual C++ 2010。然后，在 Matlab 工作区输入指令：mbuild – setup，同样选择已安装的编译器，本书依旧选择 Microsoft Visual C++ 2010。

Step2：编写 Matlab 函数。本书根据学习者情感识别算法和学习画面情感识别算法编写相关函数。需注意，函数名与文件名应相同。

Step3：将 Matlab 程序编译成 C++ 动态链接库。在 Matlab 工作区输入指令：mcc – W cpplib：cnntestImage – T link：lib cnntestImage.m，其中"– W"指定编译后的封装格式，"cpplib"是指编译成 C++ 的链接库，"cnntestImage"是指编译后库的名字，"– T"表示目标，"link：lib"表示要链接到库文件的目标，目标的名字是 Step2 所编写的函数名称，本书为"cnntestImage.m"。编译完成后，会在 cnntestImage.m 路径下生成一些文件，其中 cnntestImage.dll、cnntestImage.lib 和 cnntestImage.h 文件将在后面 C++ 调用时需要用到。

Step4：新建 MFC 应用程序，将 Step3 中生成的 cnntestImage.dll、cnntestImage.lib 和 cnntestImage.h 拷贝到工程目录中，并设置工程属性。首先，选择项目→ScreenClient 属性→配置属性→VC++ 目录→包含目录，增加 Matlab 软件对应的路径，以便添加 Matlab 相应的头文件。例如本书依次添加 D：\ Program Files \ MATLAB \ R2012a \ extern \ include、D：\ Program Files \ MATLAB \ R2012a \ extern \ include \ win32 两个路径。然后，选择项目→ScreenClient 属性→配置属性→VC++ 目录→库目录，增加 Matlab 相关的静态链接库路径。例如，本书添加 D：\ Program Files \ MATLAB \ R2012a \ extern \ lib \ win32 \ microsoft。再后，选择项目→ScreenClient 属性→链接器→输入→附加依赖项，增加 mclmcrrt.lib、mclmcr.lib、libmex.lib、libmat.lib、libeng.lib、cnntestImage.lib 等静态链接库文件。

Step5：编写 C++ 程序，并调用 cnntestImage 函数。有两点需要特别指出：其一，程序中必须引用头文件"cnntestImage.h"，例如本书引用方式为：#include "cnntestImage.h"；其二，程序中必须初始化动态链接库，本书初始化方式为：cnntestImageInitialize（），其中前面的 cnntestImage 是动态链接库的名称，后面的 Initialize 是固定格式。

编程编写好后，若要在没有安装 Matlab 软件的计算机里运行，则需要安装 MCR（MATLAB Compiler Runtime），32 位操作系统 MCR 安装文件的位置位于：[Matlab 安装目录] \ toolbox \ compiler \ deploy \ win32。

（二）UDP 通信实现屏幕广播

如第六章第二节所述，为适应不同的通信子网和应用要求，传输层提供了面向连接的传输控制协议 TCP 和无连接的传输控制协议 UDP。TCP 提供面向连接的服务，即在数据传输前必须建立连接，数据传输后要拆除连接。TCP 的连接管理、差错控制、流量控制需要消耗一定时间，所以 TCP 的实时性传输不太好，一般用于实时性要求不高，传输数据量较大的网络应用业务。UDP 是无连接的传输，传输时没有建立连接与拆除连接的过程，也不提供差错控制、流量控制机制，所以传输可靠性相对不高，适用于可靠性相对较高的通信子网。但由于没有连接管理、差错控制和流量控制的时间开销，所以 UDP 的实时性传输较好，一般用于实时性要求高，数据传输量较少的网络应用业务。基于学习者情感的学习画面情感自适应调整系统主要实现局域网内的屏幕广播功能，通信子网具有较高可靠性，并且要求实时传输，因此本书选择 UDP 通信实现屏幕广播。UDP 通信主要分为客户端和服务器端，该系统中服务器端指教师端，在教师机运行，客户端指学生端，在学生机运行。教师端利用 UDP 通信实现屏幕图像数据发送的具体方法如下。

Step1：因屏幕数据较大，单次传输很难完成，因此需要将整个屏幕数据拆分成多个数据包再依次传输，客户端接收后重组成完整数据。本书新建结构体，用于传输数据。具体代码如下：

Struct UDPPACKAGE

｛

Int iIndex；//整个屏幕数据拆分成单个数据包的序号

DWORD JpegSize；//整个屏幕数据的总大小

int buffersize；//每次发送单个数据包的大小

bool bFinish；//用于标注整个屏幕数据是否发送结束
bool bStop；//用于标注是否暂停屏幕广播
int PageCount；//整个屏幕数据需要拆分成单个数据包的数量
char buffer［65000］；//用于保存单个数据包的数据
｝；

Step2：建立 UDP 连接。主要思路为：首先初始化 Socket 对象，并创建套接字；然后设置教师端地址，并绑定套接字；最后，设置套接字为广播类型。建立 UDP 连接已在第六章第二节详细介绍，本章不再赘述。

Step3：通过 SetTimer（） 函数和 OnTimer（） 函数控制捕捉屏幕的频率，即每秒所捕捉的屏幕图像数量，本书设置帧频为 15。SetTimer（） 函数是常用的定时器函数，可用于创建一个定时器并指定间隔时长和回调函数，回调函数默认为 OnTimer（） 函数。实现的效果为每隔指定时间就会产生一个消息调用一次 OnTimer（） 函数。需要指出，在用 SetTimer（） 函数创建定时器后，若不再需要该定时器，可用 KillTimer（） 函数将其关闭。

Step4：捕捉屏幕图像。主要思路为：首先获取桌面窗口的 CDC，并获取窗口的大小；然后创建一个兼容内存画板；再后选中画笔，并绘制图像；再后获取鼠标位置，并添加鼠标图像；再后选中原来的画笔，定义图像大小；最后创建 BMP 文件必需的文件头。

Step5：发送数据。主要思路为：首先需要计算将屏幕图像数据拆分成单个数据包的数量，然后每次发送指定大小的屏幕图像数据，直到全部发送。

学生端通过 UDP 接收屏幕图像数据的方法与教师端发送屏幕图像数据的方法基本相同，只不过教师端使用 sendto（） 函数发送数据，而学生端使用 recvfrom（） 函数接收数据，本书不再赘述。客户端接收到完整的学习画面图像后将赋值给变量 MatImage。

（三）远程连接服务器验证账号和密码

学习者首先要通过注册页面注册账号和密码，填写性别、年龄、班级等个人信息，并选择喜欢的颜色、图像和 GIF 动画等，注册的信息将保存到远程服务器的数据库中。学习者注册完成后，便可输入账号和密码登录系统，此时系统需要远程连接服务器端数据库，以验证学习者输入的账号和密码是否正确。基于学习者情感的学习画面情感自适应调整系统的数据传输过程如图 7—3 所示。

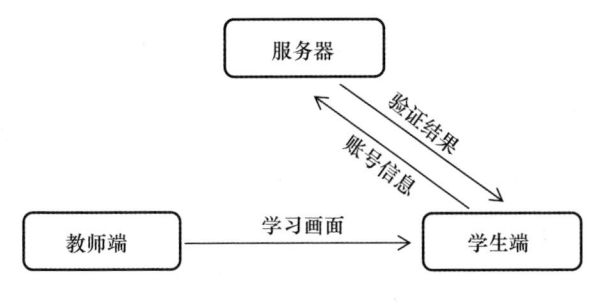

图 7—3　系统的数据传输示意

本书选用 SQL Server 作为数据库管理系统，基于两点考虑：第一，SQL Server 是目前主流数据库管理系统，应用率高，稳定性好；第二，该系统通过 C++ 开发，需要远程访问服务器端的数据库以验证学习者输入的账号和密码是否正确，而 SQL Server 能够较好地支持 C++ 的远程访问。远程连接服务器验证账号和密码的具体实现方法如下。

Step1：创建学习者个人信息及视觉情感偏好数据库 StudentSQL，并设计表 StuInf。表中主要包括账号、密码、性别、年龄、学校、班级、喜欢的颜色、喜欢的 GIF 动画、注册时间等信息。

Step2：配置 SQL，以允许远程连接。首先，检查 SQL Server 数据库服务器中是否允许远程连接。具体方法为打开数据库并通过本地账户登录，右击第一个选项，选择属性。在打开的属性窗口中，点击左侧选择页中的连接，查看右侧"允许远程连接到此服务器"是否勾选，若未勾选，则勾选。然后，为 SQL Server 配置相应协议。具体方法为选择 SQL Server 配置管理器，打开 SQL Server 配置管理器后，选择 MSSQLSERVER 的协议，查看右侧的"TCP/IP"是否为"已启用"，若是"已禁用"，则右击选择"启用"。最后，检查 SQL Server 防火墙设置。右击"TCP/IP"选择"属性"并点击"IP 地址"，查看 TCP 端口，默认端口为 1433。打开控制面板选择 Windows 防火墙，选择高级设置，点击最左侧入站规则后再点击最右侧新建规则，利用"新建入站规则向导"为 1433 端口配置防火墙规则。

Step3：设计并开发学习者个人信息及视觉情感偏好注册页面。通过软件 Dreamweaver CS6 设计页面，利用编程语言 ASP 实现相关功能。因页面较为简单，本书不再赘述。

Step4：利用 ADO 实现系统对 SQL Server 的远程连接。首先，在工程中引入 ADO 库文件，并初始化 OLE/COM 库环境。然后，远程连接 SQL Server 数据库。具体代码如下：

_ ConnectionPtr pConnection；

pConnection. CreateInstance（"ADODB. Connection"）；

_ bstr_ t strConnect ="Provider = SQLOLEDB. 1；Password = 密码；Persist Security Info = True；User ID = 登录名；Initial Catalog = StudentSQL；Data Source = IP 地址"；

pConnection – > Open（strConnect，""，""，adModeUnknown）；

Step5：验证账号和密码。将学习者输入的账号和密码与数据库中保存的账号和密码进行对比，以验证学习者输入的账号和密码是否正确。若正确，将读取数据库中保存的学习者的视觉情感偏好信息。若不正确，则提醒学习者重新输入。

（四）学习画面情感的实时识别

第四章第四节介绍了通过 C#调用 Matlab 实现学习画面情感识别的方法，此部分将介绍通过 C++调用 Matlab 实现学习画面情感实时识别的方法，两种方法实现的目的不同，因此方法也不相同。

Step1：Matlab 函数初始化。仅有初始化成功后才能调用 Matlab 函数，首次初始化耗时较长，大约需要 1 分钟。

Step2：判断是否接收到完整的学习画面图像数据。

Step3：将 Mat 格式数据转为 Matlab 支持的 mwArray 格式。学生端接收的学习画面图像数据为 OpenCV 的 Mat 格式，仅有将其转为 Matlab 支持的 mwArray 格式，才能作为 Matlab 函数参数。Mat 转 mwArray 格式常用方法为循环赋值，但该过程耗时较多，无法实现学习画面情感的实时识别。因此，本书提出一种新的转换方法，具体方法为首先分离色彩通道，分为 B、G、R 三个通道，然后将每个通道数据通过 SetData（ ）函数赋值给 mwArray 格式变量。即将 Mat 格式数据根据通道转为 3 个 mwArray 格式数据，然后在 Matlab 函数内重组即可，此方法耗时较少，避免因格式转换影响学习画面的情感识别效率。

Step4：调用 Matlab 函数，实现学习画面情感识别。具体代码如下：

cnntestImage（1，emoresu，pMatr，pMatg，pMatb）；

其中 cnntestImage 为 Matlab 函数名，第一个参数表示返回值的数量，第二个参数表示返回值将保存在变量 emoresu 中，第三、四、五个参数为学习画面图像数据。Matlab 函数首先将三个通道重组为完整图像，并将图像像素归一化。然后，载入训练好的 CNN 模型，并调用 DeepLearn Toolbox 工具箱中的 cnnff.m 文件进行情感识别。最后，返回学习画面 14 种视觉情感的强度。需要特别指出，识别函数返回的 14 种视觉情感的强度将保存在 mwArray 类型的变量 emoresu 中，需将其转为 double 类型，以便进行后续处理。通过 C++ 调用 Matlab 实现学习画面情感实时识别的算法如图 7—4 所示。

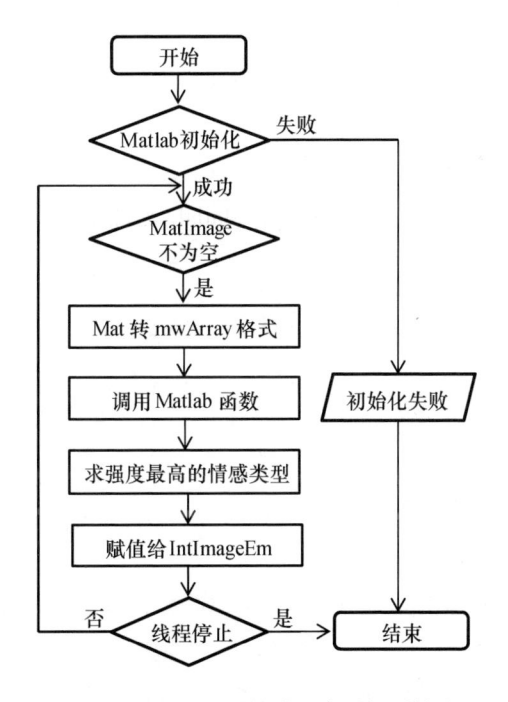

图 7—4 学习画面情感的实时识别算法

(五) 学习者情感的实时识别

第五章第五节介绍了通过 C#调用 Matlab 实现学习者情感识别的方法，此部分将介绍通过 C++调用 Matlab 实现学习者情感实时识别的方法，两种方法实现的目的不同，因此方法也不相同。

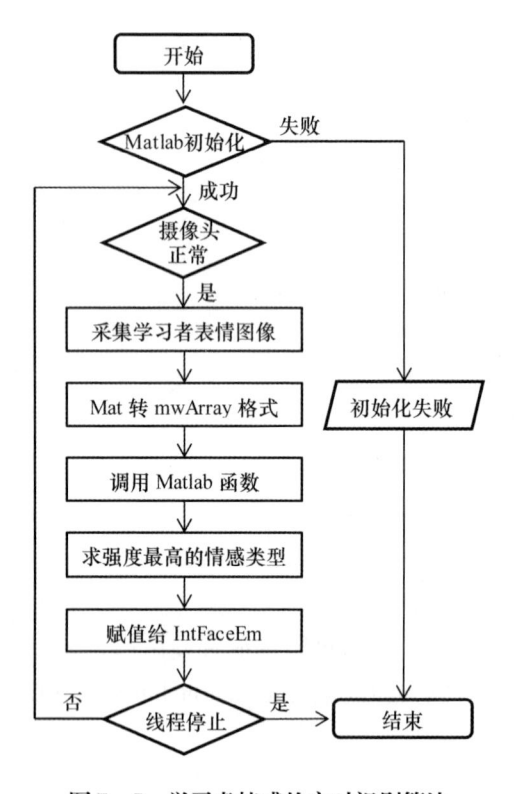

图 7—5 学习者情感的实时识别算法

Step1：Matlab 初始化。仅有初始化成功后才能调用 Matlab 函数，首次初始化耗时较长，大约需要 1 分钟。

Step2：判断摄像头是否能够正常启动，若无法正常启动则提示检查表情图像采集设备。

Step3：通过摄像头采集学习者的面部表情图像。为提高程序运行效率，本书设置摄像头采集尺寸为 320×240 像素。

Step4：将 OpenCV 的 Mat 格式数据转为 Matlab 支持的 mwArray 格式。转化完成后，将把 Mat 格式数据根据通道转为 3 个 mwArray 格式数据，然后在 Matlab 函数内重组即可。

Step5：调用 Matlab 函数，实现学习者的情感识别。

Matlab 函数首先将三个通道重组为完整图像，并将图像像素归一化；然后进行人脸检测，并判断是否检测到人脸，若未检测到人脸返回 0；再后，载入训练好的 CNN 模型，并调用 DeepLearn Toolbox 工具箱中的 cnnff.m 文件进行情感识别；最后，返回 7 种情感的强度。仍需将 mwArray 类型的返回值 emoresu 转为 double 类型的变量 emotresu，以便进行后续处理。学习者情感的实时识别算法如图 7—5 所示。

（六）学习画面情感的自适应调整

调整学习画面情感，其实质是通过调整学习画面的视觉特征，以实现学习画面艺术特征和视觉情感的调整。因此，学习画面情感的自适应调整将根据学习者的学习情感和视觉情感偏好以及学习画面的情感和视觉特征，自适应调整与学习画面的视觉情感、学习者的学习情感关系比较密切的视觉特征，进而实现学习画面情感的调整，为学习者提供符合其情感状态和视觉情感偏好的学习画面。从而激发学习者的学习兴趣，提高学习效果，促进学习者的智慧学习和有意义学习。

通过实验准备阶段的调查和观察，学习画面的视觉特征将通过以下四个方面进行调整：第一，通过图像混合方法调整学习画面的背景或纹理；第二，通过设置感兴趣区域（Region of Interest，ROI）方法叠加 GIF 动画或图像；第三，调整学习画面中指定颜色或全图的可选颜色、色相/饱和度、亮度/对比度；第四，通过边缘检测、线性滤波、形态学滤波、漫水填充等对学习画面进行特殊处理。其中可选颜色，是指以相对或绝对的方式对学习画面中的红色、黄色、绿色、青色、蓝色、洋红、白色、中性色、黑色 9 种颜色的青色、洋红、黄色、黑色 4 个方面进行调整。色相/饱和度则可调整全图、红、黄、绿、青、蓝、洋红 7 个通道的色相、饱和度、明度。对比度/亮度则可调整全图的对比度和亮度。调整后的学习画面将实时呈现在新的学习窗口中。学习画面情感的自适应调整及显示需要快速、实时，并且不产生抖动、模糊、混色、拖尾、时延等负面效果，避免影响学习者的正常学习，使学习者始终保持积极、良好的情感状态。

通过调整学习画面的颜色、纹理、形状等视觉特征，进而实现学习画面色彩搭配、背景纹理、文本样式等艺术特征的调整，而且需要快速、实时，不影响学习者的正常学习，这无疑使得学习画面情感自适应调整的策略和方法显得尤为重要。本书采用的调整策略形式为 IF 条件－＞THEN 动作。

IF（（学习者情感＝以厌倦等为代表的消极情感）AND（学习画面情感＝以温馨等为代表的正向情感））－＞THEN（根据学习者的视觉情感偏好和学习画面的视觉特征，通过设置 ROI 叠加提醒认真学习的 GIF 动画或图像）

IF（（学习者情感＝以厌倦等为代表的消极情感）AND（学习画面情感＝以枯燥等为代表的负向情感））－＞THEN（根据学习者的视觉情感偏好和学习画面的视觉特征，通过设置 ROI 叠加欢快或活泼的 GIF 动画或图像；通过可选颜色、色相/饱和度等操作调整学习画面的色彩搭配；通过线性混合操作调整底纹或背景）

IF（学习者情感＝以常态等为代表的中性情感）－＞THEN（根据学习者的视觉情感偏好和学习画面的视觉特征，通过可选颜色、色相/饱和度等操作调整学习画面的色彩搭配；通过线性混合操作调整底纹或背景）

IF（学习者情感＝以专注等为代表的积极情感）－＞THEN（学习画面不做任何调整）

学习画面情感的自适应调整主要通过 C＋＋调用 OpenCV 库的形式实现，OpenCV 库是开源的计算机视觉和机器学习库，提供了 C＋＋、C、Python、Java 接口，并支持 Windows、Android、Mac OS 等系统。其中叠加 GIF 动画或图像、调整亮度/对比度、增加背景或纹理较为简单，而可选颜色、色相/饱和度调整则较为复杂。其中，叠加 GIF 动画或图像可通过设置 ROI 实现；调整亮度/对比度可通过 OpenCV 的 convertTo（ ）函数实现；增加背景或纹理可通过线性混合实现。色相/饱和度调整，可以对全图或红、黄、绿、青、蓝、洋红 6 个通道进行设置，每个通道可以设置色相、饱和度、明度 3 个调整值。实现方法为首先将 RGB 图像转为 HSL 图像，然后对 6 个颜色通道的色相、饱和度、明度进行调整，调整后再转回 RGB 图像。

原学习画面和自适应调整后的学习画面如图 7—6 和图 7—7 所示。

图 7—6　原学习画面和调整后学习画面

图 7—6 左侧为原学习画面，经系统识别，学习者情感为厌倦，学习画面情感为枯燥。根据学习者的视觉情感偏好，系统为原学习画面增加了背景，并在右侧叠加了学习者喜欢的卡通人物形象，如图 7—6 右侧所示。

图 7—7　原学习画面和调整后学习画面

图 7—7 左侧为原学习画面，经系统识别，学习者情感为常态，但学习者的视觉情感偏好显示，学习者较为喜欢绿色。因此，系统通过修改原学习画面的色相/饱和度，将主色调调整为绿色，如图 7—7 右侧所示。

（七）原型系统的设计与实现

基于上述内容，笔者设计并开发了基于学习者情感的学习画面情感自适应调整系统的原型系统。该系统使用 Visual Studio 2010、Matlab R2012a 等软件，利用 C++、Matlab 等编程语言开发，后期可使用 Android 的开发工具包 NDK 移植到智能学习终端。该系统分为教师端和学生端。教师端较为简单，双击运行即可，运行后会自动隐藏到桌面右下角托盘，具有开始、暂停、帮助、退出等功能，如图7—8所示。

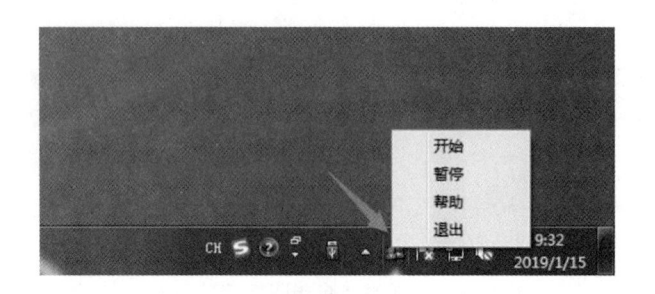

图7—8 教师端运行界面

学生端则较为复杂，学生端界面如图7—9所示。

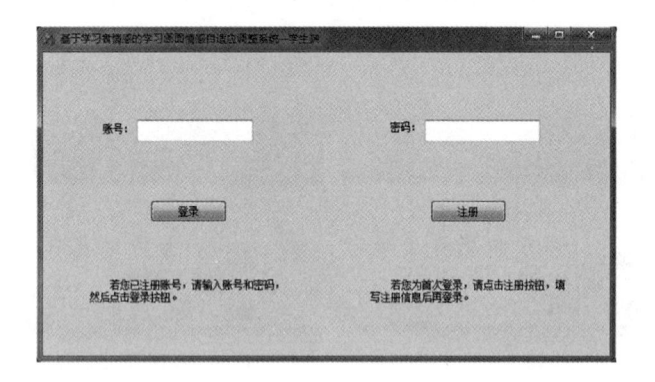

图7—9 学生端登录界面

若学习者为首次登录，则需要点击"注册"按钮，此时弹出学习者个人信息及视觉情感偏好注册页面，注册页面如图7—10所示。

该页面由Dreamweaver CS6软件结合ASP语言开发，数据库为SQL Server 2008。学习者需要输入账号、密码、性别、年级、学校、班级等基本信息，并且选择喜欢的颜色和GIF动画。输入和选择的内容将保存到服务器端的SQL Server数据库中，以便基于学习者情感的学习画面情感自适应调整系统调用。学习者仅在首次登录系统时注册，此后输入用户名和密码登录即可。

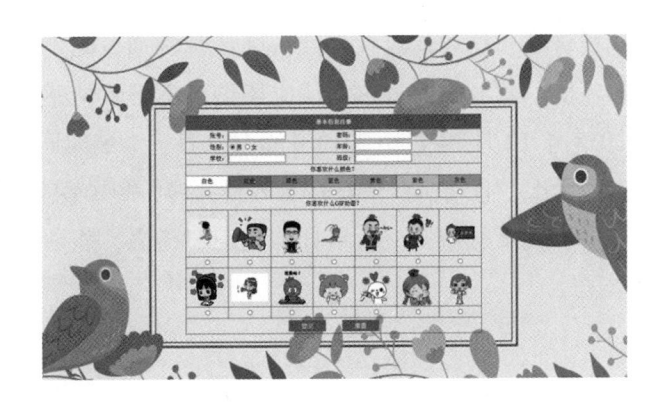

图7—10　个人信息及视觉情感偏好注册页面

若学习者已注册账号和密码，则输入账号和密码，然后点击登录即可。此时系统会远程访问服务器端数据库，如果账号和密码正确则全屏显示学习画面，否则弹出提醒对话框，以提醒学习者检查账号和密码。学习者登录系统后，系统的四个线程将同时开启，线程 A 实时接收教师端发送的学习画面图像，线程 B 实时识别学习者的学习情感，线程 C 实时识别学习画面的情感并提取学习画面的视觉特征，线程 D 根据学习者的情感和视觉情感偏好以及学习画面的情感和视觉特征自适应调整学习画面并实时显示给学习者。该系统的整体运行速度依赖于计算机的 CPU 和内存性能，线程 A 耗时取决于局域网传输速度；首次运行时线程 B 和线程 C 需要大约 1 分钟时间用于初始化 Matlab 函数，初始化完成后，线程 B 和线程 C 耗时较短，可以做到实时识别学习者情感和学习画面情感；线程 D 耗时则根据学习画面调整的复杂度有所不同，其中可选颜色、色相/饱和度调整耗时较长，而图像叠加、亮度/对比度、图像混合等调整则耗时较短。

第四节　实验的实施

在明确了实验目的、实验对象、教学内容、实验变量、实验假设、实验方案，并开发了基于学习者情感的学习画面情感自适应调整系统后，实验过程的科学性就显得尤为重要。为了保证实验的顺利开展和有效进行，笔者与学校负责领导和信息技术课教师认真沟通，确定了本次实验开展的时间和环境。学习画面情感自适应调整对学习者情感的影响实验起止时间为 2018 年 12 月 24 日至 2019 年 1 月 6 日，为期两周。三个班级每周两节信息技术课，且均讲授信息技术教材内容，每节课 45 分钟。实验环境为该校信息技术教室，该教室计算机配置较高，能够满足本次实验开展的要求。

一　准备阶段

首先完善学习者个人信息及视觉情感偏好注册网站。学习者的视觉情感偏好是指学习者对学习画面的视觉特征中能够体现情感属性特征的倾向，例如颜色、配图、布局等。颜色数量众多，理论上可达 16777216（256×256×256）种，配图更是难以穷尽，学习者注册网站无法更不可能将所有颜色和配图罗列完全。但为使注册网站能呈现出具有代表性的颜色和配图，本书首先为所有被试提供 20 种常见颜色、25 种女生可能喜欢的 GIF 动画和 25 种男生可能喜欢的 GIF 动画，每名学习者从中选择 5 种颜色和 10 种 GIF 动画。经过数量统计，最终确定被选次数最多的 7 种颜色和 14 种 GIF 动画，并将其以可视化的方式在学习者注册网站显示，供学习者注册时进行选择。

然后检查和加固硬件设备，如图 7—11 所示。

图 7—11　实验环境

在第六章实验开始前，已为信息技术教室 40 台计算机安装 USB 接口摄像头，摄像头可上下、左右移动和手动调焦，分辨率为 640×480 像素，并根据学生身高和坐姿调整了摄像头的位置和高度。为保证本章实验的顺利进行，笔者逐个检查摄像头是否有损坏，若有损坏及时更换，并对摄像头进行加固，保证其能采集到学生的整个面部表情图像。摄像头补光灯仅在检查和加固时打开，便于判断摄像头是否损坏，在实验阶段则关闭，以免其影响学习者的正常学习，增加心理负担。

再后安装基于学习者情感的学习画面情感自适应调整系统。在教师机调试教师端程序，在一台学生机调试学生端程序。一台学生机调试好后，通过"联想硬盘保护系统"中的网络同传功能将操作系统同传到其他学生机。这样效率较高，并且能够最大限度保证其他学生机可以正常运行基于学习者情感的学习画面情感自适应调整系统。该教室分为 4 排，每排 10 台机器，其中 2 排共 20 台计算机运行程序 A 和程序 C，作为实验组。程序 A 为基于学习者情感的学习画面情感自适应调整系统学生端，程序 C 为学习画面与学习者表情同步采集系统学生端。另外 2 排共 20 台计算机运行程序 B 和程序 C，作为对照组。程序 B 仅能接收教师机发送的学习画面并显示给学习者，既不能识别学习者的学习情感和学习画面的情感，也不能对学习画面情感进行自适应调整。程序 A 和程序 C 均需要调用摄像头采集学习者的面部表情图像，但正常情况下摄像头仅能被一个程序调用并同时被锁定，而其他程序将无法再通过该摄像头获取任何图像。为解决此问题，教室计算机还需要安装软件 CamSplitter。CamSplitter 允许摄像头同时被多个程序使用。教师机运行程序 D 和程序 E，程序 D 为基于学习者情感的学习画面情感自适应调整系统教师端，程序 E 为学习画面与学习者表情同步采集系统教师端。

再后讲解基于学习者情感的学习画面情感自适应调整系统的操作方法。为任课教师讲解该系统教师端的操作方法，为学生讲解学生端的操作方法，避免由于教师或学生操作不当造成不必要的麻烦或误差，以保证实验的顺利开展。实验实施阶段，由于时间和精力等原因，笔者难以每节课都随堂解决可能出现的问题，因此为教室管理者详细讲解该系统教师端和学生端的工作原理和操作方法，以便教室管理者能在笔者不在场的情况下解决教师端或学生端出现的问题。

最后学生注册并试登录基于学习者情感的学习画面情感自适应调整系统学生端。为保证学生能够正常登录相关程序，学生需要通过注册页面填写账号、密码、性别、年龄、班级等基本信息并选择喜欢的颜色、GIF 动画等视觉情感偏好信息。注册提交后，信息将保存到服务器端的数据库中。学生注册完成后，进行试登录，验证注册是否成功，并按照笔者讲解的操作方法进行操作练习。若学习者在此过程中遇到问题，可随时询问，以便及时解决，保证实验能够顺利进行。

二　实施阶段

该实验的实施阶段以周为单位，每周分为课前、课中和课后三个小阶段。课前协助教师进行教学设计和资源设计；课中实验组学生观看自适应调整后学习画面进行学习，对照组学生观看未经调整的原学习画面进行学习，并同时采集实验组、对照组学生的学习画面图像及其对应的学习者表情图像；课后逐台计算机拷贝采集的图像数据。

通过前期观察，课堂教学主要包括教师讲授和学生练习两个环节。教师讲授阶段，教师通过极域电子教室的屏幕广播功能控制学生屏幕，讲授教学内容或演示操作方法。学生练习阶段，教师不再控制学生计算机，学生可自由练习教师所讲授的教学内容或操作方法。为保障实验顺利进行并使实验结果更具有代表性，每周实验前，笔者协助教师进行教学设计，根据教学内容、教学目标和教学重难点，选择或设计恰当的教学资源并合理规划教学步骤和时间分配。

每节课开始时，实验组学生同时运行程序 A 和程序 C，对照组学生同时运行程序 B 和程序 C，并输入账号和密码登录系统。登录成功后两个程序自动隐藏到桌面右下角托盘，以准备接收教师端发送的学习画面和采集命令。教师则在教师机运行程序 D 和程序 E。需要指出实验实施阶段教师不再使用极域电子教室，而是使用笔者自主编写的屏幕广播程序广播教学内容。当教师讲授时，教师通过程序 D 进行屏幕广播，并在程序 E 界面输入采集命令，学习画面及采集命令将传给学生端。此时，实验组计算机将全屏显示自适应调整后学习画面，对照组计算机将全屏显示未经调整的原学习画面。实验组、对照组都将执行程序 C，采集学习画面图像及其对应的学习者表情图像。当学生自由练习时，教师执行程序 D 的暂停命令，即暂停屏幕广播。此时，实验组、对照组计算机都将退出全屏显示，学生可控制计算机进行自由练习或操作，程序 A、B、C 均处于静默状态，等待教师端命令。

该学校每节课 45 分钟，教师一般讲授 2—4 次，学生练习 2—4 次。教师讲授时使用的资源类型以多媒体 PPT 为主，辅以视频和动画，知识类型涉及事实知识、原理知识和技能知识。与第六章实验存在相似干扰变量，即教师在教学过程中的有声语音和肢体语言也是对学习者的学习情感产生影响的重要因素，笔者协助教师进行教学设计时，充分考虑此类影响因素，以避免其影响实验结果。学生位置相对固定，每节课前都会逐台计算机检查摄像头是否正常，若存在问题，将及时更换。

为了便于管理和维护，教室计算机均安装"联想硬盘保护系统"，其中 C 盘、D 盘和 E 盘具有硬盘还原保护，因此程序 C 采集的学习画面图像及其对应的学习者表情图像将保存在 F 盘 SDNUXZG 文件夹中。为防止学生误删，文件夹和采集的图像会自动隐藏。每节课后笔者会逐台计算机剪切图像数据保存到移动硬盘中，并将实验组和对照组图像数据分开存放。若两个班级或多个班级连着上课，笔者将在最后一节课后拷贝图像数据。但每节课后都将重启所有计算机，以保证下节课学生能够正常登录。拷贝数据的同时，会逐台检查摄像头是否能正常运行，并调整摄像头的位置和高度。

三 完成阶段

实验结束后组织实验组学生填写调查问卷。从感知有用性、感知易用性、使用态度、行为意向以及对优缺点的评价等方面了解学生对学习画面情感自适应调整的满意度情况，从而对基于学习者情感的学习画面情感自适应调整做出整体性评价。

整个实施阶段持续 2 周时间，每个班级每周两节课，实验共采集 12 节课。实验实施阶段程序 C 将采集实验组、对照组学习画面图像及其对应的学习者表情图像，采集频率根据计算机性能和实验需要设置为每秒 2

帧，即每秒采集两幅图像。每次采集时间由教师根据讲授时间自行设定，每次 5—10 分钟。若教师讲授 5 分钟，则采集 5 分钟学习者的学习表情图像，每名学生会形成拥有 $5\times2\times60$ 共 600 幅图像的学习表情图像序列。

每幅学习者表情图像的命名规范为：账号_ 学习画面编号_ 采集日期_ 帧频_ 图像编号，学习画面图像的命名规范为 Sc 账号_ 学习画面编号_ 采集日期_ 帧频_ 图像编号。每次采集每名学生会形成两个文件夹，分别用于存放学习画面图像以及与其对应的学习者表情图像。实验完成后，经过统计，实验组共得到 1176 人次学习画面图像及其对应的学习者表情图像，对照组共得到 1176 人次学习画面图像及其对应的学习者表情图像。由于图像数据较多，将采集的所有成对文件夹放在一起，较为混乱，并且不易于后续研究。为便于进一步分析，笔者根据采集时间分别整理实验组图像数据和对照组图像数据，即将单次采集的实验组或对照组的学习者表情图像文件夹和学习画面图像文件夹放到一起，并用学习画面编码和采集时间命名文件夹。

第五节　数据分析与结果讨论

一　数据分析

为验证研究假设，本书将分析实验组学生和对照组学生各种情感所占的比例以及各种情感强度的平均值，并对调查问卷数据进行统计分析。

（一）两组学生各种情感所占比例分析

本书基于学习者的学习表情判断其情感状态，首先通过自主编写的学习者情感识别程序识别每幅图像 7 种情感每种情感的强度，强度将归一化到 0—1，识别结果将保存到 Excel 表格中。为便于分析两组学生各种情感所占比例，本书将每幅图像 7 种情感中强度最高的情感作为该幅图像的情感类型。对照组 7 种学习情感所占比例如图 7—12 左侧所示，实验组 7 种学习情感所占比例如图 7—12 右侧所示。

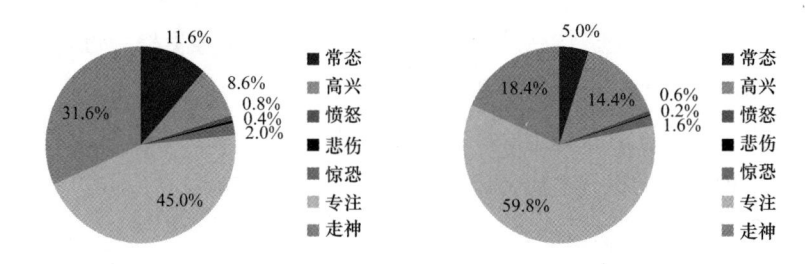

图 7—12 对照组和实验组 7 种情感所占比例

如图 7—12 所示，从整体来看，对照组 7 种情感中专注（45%）、走神（31.6%）占比较高，常态（11.6%）、高兴（8.6%）次之，而悲伤、惊恐、愤怒较少；实验组 7 种情感中专注（59.8%）占比最高，走神（18.4%）、高兴（14.4%）、常态（5.0%）次之，悲伤、惊恐、愤怒依然较少。可见，学生在学习过程中较多表现专注、走神、常态、高兴等情感，虽然愤怒、悲伤、惊恐较少出现，但也客观存在。

对比来看，实验组 7 种情感中专注、高兴所占比例高于对照组，常态、愤怒、悲伤、惊恐、走神所占比例低于对照组。7 种情感中，专注对照组占比 45.0%，实验组占比 59.8%，实验组比对照组高 14.8%；高兴对照组占比 8.6%，实验组占比 14.4%，实验组比对照组高 5.8%；走神所占比例实验组要比对照组低 13.2%，差距较为明显；常态所占比例实验组要比对照组低 6.6%，差距也较为明显。总的来看，常态、高兴、专注 3 种积极情感实验组占比 79.2%，对照组占比 65.2%，实验组比对照组高 14%。可见，基于学习者情感的学习画面情感自适应调整能够提高学习者学习过程中积极情感所占的比例，同时降低学习过程中消极情感所占比例。

（二）两组学生各情感平均值分析

学习者情感识别程序将返回 7 种情感每种情感的强度，即每一幅图像识别程序都会返回 7 个参数，对应 7 种学习情感的强度。为检验实验组和对照组 7 种情感的强度是否有差异，本书首先计算每名学生每种情感的平均值，并采用独立样本 T 检验对实验数据进行分析，数据显示两组学生在常态、高兴、专注、走神 4 种学习情感上存在显著差异，而在愤怒、悲伤、惊恐 3 种学习情感上不存在显著差异。然后计算每名学生积极情感的平均值和消极情感的平均值,并采用独立样本 T 检验进行分析,数据显示两组学生在积极情感和消极情感上均存在显著差异。

为进一步验证研究假设,本书将统计分析实验组、对照组 7 种情感强度的平均值。计算方法如公式 7.1 所示。

$$\bar{E}_i = \frac{\sum_{j=1}^{N} E_{ij}}{N} \qquad (7.1)$$

公式 7.1 中,i 表示学习情感的类型,$1 \leq i \leq 7$。$\bar{E}_i$ 表示第 i 种学习情感的平均值。N 表示实验组或者对照组表情图像的总数量。E_{ij} 表示第 j 幅图像第 i 种学习情感强度的具体值。对照组和实验组 7 种情感每种情感强度的平均值如图 7—13 所示。

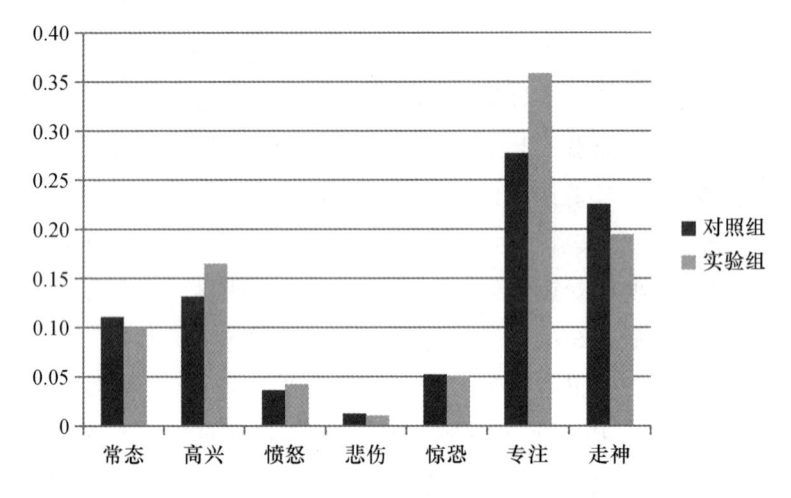

图 7—13 对照组和实验组 7 种学习情感强度的平均值

如图 7—13 所示,从整体上看,专注、走神两种学习情感的强度平均值较高,高兴、常态的强度平均值次之,愤怒、悲伤、惊恐的强度平均值则较低。这与 7 种学习情感所占比例较为吻合。

对比来看,实验组专注、高兴的强度平均值高于对照组,而常态、走神的强度平均值低于对照组,愤怒、悲伤、惊恐的强度平均值差别不明显。实验组专注的强度平均值为 0.358456,比对照组高 0.081011;高兴的强度平均值为 0.164846，比对照组高 0.033213；而走神则比对照组低 0.031066，常态比对照组低 0.010967。总的来看，常态、高兴、专注 3 种积极情感实验组平均值为 0.623074，对照组平均值为 0.519817，实验组比对照组高 0.103257。可见，基于学习者情感的学习画面情感自适应调整能够提高学习者学习过程中积极情感的强度平均值，同时降低学习过程中消极情感的强度平均值。

（三）问卷结果统计分析

为更好地评价基于学习者情感的学习画面情感自适应调整效果，也为进一步验证研究假设。本书通过调查问卷对三个班级中的实验组学生进行了调查。49 名实验组学生观看自适应调整后的学习画面进行学习，实验结束后根据自身学习体验进行填写。调查问卷分为 3 部分，共 20 个题目，主要调查实验组学生的基本信息、对学习画面情感自适应调整的效果评价和优缺点评价等，其中第二部分采用李克特五点量表。由于仅对实验组学生进行调查，因此实验后共发放问卷 49 份，回收 49 份。学生填答过程中笔者随时解答学生提出的疑问，以保证问卷填写质量。问卷回收后通过初步查看，无信息不完整、恶意填写等情况，问卷回收率和有效率均为 100%，最终获得有效问卷 49 份。

1. 信度分析

为保证问卷测验结果的一致性和稳定性，有必要对测量结果进行信度分析。Cronbach's α 系数常用于评价问卷的内部一致性，α 系数取值在 0 到 1 之间，α 系数越高，信度越高，内卷的内部一致性越好；若低于 0.8 则需要适当修改。本书使用 SPSS 23.0 软件计算调查问卷第二部分各维度测量结果的信度。结果显示，整体及各维度的 Cronbach's α 系数均高于标准值 0.8，说明问卷的测量结果具有较高的可信度。各维度的 Cronbach's α 系数如表 7—2 所示。

表 7—2　　　　　各维度的 Cronbach's α 系数

维度	项数	Cronbach's α 系数
感知有用性	4	0.848
感知易用性	3	0.916

续表

维度	项数	Cronbach's α 系数
使用态度	2	0.859
行为意向	3	0.827

2. 效度检验

由于问卷为自编问卷,因此检验问卷的效度是非常重要的,效度通常指调查问卷的有效性及其正确性。效度主要包括内容效度和结构效度[1]。调查问卷依据弗雷德·戴维斯的 TAM 编制,并在编制完成后请有关专家对问卷题目与原来的内容范围是否相符进行分析,做出判断,并根据专家的建议进行修改。因此,调查问卷具有较高的内容效度。由于问卷的样本数量较少,并且问卷设计借鉴既有成熟量表,因此,本书未做结构效度分析。

3. 学习画面情感自适应调整的效果分析

49 名被试中男生 28 人,女生 21 人;79% 的被试知道但不理解智慧教育或智慧学习环境,21% 的被试不知道;49 名被试均回答学校有智慧教室并且正在使用,实验前不知道具有情感自适应交互功能的软件或设备。

双向评等量表是对提出问题的量度等级,分为正负两个方向,等级的两端表示完全极端的相反意见。本书的调查问卷属于双向评等量表,等级分值应包含正负分值,为便于分析,用 -2 至 2 表示非常不同意到非常同意。得分率是双向评等量表的重要分析方法,得分率为正时,表示正向意见,得分率为负时,表示负向意见,而且分值越高,表示其意见倾向越为强烈。得分率计算方法如公式 7.2 所示。

$$F_i = \frac{\sum a_j n_{ij}}{a_H \times N} \quad (7.2)$$

公式 7.2 中,a_H 表示最高等级分值,a_j 表示各个等级分值,n_{ij} 表示第 i

---

[1] 樊雅琴、吴磊、孙东梅等:《微课应用效果的影响因素分析》,《现代教育技术》2016 年第 2 期。

个问题达到 j 等级的人数，N 表示总人数。得分率 Fi 具有 $-1 \leq Fi \leq 1$ 的性质。对学习画面情感自适应调整效果评价的调查结果如表 7—3 所示。

表 7—3　　　　　学习画面情感自适应调整的效果分析

维度	题项	N	均值	同意/非常同意	得分率 Fi
感知有用性	题目 1	49	1.62	93.88%	0.78
	题目 2	49	1.34	83.67%	0.64
	题目 3	49	1.70	95.92%	0.82
	题目 4	49	1.09	71.43%	0.52
感知易用性	题目 5	49	1.72	100%	0.83
	题目 6	49	1.68	100%	0.81
	题目 7	49	1.70	100%	0.82
使用态度	题目 8	49	1.13	75.51%	0.54
	题目 9	49	1.15	77.55%	0.55
行为意向	题目 10	49	1.36	85.71%	0.65
	题目 11	49	1.23	77.55%	0.59
	题目 12	49	1.09	75.51%	0.52

如表 7—3 所示，各题目得分率 Fi 均大于 0，表明学生整体对各题目处于正向态度。感知有用性方面，超过 80% 的学生认为学习画面情感自适应调整能够提高他们的注意力、学习效率和学习兴趣；超过 70% 的学生认为能够提高他们的学习成绩，相对于其他三个题目，均值略低。通过访谈得知，他们认为学习成绩与多方面因素有关，学习画面仅是其中部分因素。感知易用性方面，49 名被试均表示学习使用和熟练使用学习画面情感自适应调整系统比较容易，并不存在困难，并且与系统的交互也是清晰明白的。使用态度方面，相较于其他维度，此维度整体均值较低，但也有超过 70% 的学生表示愿意观看自适应调整后的学习画面进行学习，并且希望已有智慧学习环境能够提供该功能。为进一步分析该维度均值较低的原因，笔者对填写不同意和一般的学生进行访谈，得知他们一是担心隐私泄露，例如学习表情图像会发布到互联网或用于其他用

途,二是担心如果他们每节课走神所占的比例高于专注,被班主任看到后会找他们"谈话"。行为意向方面,超过80%的学生会推荐其他同学观看自适应调整后的学习画面进行学习,超过70%的学生表示会经常观看自适应调整后的学习画面进行学习和在其他课程中也观看自适应调整后的学习画面进行学习。

调查结束后,笔者随机选择10名被试进行访谈,他们认为自适应调整后的学习画面能够提高注意力和学习兴趣,并且其系统操作简单。但他们也有所顾虑:首先,担心隐私泄露,学习表情图像会发布到互联网或用于商业用途,从而侵犯其隐私;其次,担心教师能够通过每节课的表情数据判断其最近的学习状态,若学习状态不好会被批评教育,甚至"被叫家长"。可见,访谈结果与调查问卷结果基本一致。

二 结果讨论

本书采用准实验研究法和问卷调查法,将济南市某学校三个班级的学生作为实验对象,在不影响常规教学安排的基础上,开展了学习画面情感自适应调整对学习者情感的影响实验,探讨根据学习者的学习情感和视觉情感偏好以及学习画面的情感和特征情感自适应调整学习画面情感是否能够激发学习者的学习兴趣,提高专注等积极情感所占比例和平均值。通过实验研究,可以得出以下结论。

该实验的假设H1为学习画面情感自适应调整能够提高专注等积极情感所占的比例。实验结果显示,实验组专注占比59.8%,比对照组高14.8%,高兴占比14.4%,比对照组高5.8%;而实验组走神占比18.4%,要比对照组低13.2%。总的来看,实验组常态、高兴、专注占比79.2%,比对照组高14.0%。因此,假设H1成立。

该实验的假设H2为学习画面情感自适应调整能够提高专注等积极情感的平均值。实验结果显示,两组学生在常态、高兴、专注、走神4种情感上存在显著差异,而在愤怒、悲伤、惊恐3种情感上不存在显著差异。实验组专注平均值为0.358456,比对照组高0.081011,高兴平均值为0.164846,比对照组高0.033213;而实验组走神则比对照组低0.031066。总的来看,两组学生在积极情感和消极情感上存在显著差异,并且实验组常态、高兴、专注等积极情感的强度平均值高于对照组。因此，假设 H2 成立。

该实验的假设 H3 为学习画面情感自适应调整能够激发学习者的学习兴趣。调查问卷结果显示，93.88%（$Fi = 0.78$）的学生认为学习画面情感自适应调整能够提高注意力，83.67%（$Fi = 0.64$）的学生认为学习画面情感自适应调整能够提高学习效率，95.92%（$Fi = 0.82$）的学生认为学习画面情感自适应调整能够提高学习兴趣。因此，假设 H3 成立。

通过调查问卷和访谈的结果，发现该校学生日常在智慧教室上课，但并不知道也未使用过具有情感自适应交互功能的软件或系统，但多数学生今后愿意使用具有情感自适应交互功能的智慧学习环境进行学习。可见，情感自适应交互功能的研究与实现是未来智慧学习环境领域的重要方向，有着较为广阔的发展前景。从学生学习表情的真实反应和调查问卷的客观反馈来看，根据学习者的学习情感和视觉情感偏好以及学习画面的情感和视觉特征自适应调整学习画面情感，具有以下优点：第一，能够提高学生的注意力和学习兴趣，并能增强学习主动性，激发学习动机，使学生在学习过程中获得良好的学习体验；第二，学习使用学习画面情感自适应调整系统比较容易，学生能够在较短时间掌握并熟练使用，不会增加学生的认知负荷；第三，基于学习者情感的学习画面情感自适应调整具有学习情感识别、学习画面情感识别、学习画面情感自适应调整等功能，并且可用于任意学科、学段和资源类型，具有较高普适性，为解决智慧学习环境中的情感自适应交互问题提供了新的思路与方法。

但不可否认，基于学习者情感的学习画面情感自适应调整仍有待完善。其一，虽不会侵犯学生隐私，但仍会给学生带来顾虑。因此，应在采取切实有效的措施保护学生隐私的同时，也需要做好宣传和解释，以避免学生抵触和误会。其二，学习画面情感自适应调整的策略仍需完善。目前自适应调整学习画面情感尚处于实验阶段，调整策略较为简单。因此，后续研究中将综合考虑学习者的学习情感和视觉情感偏好、学习画面的视觉情感和视觉特征、学段、学科、资源类型、知识类型、教学环节等因素，完善学习画面情感自适应调整的策略。其三，基于学习者情感的学习画面情感自适应调整系统的代码有待优化。该系统功能较为复杂,既有网络教室的屏幕广播功能,又有学习者学习情感和学习画面情感的实时识别功能,还有学习画面情感自适应调整功能,系统执行时占用内存较高,并且对 CPU 的性能具有一定要求。因此,如何优化各模块算法和代码,使之占用更少内存和 CPU,是笔者仍需思考的。

本章小结

本书采用准实验研究法探索学习画面情感自适应调整对学习者情感的影响。首先,进行实验设计,明确实验目的、实验对象、教学内容、实验变量、实验假设、测量工具和实验方案,实验对象仍为济南市某学校 7、8 年级的 98 名学生,教学内容为信息技术教材内容。其次,构建基于学习者情感的学习画面情感自适应调整模型,开发基于学习者情感的学习画面情感自适应调整系统,以支持实验的顺利开展,并对核心功能的实现进行介绍。再次,进行实验,整个实验过程共持续两周的时间,包括准备阶段、实施阶段和完成阶段。最后,分析数据得出结论。根据学习者的学习情感和视觉情感偏好以及学习画面的情感和视觉特征自适应调整学习画面情感,能够激发学习者的学习兴趣,调节学习者的学习情感,为实现智慧学习环境情感层面的自适应交互创造了更多可能。

第八章

总结与展望

现有学习环境已不能满足"数字土著"的需求,人工智能、云计算、区块链等技术迅猛发展,将深刻改变人才需求和教育形态,作为数字学习环境高端形态的智慧学习环境便应运而生。学习过程中的学习情感能够影响学习者的注意、记忆、思维等认知活动,但目前智慧学习环境研究重"知"轻"情",注重对学习者认知层面的适应性和个性化,即根据学习者的认知能力和知识状态提供合适的学习内容,忽视智慧学习环境情感层面自适应交互的理论和实践研究。学习画面以直观的视觉特征和隐含的艺术特征影响学习者的学习情感和认知活动。本书着眼于智慧学习环境中和谐情感交互理论研究与实践探索的缺失,建设了学习画面图像数据库和学习者表情图像数据库,利用 CNN 实现学习画面情感以及学习者情感的实时识别,探讨了学习画面情感对学习者情感的影响以及学习画面情感自适应调整对学习者情感的影响,为实现智慧学习环境中的和谐情感交互提供了新的思路与方法,以促进学习者轻松、投入和有效地学习。

第一节 研究总结

本书以学习画面隐含的情感属性作为切入点,关注智慧学习环境中的"情感缺失"问题,为智慧学习环境情感层面自适应交互的实现创造了更多可能。具体工作内容如下。

(1) 通过归纳、总结相关文献资料,梳理了智慧学习环境、学习者情感识别、学习画面情感的国内外研究现状，界定了智慧学习环境、学习画面、学习情感的概念含义，阐述了相关学习理论、情感与情感计算等理论基础以及 CNN 等相关技术。

（2）通过对既有研究的梳理，对学习画面情感以及学习者的学习情感进行论述，并据此建设学习画面图像数据库和学习者表情图像数据库。学习画面的情感主要包括温馨、欢快、活泼、搞笑、夸张、幽默、有趣、凄凉、枯燥、沉闷、繁乱、虚幻、惊险、恐怖 14 种类型，学习画面图像数据库包括各学段、学科、资源类型、知识类型的 17456 幅学习画面图像，并采用科学方法对每幅图像的情感及强度进行人工标注。学习者的学习情感主要包括常态、高兴、愤怒、悲伤、惊恐、专注、走神 7 种类型，学习者表情图像数据库由通过摄像头采集和网络爬虫下载的 85085 幅图像构成。

（3）综合考虑准确率、训练速度和内存消耗等因素，并根据学习画面图像的特点和训练所用计算机的性能，设计了 9 层 CNN 模型，以识别学习画面的情感，然后在自主建设的学习画面图像数据库上进行了模型训练和实验。该模型包括 4 个卷积层，4 个池化层和 1 个全连接层。实验结果表明，该方法能够快速并且较为准确地识别学习画面的情感。

（4）综合考虑准确率、训练速度和内存消耗等因素，并根据学习者面部表情图像的特点和训练所用计算机的性能，设计了 7 层 CNN 模型，以识别学习者的学习情感，然后在自主建设的学习者表情图像数据库上进行了模型训练和实验。该模型包括 3 个卷积层，3 个池化层和 1 个全连接层。实验结果表明，该方法能够快速、准确地识别学习者的学习情感，进而据此判断学习者的情感状态。

（5）通过实验探究学习画面情感对学习者情感的影响，实验对象为济南市某九年一贯制学校 7、8 年级的学生，采用单组后测的准实验研究方法，使用具有不同情感的学习画面进行实际教学，并同时采集学习画面图像以及与其对应的学习者表情图像，整个实验分为准备阶段、实施阶段和完成阶段，共持续 15 周的时间。实验结果表明，温馨、欢快、活泼、搞笑、幽默、有趣的学习画面能给学习者带来良好的学习体验，而凄凉、枯燥、沉闷、繁乱的学习画面会引起学习者消极的学习情感，夸张、虚幻、惊险、恐怖的学习画面则较为特殊，需要具体分析。

（6）通过实验探讨学习画面情感自适应调整对学习者情感的影响，实验对象仍为济南市某九年一贯制学校 7、8 年级的学生，采用实验组对照组后测的准实验研究方法，实验组观看自适应调整后的学习画面进行学习，对照组观看未经调整的原学习画面进行学习，同时采集实验组、对照组学习者的学习表情图像，整个实验分为准备阶段、实施阶段和完成阶段，共持续 2 周时间。实验结果表明，根据学习者的学习情感和视觉情感偏好以及学习画面的情感和视觉特征自适应调整学习画面情感，能够调节学习者的学习情感，激发学习者的学习兴趣。

第二节 研究展望

本书对学习画面的情感识别、学习者的情感识别、学习画面情感对学习者情感的影响以及学习画面情感自适应调整对学习者情感的影响进行研究，虽取得一定成果，但学习者的学习情感除受学习画面直观的视觉特征和隐含的艺术特征影响外，还受学习内容、教师有声语音和教师肢体语言等的影响，加之研究时间、研究条件等方面的限制，本书尚有需要完善的地方，有待继续深入研究。

（1）扩充学习画面图像数据库和学习者表情图像数据库。目前，学习者表情图像数据库仅包括 85085 幅图像，虽然涵盖各学段学习者，但仍以研究生群体为主，后续研究中将着重采集小学生和中学生的学习表情图像，使其更具有代表性。学习画面图像数据库拥有 17456 幅图像，学习画面种类繁多、形式多样，其情感评价更是因人而异，后续研究中将继续采集各学段、学科、资源类型、知识类型的学习画面图像，并争取每幅图像的情感由 15—20 人次标注，有效减少因个人视觉情感偏好以及审美差异带来的影响。

（2）优化基于 CNN 的学习画面情感识别方法和基于 CNN 的学习者情感识别方法，进一步提高识别准确率和效率。目前，本书提出的方法能够较为准确、高效地识别学习者的学习情感和学习画面的视觉情感，但准确率仍有提升空间。后续研究中，将扩大训练样本集图像数量，并采用水平翻转、随机抠图、色彩抖动等数据增强方法进行数据扩充,优化CNN 的结构和参数初始化方法,以切实措施提高学习画面情感和学习者情感的识别准确率。笔者正建设百万级人脸图像数据库和十万级学习画面图像数据库。

(3) 完善学习画面情感以及学习画面情感自适应调整对学习者情感的影响实验。目前,两个实验仅在初中信息技术课进行,虽知识类型包括事实知识、原理知识和技能知识,但学段仅包括中学,课程仅包括信息技术课,这无疑使研究结论具有一定局限性,并且学习者的学习情感除受学习画面情感的影响外,还受学习内容、教师肢体语言和有声语音等干扰因素的影响。后续研究中,将增加实验对象数量,并扩大教学内容范围,尽量涵盖学前、小学、中学和大学的人文、理工、艺术、技能、素养等课程,通过大数据分析减小干扰变量的影响,使实验结果更具有代表性和可扩展性。

(4) 探究学习画面视觉特征与学习画面情感、学习者情感的关系。本书通过实验探究了学习画面情感对学习者情感的影响及作用机制,学习画面情感受学习画面的视觉特征影响。那么,究竟是学习画面的哪些视觉特征影响到学习者的学习情感,学习画面的视觉特征与学习画面情感又存在何种关系,本书将继续深入研究。

参考文献

一 学术著作

陈少华：《情绪心理学》，暨南大学出版社2008年版。

风笑天：《社会学研究方法》，中国人民大学出版社2001年版。

谷学静、王志良、郭宇承：《人机交互中的情感虚拟人技术》，机械工业出版社2015年版。

谷学静、石琳、郭宇承：《交互设计中的人工情感》，武汉大学出版社2015年版。

韩志艳：《面向语音与面部表情信号的多模式情感识别技术研究》，东北大学出版社2017年版。

［韩］金晟箭：《基于MATLAB的设计实践》，邹伟等译，北京航空航天大学出版社2018年版。

江红、余青松：《C#程序设计教程》，清华大学出版社2014年版。

［美］拉加夫·维凯特森、李宝新：《卷积神经网络与视觉计算》，钱亚冠等译，机械工业出版社2018年版。

李芳：《情绪一致性记忆的理论与实践》，上海交通大学出版社2016年版。

刘浩、韩晶：《MATLAB R2016a完全自学一本通》，电子工业出版社2016年版。

卢家楣：《心理学与教育：理论和实践》，上海教育出版社2016年版。

李玉鉴、张婷、单传辉：《深度学习：卷积神经网络从入门到精通》，机械工业出版社2018年版。

李小文、刘智：《面向网络行为的情感识别关键技术研究》，科学出版社

2018 年版。

明日科技:《C++从入门到精通》,清华大学出版社 2017 年版。

明日科技:《C#从入门到精通》,清华大学出版社 2017 年版。

彭聃龄:《普通心理学》,北京师范大学出版社 1988 年版。

裴娣娜:《教育研究方法导论》,安徽教育出版社 2000 年版。

皮连生:《教育心理学》,上海教育出版社 2004 年版。

[美] 斯托曼:《情绪心理学》,张燕云译,辽宁人民出版社 1986 年版。

[美] 施塔、卡拉特:《情绪心理学》,周仁来译,中国轻工业出版社 2015 年版。

石琳:《智能虚拟环境中的人工情感研究》,武汉大学出版社 2015 年版。

王运武:《智慧校园:实现智慧教育的必由之路》,电子工业出版社 2016 年版。

魏斌:《人工情感原理及其应用》,华中科技大学出版社 2016 年版。

王志良:《机器智能:人工情感》,机械工业出版社 2017 年版。

吴敏:《情感计算与情感机器人系统》,科学出版社 2018 年版。

谢幼如、李克东:《教育技术学研究方法基础》,高等教育出版社 2006 年版。

许远理、熊承清:《情绪心理学的理论与应用》,中国科学技术出版社 2011 年版。

[美] 伊恩·古德费洛、约书亚·本吉奥、亚伦·库维尔:《深度学习》,赵申剑等译,人民邮电出版社 2017 年版。

颜士刚:《教育技术哲学》,中国社会科学出版社 2015 年版。

朱小蔓、梅仲荪:《儿童情感发展与教育》,江苏教育出版社 1998 年版。

张大均:《教育心理学》,人民教育出版社 2005 年版。

詹永照、毛启容、林庆:《视觉语音情感识别》,科学出版社 2013 年版。

赵向军:《智慧教育系统理论、方法与实践》,科学出版社 2017 年版。

张玉宏:《深度学习之美:AI 时代的数据处理与最佳实践》,电子工业出版社 2018 年版。

二 期刊论文

安涛、赵可云:《大数据时代的教育技术发展取向》,《现代教育技术》

2016 年第 2 期。

卞金金、徐福荫:《基于智慧课堂的学习模式设计与效果研究》,《中国电化教育》2016 年第 2 期。

白鹭、毛伟宾、王蕊:《自然场景与身体动作对面孔表情识别的影响》,《心理学报》2017 年第 9 期。

崔惠萍、傅钢善:《新技术与电子书包融合构建智慧学习环境的研究》,《现代远距离教育》2014 年第 6 期。

陈琳、陈耀华、李康康:《智慧教育核心的智慧型课程开发》,《现代远程教育研究》2016 年第 1 期。

陈琳、陈耀华、张虹:《教育信息化走向智慧教育论》,《现代教育技术》2015 年第 12 期。

陈瑶、胡旺、王娟:《基于知识图谱的智慧教育研究热点与趋势分析》,《中国远程教育》2016 年第 9 期。

陈逸灵、程艳芬、陈先桥:《PAD 三维情感空间中的语音情感识别》,《哈尔滨工业大学学报》2018 年第 11 期。

陈鹏展、胡超、陈晓玥:《融合 Gabor、LBP 与 LPQ 特征的面部表情识别》,《测控技术》2018 年第 8 期。

陈师哲、王帅、金琴:《多文化场景下的多模态情感识别》,《软件学报》2018 年第 4 期。

程敏:《信息化环境中智慧教室的构建》,《现代教育技术》2016 年第 2 期。

曹畋:《基于多 Agent 的高校智慧学习辅助平台建设实践》,《图书馆学研究》2017 年第 24 期。

曹培杰:《智慧教育:人工智能时代的教育变革》,《教育研究》2018 年第 8 期。

冯东、张之华、骆雄剑:《情感性人机界面设计探析——基于形式美的网络教学界面设计》,《陕西师范大学学报》(哲学社会科学版)2007 年第 S2 期。

冯翔、吴永和、祝智庭:《智慧学习体验设计》,《中国电化教育》2013 年第 12 期。

范晓姝、范晓琪：《网络教育中师生情感交互的缺失与构建》，《现代教育管理》2013 年第 1 期。

高媛、黄真真、李冀红：《智慧学习环境中的认知负荷问题》，《开放教育研究》2017 年第 1 期。

龚朝花、李倩、龚勇：《智慧学习环境中的学习投入问题研究》，《电化教育研究》2018 年第 6 期。

黄荣怀、张进宝、胡永斌：《智慧校园：数字校园发展的必然趋势》，《开放教育研究》2012 年第 4 期。

黄建、李文书、高玉娟：《人脸表情识别研究进展》，《计算机科学》2016 年第 S2 期。

黄荣怀、胡永斌、杨俊锋：《智慧教室的概念及特征》，《开放教育研究》2012 年第 2 期。

黄荣怀：《智慧教育的三重境界：从环境、模式到体制》，《现代远程教育研究》2014 年第 6 期。

黄忠、胡敏、刘娟：《基于多特征决策级融合的表情识别方法》，《计算机工程》2015 年第 10 期。

胡敏、李堃、王晓华：《基于直方图加权 HCBP 的人脸表情识别》，《电子测量与仪器学报》2015 年第 7 期。

胡永斌、黄荣怀：《智慧学习环境的学习体验：定义、要素与量表开发》，《电化教育研究》2016 年第 12 期。

胡钦太、郑凯、胡小勇：《智慧教育的体系技术解构与融合路径研究》，《中国电化教育》2016 年第 1 期。

胡敏、滕文娣、王晓华：《融合局部纹理和形状特征的人脸表情识别》，《电子与信息学报》2018 年第 6 期。

何克抗：《深度学习：网络时代学习方式的变革》，《教育研究》2018 年第 5 期。

何俊、刘跃、何忠文：《多模态情感识别研究进展》，《计算机应用研究》2018 年第 11 期。

何志超、赵龙章、陈闯：《用于人脸表情识别的多分辨率特征融合卷积神经网络》，《激光与光电子学进展》2018 年第 7 期。

金慧、张文丽：《技术增强的智慧学习要义及实施》，《远程教育杂志》2015 年第 4 期。

景玉慧、沈书生：《智慧学习空间的教学应用及建议》，《现代教育技术》2017 年第 11 期。

景玉慧、沈书生：《智慧学习空间的建设路径》，《电化教育研究》2018 年第 2 期。

吉训生、王荣飞：《自适应加权 LGCP 与快速稀疏表示的面部表情识别》，《计算机工程与应用》2017 年第 1 期。

江波、李万健、李芷璇：《基于面部表情的学习困惑自动识别法》，《开放教育研究》2018 年第 4 期。

姜明星、胡敏、王晓华：《视频序列中表情和姿态的双模态情感识别》，《激光与光电子学进展》2018 年第 7 期。

李葆萍、江绍祥、江丰光：《智慧学习环境的研究现状和趋势》，《开放教育研究》2014 年第 5 期。

李强、刘光远、赖祥伟：《改进的支持向量机在情感识别中的应用》，《计算机应用》2014 年第 S1 期。

李淑婧、嵇朋朋、邓健康：《基于面部结构的表情识别》，《计算机应用研究》2015 年第 3 期。

李祎、钟绍春、周拓：《信息技术支持下的小学数学智慧教学模型研究》，《中国电化教育》2016 年第 11 期。

李青、祁红：《智慧学习环境中情境模型的构建及表征》，《现代教育技术》2017 年第 8 期。

李学杰：《多媒体教材的画面设计与学生的学习注意》，《教学与管理》2007 年第 27 期。

刘景福、陈松生：《普适计算环境下远程教育情感交互的设计模型》，《现代教育技术》2009 年第 4 期。

刘德建、唐斯斯、庄榕霞：《城市智慧学习环境指数研究》，《开放教育研究》2016 年第 5 期。

刘清堂、毛刚、杨琳：《智能教学技术的发展与展望》，《中国电化教育》2016 年第 6 期。

刘晓琳、黄荣怀：《从知识走向智慧：真实学习视域中的智慧教育》，《中国电化教育》2016 年第 3 期。

刘哲雨、侯岸泽、王志军：《多媒体画面语言表征目标促进深度学习》，《电化教育研究》2017 年第 3 期。

刘世清、刘冰玉、李娜：《中学生多媒体浏览行为选择偏好及其教学价值——基于多媒体界面结构的眼动实验研究》，《电化教育研究》2018 年第 7 期。

梁华刚、易生、茹锋：《结合像素模式和特征点模式的实时表情识别》，《中国图象图形学报》2017 年第 12 期。

梁迎丽、梁英豪：《人工智能时代的智慧学习：原理、进展与趋势》，《中国电化教育》2019 年第 2 期。

林育曼：《国家精品课程教学课件界面设计调查与分析》，《中国远程教育》2013 年第 1 期。

罗元、崔叶、王艳：《基于融合 DCT 和 LBP 特征提取的面部表情识别》，《半导体光电》2014 年第 2 期。

鹿星南、和学新：《国外智慧学校建设的基本特点、实施条件与路径》，《比较教育研究》2017 年第 12 期。

郦泽坤、苏航、陈美月：《支持 MOOC 课程的动态表情识别算法》，《小型微型计算机系统》2017 年第 9 期。

马建军、乜勇：《国内智慧教育的研究热点与发展趋势》，《现代教育技术》2018 年第 10 期。

马浩原、安高云、阮秋琦：《平均光流方向直方图描述的微表情识别》，《信号处理》2018 年第 3 期。

潘红艳、陶霖密、徐光祐：《远程教学平台人机交互界面的人机学研究》，《中国远程教育》2006 年第 12 期。

彭红超、祝智庭：《面向智慧学习的精准教学活动生成性设计》，《电化教育研究》2016 年第 8 期。

邱艺、谢幼如、李世杰：《走向智慧时代的课堂变革》，《电化教育研究》2018 年第 7 期。

苏晓萍、许允喜：《具有情感交互功能的智能 E-learning 系统》，《计算机工程与设计》2009 年第 15 期。

孙聘、周东岱、李振：《智慧学习环境下学生评价模式研究》，《现代教育技术》2017 年第 10 期。

孙晓、潘汀：《基于兴趣区域深度神经网络的静态面部表情识别》，《电子学报》2017 年第 5 期。

童慧、杨彦军：《ICT 支持的人类学习方式的发展与变革》，《电化教育研究》2013 年第 5 期。

谭支军：《智慧学习环境下教师隐性知识转化螺旋模型设计研究——基于具身认知理论的视角》，《中国电化教育》2015 年第 10 期。

唐浩、黄伟鹏、李哲媛：《基于改进的卷积神经网络的负面表情识别方法》，《华中科技大学学报》（自然科学版）2015 年第 S1 期。

唐丽、王运武、陈琳：《智慧学习环境下基于学习分析的干预机制研究》，《电化教育研究》2016 年第 2 期。

王珏、解月光：《智慧学习环境中精准学习者模型要素与结构研究》，《开放教育研究》2017 年第 6 期。

王琳琳、刘敬浩、付晓梅：《融合局部特征与深度置信网络的人脸表情识别》，《激光与光电子学进展》2018 年第 1 期。

王广新、白成杰：《教学界面设计中感知规律的体现》，《中国远程教育》2001 年第 10 期。

王长江、胡卫平：《技术促进教学：发展、演进和启示》，《现代教育技术》2013 年 10 期。

王运武：《"数字校园"向"智慧校园"的转型发展研究——基于系统思维的分析思辩视角》，《远程教育杂志》2013 第 2 期。

王燕：《智慧校园建设总体架构模型及典型应用分析》，《中国电化教育》2014 年第 9 期。

王晓华、李瑞静、胡敏：《融合局部特征的面部遮挡表情识别》，《中国图象图形学报》2016 年第 11 期。

王大伟、周军、梅红岩：《人脸表情识别综述》，《计算机工程与应用》2014 年第 20 期。

吴旻瑜、刘欢、任友群：《"互联网+"校园：高校智慧校园建设的新阶段》,《远程教育杂志》2015年第4期。

吴洪艳:《智慧学习视角下个性化在线学习系统设计与应用》,《中国电化教育》2015年第6期。

吴南中、王觅:《基于情境感知的智慧学习环境探究》,《现代教育技术》2016年第5期。

吴伟国、李虹漫:《PAD情感空间内人工情感建模及人机交互实验》,《哈尔滨工业大学学报》2019年第1期。

徐红、彭力:《基于人脸表情特征的情感交互系统》,《计算机应用研究》2012年第3期。

熊频、胡小勇:《面向智慧校园的学习环境建设研究:案例与策略》,《电化教育研究》2015年第3期。

谢幼如、吴利红、黎慧娟:《智慧学习环境下小学语文阅读课生成性教学路径的探究》,《中国电化教育》2016年第6期。

谢幼如、刘嘉欣、孙宁蔚:《智慧学习环境下学生科学探究心智技能的培养》,《开放教育研究》2016年第2期。

徐振国、张冠文、石林:《MOOC学习者辍学行为的影响因素研究》,《现代教育技术》2017年第9期。

徐振国、张冠文、石林:《下一代学习管理系统:内涵、核心要素及其发展》,《电化教育研究》2017年第10期。

徐振国、陈秋惠、张冠文:《新一代人机交互:自然用户界面的现状、类型与教育应用探究》,《远程教育杂志》2018年第4期。

徐振国、张冠文、孟祥增:《基于深度学习的学习者情感识别与应用》,《电化教育研究》2019年第2期。

徐琳琳、张树美、赵俊莉:《基于图像的面部表情识别方法综述》,《计算机应用》2017年第12期。

徐峰、张军平:《人脸微表情识别综述》,《自动化学报》2017年第3期。

肖玉敏、孟冰纹、唐婷婷:《面向智慧教育的大数据研究与实践:价值发现与路径探索》,《电化教育研究》2017年第12期。

习海旭、廖宏建、黄纯国:《智慧学习环境的架构设计与实施策略》,《电化教育研究》2017年第4期。

袁宇翔、胡永斌：《移动情境学习环境的概念、特征及模型构建》，《现代教育技术》2015年第8期。

殷明、张剑心、史爱芹：《微表情的特征、识别、训练和影响因素》，《心理科学进展》2016年第11期。

于永斌、刘清怡、毛启容：《基于语义属性的人脸表情识别新方法》，《小型微型计算机系统》2016年第2期。

于颖、周东岱：《智慧学习语境下学生智慧发展研究现状及策略探析》，《电化教育研究》2017年第5期。

于明、王英资、于洋：《基于差分能量图和CGBP的微表情识别》，《西南交通大学学报》2016年第6期。

杨澜、曾海军、高步云：《基于云计算的智慧学习环境探究》，《现代教育技术》2018年第11期。

邹菊梅、邱柯妮：《多媒体教学软件画面设计的几个原则》，《中国电化教育》2000年第12期。

张攀峰、寻素华、吉丽晓：《"智能学伴"在小学游戏化学习社区中的情感交互设计》，《中国电化教育》2014年第10期。

张琪：《技术变革视域下学科智慧课程建设——基于"长尾"评价的研创课程探索》，《远程教育杂志》2015年第3期。

张小华、黄波：《基于Bandlet和KW技术的移动应用面部情感识别》，《计算机工程与应用》2018年第10期。

张文、李子运：《量化自我技术支持的智慧学习设计》，《现代教育技术》2016年第6期。

张虹、陈琳：《智慧学习活动的理论、本质及系统研究》，《现代教育技术》2018年第4期。

张彤、赵翠霞、郑锡宁：《基于认知理论的多媒体教学界面设计研究》，《心理科学》2004年第6期。

祝智庭、陈丹：《数字治理：智慧学习新素养》，《电化教育研究》2014年第9期。

祝智庭、管珏琪：《教育变革中的技术力量》，《中国电化教育》2014年第1期。

祝智庭、雷云鹤：《翻转课堂2.0：走向创造驱动的智慧学习》，《电化教育研究》2016年第3期。

祝智庭：《智慧教育新发展：从翻转课堂到智慧课堂及智慧学习空间》，《开放教育研究》2016年第1期。

祝智庭、肖玉敏、雷云鹤：《面向智慧教育的思维教学》，《现代远程教育研究》2018年第1期。

祝智庭、彭红超：《智慧学习生态系统研究之兴起》，《中国电化教育》2017年第6期。

祝智庭、彭红超：《智慧学习生态：培育智慧人才的系统方法论》，《电化教育研究》2017年第4期。

赵琳、解月光、杨鑫：《智慧课堂的"动态"学习路径设计研究》，《中国电化教育》2017年第11期。

赵玉、司国东：《网络学习资源的界面开发方法研究》，《中国远程教育》2015年第1期。

赵苗苗、陈琳：《智慧学习服务内涵、特征及体系框架研究》，《中国远程教育》2016年第3期。

赵铮、李振、周东岱：《智慧学习空间中学习行为分析及推荐系统研究》，《现代教育技术》2016年第1期。

詹青龙、杨梦佳、郭桂英：《CIT：一种智慧学习环境的设计范式》，《中国电化教育》2016年第6期。

钟志鹏、张立保：《基于多核学习特征融合的人脸表情识别》，《计算机应用》2015年第S2期。

钟绍春、唐烨伟、王春晖：《智慧教育的关键问题思考及建议》，《中国电化教育》2018年第1期。

郑娅峰、包昊罡、李艳燕：《智慧学习环境下的社会化学习支持服务》，《现代教育技术》2016年第9期。

周东岱、孙聘、于伟：《智慧学习环境评估：评估什么和如何评估》，《现代远程教育研究》2017年第3期。

曾润华、张树群：《改进卷积神经网络的语音情感识别方法》，《应用科学学报》2018年第5期。

三 学位论文

毕晓梅：《基于智慧学习环境的学校改进研究》，硕士学位论文，西南大学，2015年。

程玫：《智慧学习环境中的学习行为分析研究》，硕士学位论文，南京邮电大学，2014年。

陈建妹：《智慧学习环境下小学生学习适应性问题及对策研究》，硕士学位论文，福建师范大学，2016年。

陈航：《基于卷积神经网络的表情识别研究》，硕士学位论文，南京邮电大学，2018年。

程曦：《基于深度学习的表情识别方法研究》，硕士学位论文，长春工业大学，2017年。

曹伟：《基于并行卷积神经网络的人脸表情识别》，硕士学位论文，南昌航空大学，2018年。

郭丽婷：《智慧学习环境下的个性化学习模式研究》，硕士学位论文，东北师范大学，2017年。

郭帅杰：《基于语音、表情与姿态的多模态情感识别算法实现》，硕士学位论文，南京邮电大学，2017年。

郭文燕：《基于改进深度学习的表情识别方法研究》，硕士学位论文，长春工业大学，2018年。

郭晴：《基于智能手机的情感交互技术研究》，硕士学位论文，北京邮电大学，2018年。

胡超：《人脸表情识别研究》，硕士学位论文，华东交通大学，2018年。

胡茜：《儿童英语教学的移动终端应用界面设计研究》，硕士学位论文，上海交通大学，2014年。

何嘉利：《基于深度学习的表情识别》，硕士学位论文，南京邮电大学，2017年。

洪玲：《基于机器学习的表情识别算法研究与实现》，硕士学位论文，湖南大学，2017年。

侯莉莉：《基于幼儿情感体验心理的教学软件（APP）界面设计研究》，

硕士学位论文，天津职业技术师范大学，2018 年。

贺冰华：《基于 RealSense 的在线教育表情识别研究及应用》，硕士学位论文，华中师范大学，2018 年。

吉丽晓：《"智能学伴"在小学游戏化学习社区中情感交互策略研究》，硕士学位论文，河北师范大学，2013 年。

康凯：《数媒教学 APP 界面中的情感化表现研究》，硕士学位论文，西安美术学院，2016 年。

刘金来：《情感化交互设计在第三方应用程序（APP）中的应用研究》，硕士学位论文，西北大学，2014 年。

卢婷：《智慧学习环境下的教学深度交互研究》，硕士学位论文，江苏师范大学，2017 年。

李江：《基于深度学习的人脸表情识别研究与实现》，硕士学位论文，西南科技大学，2017 年。

李杰：《基于人工情感的远程交互技术研究》，硕士学位论文，解放军信息工程大学，2011 年。

李苑禄：《基于眼动技术的移动 MOOC 学习 APP 界面可用性研究》，硕士学位论文，浙江工业大学，2017 年。

李竞：《基于深度学习的微表情识别研究》，硕士学位论文，温州大学，2017 年。

马鹏飞：《自媒体视域下交互界面设计中的情感化研究》，硕士学位论文，河南大学，2015 年。

苏梦芸：《提高儿童注意力的汉语学习 APP 界面设计研究》，硕士学位论文，华中师范大学，2015 年。

孙颖飞：《MOOC 视频界面布局对学习效果影响的眼动研究》，硕士学位论文，陕西师范大学，2016 年。

唐爽：《基于深度神经网络的微表情识别》，硕士学位论文，合肥工业大学，2017 年。

王思宇：《基于 CNN-RNN 的微表情识别》，硕士学位论文，哈尔滨工程大学，2018 年。

王玉友：《基于情绪认知评价理论的人机交互中情感交互研究》，硕士学位论文,太原理工大学,2012 年。

王焕焕:《基于面部表情的情绪识别研究》,硕士学位论文,哈尔滨工业大学,2017 年。

王小我:《虚拟情境中虚拟人语音情感交互技术研究》,硕士学位论文,北京化工大学,2011 年。

汪杏芳:《基于学习者感知学习风格的英语多媒体课件的界面设计》,硕士学位论文,上海外国语大学,2012 年。

肖佳慧:《儿童电子学习产品界面设计研究》,硕士学位论文,重庆大学,2011 年。

解方方:《基于用户体验理论的游戏化学习社区界面设计研究》,硕士学位论文,河北师范大学,2014 年。

向佳:《基于卷积神经网络的人脸检测和表情识别》,硕士学位论文,湖南科技大学,2017 年。

俞伊娜:《基于多媒体网络教学软件的用户界面设计》,硕士学位论文,华东理工大学,2015 年。

于淼楠:《智慧学习环境下高阶思维发展的评价研究》,硕士学位论文,东北师范大学,2016 年。

周晓燕:《面向交互式教学界面的手势识别算法研究》,硕士学位论文,济南大学,2018 年。

张文静:《SPOC 论坛中的学习者话语交互行为与情感分析》,硕士学位论文,华中师范大学,2018 年。

张玥璇:《基于深度学习的静态面部表情识别系统的研究与实现》,硕士学位论文,电子科技大学,2018 年。

曾逸琪:《基于深度学习的人脸表情识别算法研究》,硕士学位论文,中国科学技术大学,2018 年。

四 英文文献

André Teixeira Lopes, Edilson de Aguiar, Alberto F. De Souza, et al., "Facial Expression Recognition with Convolutional Neural Networks: Coping with Few Data and the Training Sample Order", *Pattern Recognition*, Vol. 61,

January 2017, pp. 610 - 628.

Chi Yang, Chun-Hui Jen, Chun-Yen Chang, et al., "Comparison of Animation and Static-Picture Based Instruction: Effects on Performance and Cognitive Load for Learning Genetics", *Journal of Educational Technology & Society*, Vol. 21, No. 4, October 2018, pp. 1 - 11.

Chia-Lin Chang and Yelin Su, "Cross-Cultural Interface Design and the Classroom-Learning Environment in Taiwan", *Turkish Online Journal of Educational Technology*, Vol. 11, No. 3, July 2012, pp. 82 - 93.

Derick Leony, Hugo A. Parada Gélvez, Pedro J. Muñoz-Merino, et al., "A Generic Architecture for Emotion-Based Recommender Systems in Cloud Learning Environments", *Journal of Universal Computer Science*, Vol. 19, No. 14, January 2013, pp. 2075 - 2092.

David Adrian Sanders and Jorge Bergasa-Suso, "Inferring Learning Style from the Way Students Interact with a Computer User Interface and the WWW", *IEEE Transactions on Education*, Vol. 53, No. 4, November 2010, pp. 613 - 620.

Feng-Qi Lai and Timothy J. Newby, "Impact of Static Graphics, Animated Graphics and Mental Imagery on a Complex Learning Task", *Australasian Journal of Educational Technology*, Vol. 28, No. 1, February 2012, pp. 91 - 104.

Gwo-Dong Chen, Chih-Kai Chang, Chin-Yeh Wang, et al., "Development and Evaluation of a Novel E-Book Interface for Scaffolding Thinking Context to Learn from Writing Examples", *Interactive Learning Environments*, Vol. 26, No. 7, February 2018, pp. 970 - 988.

Haijian Chen, Yonghui Dai, Yanjie Feng, et al., "Construction of Affective Education in Mobile Learning: The Study Based on Learner's Interest and Emotion Recognition", *Computer Science and Information Systems*, Vol. 14, No. 3, September 2017, pp. 685 - 702.

Hao-Chiang Koong Lin, Sheng-Hsiung Su, Ching-Ju Chao, et al., "Construction of Multi-Mode Affective Learning System: Taking Affective Design as an

Example", *Journal of Educational Technology & Society*, Vol. 19, No. 2, April 2016, pp. 132 – 147.

Juliane Richter, Katharina Scheiter and Alexander Eitel, "Signaling Text-Picture Relations in Multimedia Learning: A Comprehensive Meta-Analysis", *Educational Research Review*, Vol. 17, February 2016, pp. 19 – 36.

Jason Chi-Shun Hung, Kun-Hsiang Chiang, Yi-Hung Huang, et al., "Augmenting Teacher-Student Interaction in Digital Learning Through Affective Computing", *Multimedia Tools and Applications*, Vol. 76, No. 18, September 2017, pp. 18361 – 18386.

Jun Yao, Wanqing Chen, Jiang Shao, et al., "Usability Evaluation of Network Course Interface and Research on Teaching Method in Virtual Reality Situation", *Educational Sciences: Theory & Practice*, Vol. 18, No. 5, October 2018, pp. 2527 – 2532.

Juliane Richter, Katharina Scheiter and Alexander Eitel. "Signaling Text – Picture Relations in Multimedia Learning: The Influence of Prior Knowledge", *Journal of Educational Psychology*, Vol. 110, No. 4, December 2018, pp. 544 – 560.

Jordi Casteleyn, André Mottart and Martin Valcke, "The Impact of Graphic Organisers on Learning from Presentations", *Technology, Pedagogy and Education*, Vol. 22, No. 3, October 2013, pp. 283 – 301.

Joost Broekens and Willem-Paul Brinkman, "Affectbutton: A Method for Reliable and Valid Affective Self-Report", *International Journal of Human-Computer Studies*, Vol. 71, No. 6, June 2013, pp. 641 – 667.

Kiavash Bahreini, Rob Nadolski and Wim Westera, "Data Fusion for Real-Time Multimodal Emotion Recognition Through Webcams and Microphones in E-Learning", *International Journal of Human – Computer Interaction*, Vol. 32, No. 5, March 2016, pp. 415 – 430.

Kuan Cheng Lin, Tien - Chi Huang, Jason C. Hung, et al., "Facial Emotion Recognition Towards Affective Computing-Based Learning", *Library Hi Tech*, Vol. 31, No. 2, June 2013, pp. 294 – 307.

Laurence Claes, Dirk Smits and Patricia Bijttebier, "The Dutch Version of the Emotion Reactivity Scale", *European Journal of Psychological Assessment*, Vol. 30, No. 1, January 2014, pp. 73 – 79.

Lopa Mandal, Rohan Das, Samar Bhattacharya, et al., "Intellimote: A Hybrid Classifier for Classifying Learners' Emotion in a Distributed E-Learning Environment", *Turkish Journal of Electrical Engineering & Computer Sciences*, Vol. 25, No. 3, January 2017, pp. 2084 – 2095.

Laura R. Winer and Jeremy Cooperstock, "The 'Intelligent Classroom': Changing Teaching and Learning with an Evolving Technological Environment", *Computers & Education*, Vol. 38, No. 1, January – April 2002, pp. 253 – 266.

Manolis Mavrikis and Sergio Gutierrez-Santos, "Not All Wizards Are from Oz: Iterative Design of Intelligent Learning Environments by Communication Capacity Tapering", *Computers & Education*, Vol. 54, No. 3, April 2010, pp. 641 – 651.

Michel C. Desmarais and Ryan S. J. D. Baker, "A Review of Recent Advances in Learner and Skill Modeling in Intelligent Learning Environments", *User Modeling and User-Adapted Interaction*, Vol. 22, No. 1/2, April 2012, pp. 9 – 38.

Özcan Özyurt, Hacer Özyurt, Adnan Baki, et al., "Integration into Mathematics Classrooms of an Adaptive and Intelligent Individualized E-Learning Environment: Implementation and Evaluation of UZWEBMAT", *Computers in Human Behavior*, Vol. 29, No. 3, May 2013, pp. 726 – 738.

Panagiotis Zaharias, Despina Michael and Yiorgos Chrysanthou, "Learning Through Multi-Touch Interfaces in Museum Exhibits: An Empirical Investigation", *Journal of Educational Technology & Society*, Vol. 16, No. 3, July 2013, pp. 374 – 384.

Rosalind W. Picard, Elias Vyzas and Jennifer Healey, "Toward Machine Emotional Intelligence: Analysis of Affective Physiological State", *IEEE Transactions on Pattern Analysis and Machine Intelligence*, Vol. 23, No. 10, October 2001, pp. 1175 – 1191.

Regina Stathacopoulou, George D. Magoulas, Maria Grigoriadou, et al., "Neuro-Fuzzy Knowledge Processing in Intelligent Learning Environments for Improved Student Diagnosis", *Information Sciences*, Vol. 170, No. 2, February 2005, pp. 273 – 307.

Ramazan Yılmaz and Ebru Kılıç-Çakmak, "Educational Interface Agents as Social Models to Influence Learner Achievement, Attitude and Retention of Learning", *Computers & Education*, Vol. 59, No. 2, September 2012, pp. 828 – 838.

Rex P. Bringula, Roselle S. Basa, Cecilio Dela Cruz, et al., "Effects of Prior Knowledge in Mathematics on Learner-Interface Interactions in a Learning-By-Teaching Intelligent Tutoring System", *Journal of Educational Computing Research*, Vol. 54, No. 4, July 2016, pp. 462 – 482.

Sascha Schneider, Steve Nebel and Günter Daniel Rey, "Decorative Pictures and Emotional Design in Multimedia Learning", *Learning and Instruction*, Vol. 44, August 2016, pp. 65 – 73.

Siyue Xie and Haifeng Hu, "Facial Expression Recognition Using Hierarchical Features with Deep Comprehensive Multipatches Aggregation Convolutional Neural Networks", *IEEE Transactions on Multimedia*, Vol. 21, No. 1, June 2019, pp. 211 – 220.

Thanh-Dung Dang, Gwo-Dong Chen, Giao Dang, et al., "Rolo: A Dictionary Interface That Minimizes Extraneous Cognitive Load of Lookup and Supports Incidental and Incremental Learning of Vocabulary", *Computers & Education*, Vol. 61, February 2013, pp. 251 – 260.

Tien-Chi Huang, Yu-Lin Jeng, Kuo-Lun Hsiao, et al., "SNS Collaborative Learning Design: Enhancing Critical Thinking for Human – Computer Interface Design", *Universal Access in the Information Society*, Vol. 16, No. 2, February 2016, pp. 303 – 312.

Tim N. Höffler, Marta Koć-Januchta and Detlev Leutner, "More Evidence for Three Types of Cognitive Style: Validating the Object - Spatial Imagery and Verbal Questionnaire Using Eye Tracking When Learning with Texts and Pictures", *Applied Cognitive Psychology*, Vol. 31, No. 1, January 2017, pp. 109 – 115.

Tianrong Rao, Xiaoxu Li, Haimin Zhang, et al., "Multi-Level Region-Based Convolutional Neural Network for Image Emotion Classification", *Neurocomputing*, Vol. 333, March 2019, pp. 429 – 439.

Xuanyu He and Wei Zhang, "Emotion Recognition by Assisted Learning with Convolutional Neural Networks", Neurocomputing, Vol. 291, May 2018, pp. 187 – 194.

附 录

学习画面情感自适应调整效果调查问卷

亲爱的同学：

  您好！非常感谢您能参与本次调查。学习画面以直观的视觉特征和隐含的艺术特征影响学习者的情感状态和学习效果。这是一份关于学习画面情感自适应调整效果的调查问卷，主要目的在于了解您学习过程中的学习体验和看法。您只需要按照您的真实感受及实际情况填写即可，问卷内容仅作统计分析之用，绝对保密，请您放心。

  请您仔细阅读题项，并在相应的方框（□）中打钩（√）或在横线上填写必要的文字，谢谢您的合作，对您的热心支持与耐心作答，谨致谢意！

第一部分：个人基本情况

1. 您的性别

 A 男□　　B 女□

2. 您的年级

 A 小学□　　B 初中□　　C 高中□　　D 大学□

3. 您的网龄

 A 1 年以内□　　B 1—2 年□　　C 3—5 年□　　D 5 年以上□

4. 您是否知道智慧教育或智慧学习环境

 A 知道并且理解□　　B 知道但不理解□　　C 不知道□

5. 您所在的学校有没有智慧教室

 A 有并且正在用□　　B 有但未用过□　　C 没有□

6. 您之前是否知道具有情感交互功能的软件或设备

A 知道并且用过□　　B 知道但未用过□　　C 不知道□

第二部分：学习画面情感自适应调整效果

1. 我认为调整后学习画面能够提高我的注意力

A 非常不同意□　　B 不同意□　　C 一般□　　D 同意□
E 非常同意□

2. 我认为调整后学习画面能够提高我的学习效率

A 非常不同意□　　B 不同意□　　C 一般□　　D 同意□
E 非常同意□

3. 我认为调整后学习画面能够提高我的学习兴趣

A 非常不同意□　　B 不同意□　　C 一般□　　D 同意□
E 非常同意□

4. 我认为调整后学习画面能够提高我的学习成绩

A 非常不同意□　　B 不同意□　　C 一般□　　D 同意□
E 非常同意□

5. 我认为学习使用学习画面情感自适应调整系统很容易

A 非常不同意□　　B 不同意□　　C 一般□　　D 同意□
E 非常同意□

6. 我认为熟练使用学习画面情感自适应调整系统很容易

A 非常不同意□　　B 不同意□　　C 一般□　　D 同意□
E 非常同意□

7. 我认为与学习画面情感自适应调整系统的交互是清楚明白的

A 非常不同意□　　B 不同意□　　C 一般□　　D 同意□
E 非常同意□

8. 我愿意观看自适应调整后学习画面进行学习

A 非常不同意□　　B 不同意□　　C 一般□　　D 同意□
E 非常同意□

9. 我希望智慧学习环境能够提供学习画面情感自适应调整功能

A 非常不同意□　　B 不同意□　　C 一般□　　D 同意□
E 非常同意□

10. 我会推荐其他同学观看自适应调整后学习画面进行学习

A 非常不同意□　　B 不同意□　　C 一般□　　D 同意□
E 非常同意□

11. 我将在学习中经常观看自适应调整后学习画面进行学习

A 非常不同意□　　B 不同意□　　C 一般□　　D 同意□
E 非常同意□

12. 我将在其他课程中观看自适应调整后学习画面进行学习

A 非常不同意□　　B 不同意□　　C 一般□　　D 同意□
E 非常同意□

13. 您认为学习画面情感自适应调整有哪些优点？

　　_____

14. 您认为学习画面情感自适应调整有哪些缺点？

　　_____

后　　记

　　本书是在我博士学位论文的基础上修改完善而成，致谢的起始总是感叹时间的飞逝，或许这便是对于青春时光如沙漏般流逝的感伤。2013年秋，怀着对未来的无限憧憬考入山东师范大学教育技术学专业。从硕士到博士，时光如水，匆匆一瞥，多少岁月轻描淡写。转眼间，已成追忆。毕业后，梦回母校，明知是梦，却不愿醒来，繁花似锦的海棠、落英缤纷的紫叶李时常萦绕脑海。

　　首先，感谢我的博导张冠文教授，感谢您给了我攻读博士的机会。虽然博士期间取得了部分成果，但距离张老师的期望和要求仍有差距，心里不免愧疚。张老师严谨的治学态度、渊博的专业知识、孜孜不倦的工作作风深深感染着我，使我受益匪浅。以身言教、宽严相济是张老师指导学生的最好体现。仍记得，当张老师得知元宵节我独自在学校时，便让我去她家过节，使我在异乡感受到家的温暖。张老师对我们要求较高，有着"望子成龙"的期许，但正是严格的要求使我们能够在生活和科研中"茁壮成长"。学位论文从选题、撰写到完善、定稿，张老师都倾注了大量心血，时常询问研究进展，并提出许多中肯建议。张老师尽己所能为我提供良好的科研条件，使得研究得以顺利开展。特别地，张老师尊重并重视我的想法，并有意识地锻炼我独立科研的能力，赋予我较大的自由发挥空间。衷心感谢张老师的鞭策与教诲，她谦和包容的心态、求真务实的精神值得我永远学习，并激励我在学术的道路上不懈奋斗。

　　感谢我的硕导孟祥增教授。孟老师对我硕士期间的辛勤指导为我今后的科研工作奠定了坚实的基础。在研究过程中，曾多次与孟老师探讨研究的可行性、实验的设计和相关程序的编写，孟老师总是知无不言、言无不尽，并教导我以乐观的心态面对生活和学习中的难题。在此，对于孟老师的帮助和鼓励表示最真诚的谢意。

感谢徐继存教授、胡凡刚教授、陆宏教授、马池珠教授在学位论文开题时提出的宝贵意见，使我认清自己的能力和局限，并最终确定适合自己的选题。特别是陆宏教授和马池珠教授，每次遇到两位老师，总会关切地询问我的学习和工作情况。感谢张化祥教授、孙宽宁教授在预答辩时提出的建设性意见，各位老师的严格要求促使我的学位论文更加完善，并顺利通过盲审。感谢为我评阅论文的匿名专家，虽不相识，但通过您们的评阅意见，能感受到各位专家学识渊博、治学严谨。感谢张晓锋教授、宋宝和教授在百忙之中抽空参加我的学位论文答辩，您们是我成长道路上的见证者和指路人，我将以博导、硕导以及各位专家、教授为榜样，继续努力下去。

感谢教育学部的刘春老师、王景老师、张莉老师等，新闻与传媒学院的王虎老师、王宏老师、牛绍明老师、张慧老师等，感谢各位老师为我生活和学习上提供的便利和帮助。感谢新闻与传媒学院提供的良好学习环境和浓厚科研氛围。

感谢实验学校的安晶老师，安老师全程参与整个实验过程，从软硬件环境的安装调试，到实验的有序开展，再到调查问卷的发放，安老师都尽职尽责，有力地保证了实验的真实性和有效性。特别是在前期实验时间和实验环境的协调中，安老师做了大量工作。感谢该校7、8年级的各位同学，你们的积极配合帮助我在预定时间内顺利完成各项实验。

各项研究和学位论文的顺利完成，还得益于孔玺、王琪、刘涛的鼎力相助，从烁玉流金的夏天，到朔风凛冽的冬天，师弟师妹们陪着我风里来，雨里去，吃了很多苦。我们常常是迎着朝阳出发，伴着落日归来，至今依稀记得孔玺和刘涛在寒风中打战的情景。正是因为你们的陪伴，使我不至于孤军奋战，We are a team。

人的成长，总是离不开身边的环境。感谢石林、刘俊晓、陈长胜等师哥师姐，感谢你们多年来的照顾，为我解答生活和学习中的疑惑。每次聚餐我们谈笑风生，使我暂时忘却学习的烦恼，紧张的情绪得以调节。感谢孙晓婉、方欣、郭奥彤、李亚芯、陈展琨、刘然、梁欣等师弟师妹，你们让我感受到同门的情谊，并为学位论文的完成和修改提供了很大的帮助。感谢刘丽帮我反复校对论文，并提出自己的见解。感谢张克、程起元、杨鑫、万昆、张雅慧、孙焕盟、傅茂旭、马季、李中会等同学，我们见证彼此的成长，你们向善向上、追求卓越的精神深深影响着我，愿我们友谊地久天长。君子之交淡如水，感谢中科院王记伟博士，虽然自身科研任务繁重，但仍抽时间帮我解决各种技术难题，校对英文摘要或文章。我们相互鼓励，相互扶持，愿你早日毕业，并取得更多高层次成果。还要感谢教育学部、新闻与传媒学院、生命科学学院的各位师弟师妹，正是你们的帮助，学习画面图像数据库、学习者表情图像数据库得以顺利建设。

特别感谢亲爱的同桐，相逢相知相守，感谢多年来的鼓励与帮助。在我读博期间，你总是以最大的包容默默付出，使我能够全身心投入研究。特别是当我遇到挫折想放弃或遇到问题犹豫不决时，你的安慰与鼓励，使我乘风破浪、披荆斩棘。因为你的陪伴，我得意而不忘形、失意而不丧志、自信而不骄傲、谦虚而不自卑。如果没有你，无法想象我将如何度过这段艰苦的求学历程。很愧疚，相爱多年，很多承诺尚未兑现。求学生涯落下帷幕，新的生活即将开始，让我们携手创造属于我们自己的美好未来。还要感谢岳父、岳母多年来的理解与支持。

感谢我的父亲和母亲，自己读书虽苦，但父母更为不易。虽然他们读书不多，但总是叮嘱我"知识改变命运"，并倾其所有支持我求学，用勤劳双手托起我的读博梦想。感谢您们无怨无悔的付出和无私奉献的关爱。在学习上，你们从不给我压力，更不会将我与他人相比较，因为你们坚信我是最优秀的。在您们眼中，我平安快乐便是对您们最大的回报。善良、朴实、任劳任怨，原谅我多年来的任性与固执。感谢您们尽己所能为我创造最好的家庭环境，您们是我成长路上最坚强的后盾，也是我不断前进、不断进取的精神动力所在。

感谢山东师范大学对我的培养，感谢曲阜师范大学传媒学院各位领导和同事给予的支持和帮助！

在本书的编辑出版过程中，中国社会科学出版社赵丽编辑给予大力关心和支持，她的辛勤付出使我的书稿大为增色，在此深表谢意。

限于研究时间和研究能力，可能会有许多疏漏和错误，恳请各位专家、学者批评指正，以使本书得到修正和完善，在此谨致谢忱。

风雨兼程二十余载，初心不改砥砺前行。

徐振国

2021 年 5 月 20 日